AF542056

DESCRIPTION DE LA MER MEDITERRANEE,

Auquel sont delimiees & descriptes au vif toutes les costes de la Mer Mediterranee: Commençant de [illegible] le long de Granade, Valence, Cataloigne, Provence & Italie, continuant par le Golfe Adriatique le long des costes de la Pulia, Venise, Istria, Slavonie & Grece jusques à Constantinople, avec les pourtraicts des principaux ports, cōme de Constantinople, de Tripoli, [illegible], Alexandrie & plusieurs autres: Avec les courses & estendues de toute icelle Mer, pareillement y sont descriptes les Isles du Golfe de Venise, &c. Il y a aussi une particuliere description des Isles de Canarie & Madera. Le tout divisé par Cartes particulieres avec leur descriptiōs & apparitions de loing, le tout faict & descript avec grand travail & diligence, Par

Guilliaume Bernard, Pilote. 1608.

A AMSTERDAM,
Chez CORNEILLE NICOLAS Marchand Libraire, demeurant a l'enseigne du Livre à escrire, L'An M. DC. VII.

.liothecam efferatur. Ex obedientiâ.

Declinaison du Soleil.

Ianuarius.			Februarius.			Martius.			Aprilis.			Majus.			Iunius.		
io.	de	mi	io.	de	mi	io.	de	mi	io.	de	mi	io.	de	mi	io.	de	mi
1	23	4	1	17	8	1	7	30	1	4	40	1	15	10	1	22	4
2	22	58	2	16	50	2	7	7	2	5	3	2	15	28	2	22	12
3	22	53	3	16	32	3	6	44	3	5	26	3	15	46	3	22	20
4	22	47	4	16	14	4	6	21	4	5	49	4	16	3	4	22	27
5	22	40	5	15	56	5	5	58	5	6	12	5	16	20	5	22	34
6	22	33	6	15	38	6	5	34	6	6	35	6	16	36	6	22	40
7	22	26	7	15	19	7	5	11	7	6	57	7	16	53	7	22	46
8	22	18	8	15	0	8	4	48	8	7	20	8	17	10	8	22	51
9	22	9	9	14	40	9	4	24	9	7	42	9	17	26	9	22	57
10	22	0	10	14	21	10	4	0	10	8	4	10	17	41	10	23	2
11	21	51	11	14	0	11	3	36	11	8	26	11	17	56	11	23	7
12	21	42	12	13	40	12	3	12	12	8	48	12	18	11	12	23	11
13	21	32	13	13	20	13	2	48	13	9	9	13	18	25	13	23	15
14	21	22	14	13	0	14	2	24	14	9	31	14	18	40	14	23	19
15	21	11	15	12	40	15	2	0	15	9	53	15	18	55	15	23	22
16	21	0	16	12	19	16	1	16	16	10	14	16	19	9	16	23	24
17	20	48	17	11	57	17	1	12	17	10	53	17	19	22	17	23	26
18	20	36	18	11	36	18	0	48	18	10	56	18	19	35	18	23	28
19	20	24	19	11	14	19	0	24	19	11	17	19	19	47	19	23	29
20	20	11	20	10	52	20	0	0	20	11	38	20	19	59	20	23	30
21	19	58	21	10	30	21	0	24	21	11	58	21	20	11	21	23	30
22	19	44	22	10	8	22	0	47	22	12	18	22	20	23	22	23	30
23	19	30	23	9	48	23	1	10	23	12	38	23	20	35	23	23	29
24	19	16	24	9	24	24	1	34	24	12	57	24	20	46	24	23	28
25	19	1	25	9	2	25	1	58	25	13	17	25	20	57	25	23	27
26	18	46	26	8	39	26	2	21	26	13	36	26	21	8	26	23	26
27	18	31	27	8	16	27	2	44	27	13	55	27	21	18	27	23	24
28	18	15	28	7	53	28	3	8	28	14	14	28	21	28	28	23	22
29	17	59	0	0	0	29	3	31	29	14	33	29	21	38	29	23	19
30	17	42	0	0	0	30	3	54	30	14	51	30	21	47	30	23	15
31	17	25	0	0	0	31	4	17	0	0	0	31	21	56	0	0	0

Iulius.			Augustus.			Septemb.			Octobre.			Novemb.			Decemb.		
io.	de	mi	io.	de	mi	io.	de	mi	io.	de	mi	io.	de	mi	io.	de	mi
1	23	12	1	18	11	1	8	26	1	3	8	1	14	26	1	21	48
2	23	7	2	17	57	2	8	4	2	3	31	2	14	47	2	21	58
3	23	2	3	17	41	3	7	42	3	3	54	3	15	4	3	22	8
4	22	57	4	17	26	4	7	20	4	4	17	4	15	22	4	22	17
5	22	52	5	17	10	5	6	57	5	4	41	5	15	41	5	22	25
6	22	46	6	16	53	6	6	35	6	5	4	6	15	59	6	22	32
7	22	40	7	16	36	7	6	12	7	5	27	7	16	17	7	22	39
8	22	34	8	16	20	8	5	49	8	5	50	8	16	35	8	22	46
9	22	27	9	16	3	9	5	26	9	6	13	9	16	53	9	22	53
10	22	20	10	15	58	10	5	3	10	6	36	10	17	11	10	22	59
11	22	12	11	15	28	11	4	40	11	6	58	11	17	28	11	23	5
12	22	4	12	15	10	12	4	17	12	7	20	12	17	44	12	23	10
13	21	56	13	14	51	13	3	54	13	7	42	13	18	1	13	23	4
14	21	47	14	14	33	14	3	31	14	8	4	14	18	16	14	23	18
15	21	38	15	14	14	15	3	8	15	8	26	15	18	31	15	23	21
16	21	28	16	13	55	16	2	44	16	8	48	16	18	46	16	23	24
17	21	18	17	13	36	17	2	21	17	9	9	17	19	1	17	23	26
18	21	8	18	13	17	18	1	58	18	9	31	18	19	15	18	23	27
19	20	57	19	12	57	19	1	34	19	9	52	19	19	30	19	23	28
20	20	46	20	12	38	20	1	11	20	10	14	20	19	44	20	23	29
21	20	35	21	12	18	21	0	47	21	10	35	21	19	58	21	23	30
22	20	23	22	11	58	21	0	24	22	10	57	22	20	11	22	23	30
23	20	11	23	11	38	23	0	1	23	11	19	23	20	23	23	23	30
24	19	59	24	11	17	24	0	24	24	11	40	24	20	35	24	23	29
25	19	47	25	10	56	25	0	47	25	12	2	25	20	46	25	23	28
26	19	35	26	10	35	26	1	10	26	12	24	26	20	57	26	23	27
27	19	22	27	10	14	27	1	34	27	12	46	27	21	8	27	23	25
28	19	9	28	9	53	28	1	58	28	13	7	28	21	18	28	23	23
29	18	55	29	9	31	29	2	21	29	13	27	29	21	28	29	23	20
30	18	40	30	9	9	30	2	44	30	13	47	30	21	38	30	23	16
31	18	35	31	8	48	0	0	0	31	14	7	0	0	0	31	23	12

Deuxiesme Année.

Declinaison du Soleil.

Ianuarius.			Februarius.			Martius.			Aprilis.			Majus.			Iunius.		
io.	de	mi	io.	de	mi	io.	de	mi	io.	de	mi	io.	de	mi	io.	de	mi
1	23	7	1	17	11	1	7	25	1	4	34	1	15	6	1	22	0
2	23	2	2	16	53	2	7	12	2	4	57	2	15	24	2	22	8
3	22	56	3	16	35	3	6	49	3	5	20	3	15	42	3	22	16
4	22	50	4	16	17	4	6	26	4	5	43	4	15	59	4	22	24
5	22	43	5	15	59	5	6	3	5	6	6	5	16	16	5	22	31
6	22	35	6	15	41	6	5	40	6	6	29	6	16	32	6	22	17
7	22	28	7	15	22	7	5	17	7	6	52	7	16	49	7	22	43
8	22	20	8	15	3	8	4	53	8	7	15	8	17	6	8	22	49
9	22	12	9	14	43	9	4	29	9	7	37	9	17	22	9	22	54
10	22	3	10	14	24	10	4	6	10	7	59	10	17	37	10	22	59
11	21	54	11	14	3	11	3	42	11	8	21	11	17	52	11	23	4
12	21	45	12	13	44	12	3	18	12	8	43	12	18	7	12	23	8
13	21	35	13	13	43	13	2	54	13	9	4	13	18	21	13	23	12
14	21	25	14	13	3	14	2	30	14	9	26	14	18	36	14	23	16
15	21	14	15	12	43	15	2	6	15	9	48	15	18	51	15	23	19
16	21	3	16	12	22	16	1	42	16	10	9	16	19	5	16	23	22
17	20	51	17	12	0	17	1	18	17	10	30	17	19	18	17	23	24
18	20	39	18	11	39	18	0	54	18	10	51	18	19	31	18	23	26
19	20	27	19	11	17	19	0	30	19	11	12	19	19	43	19	23	28
20	20	14	20	10	56	20	0	6	20	11	33	20	19	55	20	23	29
21	20	1	21	10	34	21	0	18	21	11	53	21	20	7	21	23	30
22	19	47	22	10	12	22	0	41	22	12	13	22	20	19	22	23	30
23	19	33	23	9	50	23	1	5	23	12	33	23	20	31	23	23	30
24	19	19	24	9	28	24	1	28	24	12	52	24	20	42	24	23	22
25	19	4	25	9	6	25	1	52	25	13	12	25	20	53	25	23	28
26	18	49	26	8	44	26	2	15	26	13	32	26	21	4	26	23	27
27	18	34	27	8	21	27	2	38	27	13	51	27	21	14	27	23	25
28	18	18	28	7	58	28	3	2	28	14	10	28	21	24	28	23	23
29	18	2	0	0	0	29	3	25	29	14	26	29	21	34	29	23	20
30	17	45	0	0	0	30	3	48	30	14	47	30	21	43	30	23	16
31	17	28	0	0	0	31	4	11	0	0	0	31	21	52	0	0	0

Iulius.			Augustus.			Septemb.			Octobre.			Novemb.			Decemb.		
io.	de	mi	io.	de	mi	io.	de	mi	io.	de	mi	io.	de	mi	io.	de	mi
1	23	12	1	18	13	1	8	29	1	3	3	1	14	23	1	21	50
2	23	8	2	17	58	2	8	8	2	3	26	2	14	42	2	21	59
3	23	3	3	17	43	3	7	46	3	3	49	3	15	1	3	22	9
4	22	58	4	17	28	4	7	24	4	4	12	4	15	20	4	22	18
5	22	53	5	17	12	5	7	2	5	4	25	5	15	38	5	22	26
6	22	47	6	16	55	6	6	40	6	4	58	6	15	56	6	22	33
7	22	41	7	16	38	7	6	19	7	5	21	7	16	14	7	22	40
8	22	35	8	16	22	8	5	57	8	5	41	8	16	32	8	22	47
9	22	28	9	16	5	9	5	35	9	6	7	9	16	50	9	22	54
10	22	21	10	15	48	10	5	13	10	6	30	10	17	8	10	23	0
11	22	14	11	15	30	11	4	50	11	6	53	11	17	25	11	23	6
12	22	6	12	15	12	12	4	26	12	7	15	12	17	42	12	23	11
13	21	58	13	14	53	13	4	12	13	7	37	13	17	59	13	23	15
14	21	49	14	14	35	14	3	38	14	7	59	14	18	15	14	23	19
15	21	40	15	14	16	15	3	15	15	8	21	15	18	30	15	23	22
16	21	30	16	13	57	16	2	52	16	8	43	16	18	45	16	23	24
17	21	20	17	13	38	17	2	29	17	9	4	17	19	0	17	23	26
18	21	10	18	13	19	18	2	6	18	9	26	18	19	14	18	23	27
19	20	59	19	12	59	19	1	42	19	9	48	19	19	28	19	23	28
20	20	48	20	12	40	20	1	18	20	10	10	20	19	42	20	23	29
21	20	37	21	12	20	21	0	54	21	10	31	21	19	56	21	23	30
22	20	25	22	12	0	22	0	30	22	10	52	22	20	10	22	23	30
23	20	13	23	11	40	23	0	7	23	11	14	23	20	23	23	23	30
24	20	1	24	11	19	24	0	17	24	11	36	24	20	36	24	23	29
25	19	49	25	10	58	25	0	41	25	11	58	25	20	48	25	23	28
26	19	37	26	10	37	26	1	5	26	12	20	26	20	59	26	23	27
27	19	24	27	10	16	27	1	29	27	12	42	27	21	10	27	23	25
28	19	11	28	9	55	28	1	52	28	13	3	28	21	20	28	23	23
29	18	57	29	9	33	29	2	16	29	13	23	29	21	30	29	23	20
30	18	42	30	9	11	30	2	39	30	13	43	30	21	40	30	23	16
31	18	27	31	8	50	0	0	0	31	14	3	0	0	0	31	23	12

Troisiesme Année.

Declinaison du Soleil.

Ianuarius. io.	de	mi	Februarius. io.	de	mi	Martius. io.	de	mi	Aprilis. io.	de	mi
1	23	7	1	17	13	1	7	42	1	4	28
2	23	2	2	16	56	2	7	19	2	4	51
3	22	57	3	16	38	3	6	56	3	5	14
4	22	51	4	16	20	4	6	33	4	5	37
5	22	44	5	16	2	5	6	10	5	6	0
6	22	37	6	15	44	6	5	47	6	6	23
7	22	30	7	15	25	7	5	23	7	6	45
8	22	22	8	15	6	8	5	0	8	7	8
9	22	14	9	14	47	9	4	36	9	7	30
10	22	5	10	14	28	10	4	12	10	7	52
11	21	56	11	14	8	11	3	48	11	8	14
12	21	46	12	13	48	12	3	24	12	8	36
13	21	36	13	13	28	13	3	0	13	8	58
14	21	27	14	13	8	14	2	36	14	9	20
15	21	17	15	12	48	15	2	12	15	9	42
16	21	6	16	12	27	16	1	48	16	10	3
17	20	54	17	12	6	17	1	24	17	10	24
18	20	41	18	11	54	18	1	0	18	10	45
19	20	28	19	11	24	19	0	36	19	11	6
20	20	15	20	11	2	20	0	12	20	11	27
21	20	2	21	10	40	21	0	12	21	11	47
22	19	48	22	10	18	22	0	36	22	12	7
23	19	34	23	9	56	23	1	0	23	12	27
24	19	10	24	9	34	24	1	24	24	12	46
25	19	5	25	9	12	25	1	47	25	13	5
26	18	50	26	8	50	26	2	10	26	13	24
27	18	35	27	8	27	27	2	33	27	13	43
28	18	20	28	8	4	28	2	56	28	14	2
29	18	4	0	0	0	29	3	19	29	14	21
30	17	48	0	0	0	30	3	42	30	14	39
31	17	31	0	0	0	31	4	5	0	0	0

Majus. io.	de	mi	Iunius. io.	de	mi	Iulius. io.	de	mi	Augustus. io.	de	mi
1	14	58	1	22	3	1	23	12	1	18	16
2	15	16	2	22	11	2	23	8	2	18	2
3	15	34	3	22	19	3	23	3	3	17	47
4	15	52	4	22	26	4	22	58	4	17	33
5	16	10	5	22	33	5	22	53	5	17	19
6	16	27	6	22	39	6	22	47	6	17	4
7	16	43	7	22	45	7	22	41	7	16	48
8	17	0	8	22	51	8	22	35	8	16	32
9	17	16	9	22	56	9	22	28	9	16	15
10	17	32	10	23	1	10	22	21	10	15	58
11	17	47	11	23	6	11	22	13	11	15	40
12	18	2	12	23	1	12	22	5	12	15	22
13	18	17	13	23	15	13	21	57	13	15	3
14	18	32	14	23	19	14	21	49	14	14	45
15	18	47	15	23	22	15	21	40	15	14	26
16	19	2	16	23	24	16	21	30	16	14	7
17	19	16	17	23	26	17	21	20	17	13	48
18	19	29	18	23	27	18	21	10	18	13	29
19	19	42	19	23	28	19	20	59	19	13	10
20	19	54	20	23	29	20	20	49	20	12	50
21	20	6	21	23	30	21	20	38	21	12	30
22	20	18	22	23	30	22	20	26	22	12	10
23	20	30	23	23	30	23	20	14	23	11	50
24	20	41	24	23	29	24	20	3	24	11	30
25	20	52	25	23	28	25	19	51	25	11	9
26	21	3	26	23	27	26	19	39	26	10	48
27	21	14	27	23	25	27	19	27	27	10	27
28	21	25	28	23	23	28	19	14	28	10	6
29	21	35	29	23	20	29	19	0	29	9	45
30	21	45	30	23	16	30	18	46	30	9	23
31	21	54	0	0	0	31	18	31	31	8	2

Septemb. io.	de	mi	Octobre. io.	de	mi	Novemb. io.	de	mi	Decemb. io.	de	mi
1	8	40	1	2	52	1	13	14	1	21	45
2	8	18	2	3	15	2	14	44	2	21	55
3	7	56	3	3	38	3	14	54	3	22	5
4	7	34	4	4	1	4	15	13	4	22	15
5	7	12	5	4	24	5	15	32	5	22	24
6	6	50	6	4	47	6	15	50	6	22	32
7	6	28	7	5	10	7	16	8	7	22	39
8	6	5	8	5	33	8	16	26	8	22	46
9	5	42	9	5	56	9	16	44	9	22	53
10	5	19	10	6	19	10	17	2	10	23	0
11	4	56	11	6	42	11	17	20	11	23	6
12	4	33	12	7	5	12	17	37	12	23	11
13	4	10	13	7	25	13	17	54	13	23	15
14	3	47	14	7	49	14	18	10	14	23	18
15	3	24	15	8	11	15	18	26	15	23	21
16	3	1	16	8	33	16	18	42	16	23	24
17	2	38	17	8	55	17	18	57	17	23	26
18	2	15	18	9	17	18	19	12	18	23	27
19	1	52	19	9	38	19	19	26	19	23	28
20	1	28	20	10	0	20	19	40	20	23	29
21	1	5	21	10	21	21	19	54	21	23	30
22	0	42	22	10	43	22	20	7	22	23	30
23	0	18	23	11	5	23	20	20	23	23	30
24	0	6	24	11	27	24	20	32	24	23	29
25	0	30	25	11	48	25	20	43	25	23	28
26	0	53	26	12	9	26	20	54	26	23	27
27	1	17	27	12	31	27	21	5	27	23	26
28	1	40	28	13	52	28	21	15	28	23	24
29	2	4	29	13	13	29	21	25	29	23	23
30	2	28	30	13	43	30	21	35	30	23	17
0	0	0	31	14	54	0	0	0	31	23	13

l'Année du Bissexte.

Declinaison du Soleil.

Ianuarius. io.	de	mi	Februarius. io.	de	mi	Martius. io.	de	mi	Aprilis. io.	de	mi
1	23	8	1	17	18	1	7	24	1	4	45
2	23	3	2	17	1	2	7	1	2	5	8
3	22	58	3	16	43	3	6	38	3	5	31
4	22	52	4	16	25	4	6	15	4	5	54
5	22	46	5	16	7	5	5	52	5	6	17
6	22	39	6	15	48	6	5	29	6	6	40
7	22	32	7	15	29	7	5	6	7	7	2
8	22	24	8	15	10	8	4	42	8	7	24
9	22	16	9	14	51	9	4	18	9	7	46
10	22	[illegible]	10	14	32	10	3	54	10	8	8
11	21	58	11	14	12	11	3	30	11	8	30
12	21	49	12	13	52	12	3	6	12	8	52
13	21	39	13	13	32	13	2	42	13	9	14
14	21	29	14	13	12	14	2	18	14	9	35
15	21	18	15	12	51	15	1	54	15	9	56
16	21	7	16	12	31	16	1	30	16	10	17
17	20	55	17	12	11	17	1	6	17	10	38
18	20	43	18	11	50	18	0	42	18	10	59
19	20	30	19	11	29	19	0	18	19	11	20
20	20	17	20	11	7	20	0	6	20	11	41
21	20	4	21	10	45	21	0	30	21	12	2
22	19	50	22	10	23	22	0	54	22	12	22
23	19	37	23	10	1	23	1	18	23	12	42
24	[illegible]	23	24	9	19	24	1	41	24	13	1
25	19	8	25	9	[illegible]	25	2	4	25	13	20
26	18	[illegible]	26	8	[illegible]	26	2	27	26	13	39
27	18	28	27	8	33	27	[illegible]	[illegible]	27	13	58
28	[illegible]	23	28	8	10	28	[illegible]	13	28	14	17
29	[illegible]	[illegible]	29	[illegible]	47	29	[illegible]	[illegible]	29	14	36
[illegible]	[illegible]	[illegible]	0	0	0	30	[illegible]	[illegible]	30	14	54
31	[illegible]	34	0	0	0	31	4	22	0	0	0

Majus. io.	de	mi	Iunius. io.	de	mi	Iulius. io.	de	mi	Augustus. io.	de	mi
1	15	12	1	22	10	1	23	9	1	18	6
2	15	30	2	22	18	2	23	4	2	17	50
3	15	48	3	22	25	3	22	59	3	17	34
4	16	6	4	22	32	4	22	53	4	17	17
5	16	23	5	22	38	5	22	47	5	17	0
6	16	40	6	22	44	6	22	41	6	16	43
7	16	57	7	22	50	7	22	35	7	16	26
8	17	13	8	22	56	8	22	29	8	16	9
9	17	29	9	23	1	9	22	22	9	15	52
10	17	44	10	23	6	10	22	15	10	15	36
11	17	59	11	23	11	11	22	8	11	15	18
12	18	14	12	23	15	12	22	1	12	15	0
13	18	29	13	23	19	13	21	54	13	14	41
14	18	44	14	23	22	14	21	46	14	14	22
15	18	59	15	23	24	15	21	37	15	14	3
16	19	14	16	23	26	16	21	27	16	13	44
17	19	28	17	23	27	17	21	17	17	13	25
18	19	41	18	23	28	18	21	6	18	13	6
19	19	53	19	23	29	19	20	55	19	12	46
20	20	[illegible]	20	23	30	20	20	44	20	12	26
21	20	17	21	23	30	21	20	32	21	12	6
22	20	29	22	23	30	22	20	20	22	11	46
23	20	40	23	23	29	23	20	8	23	11	26
24	20	51	24	23	28	24	19	56	24	11	6
25	21	[illegible]	25	23	27	25	19	44	25	10	45
26	21	13	26	23	26	26	19	31	26	10	24
27	21	24	27	23	24	27	19	18	27	10	3
28	21	34	28	23	22	28	19	4	28	9	24
29	21	44	29	23	17	29	18	50	29	9	21
30	21	53	30	23	13	30	18	36	30	9	0
31	22	2	0	0	0	31	18	21	31	8	38

Septemb. io.	de	mi	Octobre. io.	de	mi	Novemb. io.	de	mi	Decemb. io.	de	mi
1	8	16	1	3	13	1	14	32	1	21	55
2	7	54	2	3	37	2	14	51	2	22	4
3	7	32	3	4	0	3	15	10	3	22	12
4	7	10	4	4	23	4	15	28	4	22	20
5	6	48	5	4	46	5	15	46	5	22	28
6	6	26	6	5	9	6	16	4	6	22	36
7	6	3	7	5	32	7	16	22	7	22	43
8	5	40	8	5	55	8	16	40	8	22	50
9	5	17	9	6	18	9	16	58	9	22	56
10	4	54	10	6	41	10	17	15	10	23	1
11	4	33	11	7	4	11	17	32	11	23	6
12	4	10	12	7	27	12	17	48	12	23	10
13	3	47	13	7	50	13	18	4	13	23	14
14	3	24	14	8	12	14	18	20	14	23	18
15	3	1	15	8	34	15	18	36	15	23	21
16	2	38	16	8	56	16	18	52	16	23	23
17	[illegible]	15	17	[illegible]	[illegible]	17	19	7	17	23	25
18	1	52	18	[illegible]	[illegible]	18	19	22	18	23	27
19	1	29	19	[illegible]	[illegible]	19	19	37	19	23	28
20	1	5	20	10	24	20	19	51	20	23	29
21	0	42	21	10	46	21	20	4	21	23	30
22	0	18	22	11	8	22	20	16	22	23	30
23	0	6	23	11	30	23	20	28	23	23	29
24	0	30	24	11	51	24	20	40	24	23	28
25	0	54	25	12	12	25	20	52	25	23	27
26	1	17	26	12	33	26	21	3	26	23	25
27	1	40	27	12	53	27	21	14	27	23	23
28	2	3	28	13	13	28	21	25	28	23	20
29	2	26	29	13	33	29	21	36	29	23	16
30	2	50	30	13	53	30	21	46	30	23	12
0	0	0	31	14	[illegible]	0	0	0	31	23	8

DESCRIPTION DES COSTES MARINES DE BARBARIE, COMMENCANT DE LA POINCTE DE SETUBAL, OU S. uVES, PASSANT LE CAP DE S. VINCENT, LE LONG DE LA CONDADE DE *Tanger*, & les costes de Barbarie, jusques a Cap de *Bolador*, ensemble les Courses & Estendues des Isles de Canaire & Madere.

SETUBAL, OU S. UVES.

QVI veut naviger a S. uVes, qu'il navigue de la pointe ou coing de Setubal, Est quart au Nort, & Est Nortest, selon que le vent luy servira, tenant la poincte Occidentale de Zizembre, à la longueur d'une grande Barcque, au dehors de la poincte Orientale, ou coing de Zizembre, sur ces marcques, jusques à ce que le Chasteau de Palmela se monstre au dehors le coing, ou poincte, alors navigez tant que le Chasteau blanc, situé sur le rivage de l'eau, vous soit Nort nortest, & Nort quart a l'Est : adonc prenez le cours Nort quart a l'Est : ou tenez la maisonnette blanche droict à l'Est du Chasteau blanc, navigant sur ces marques, sans aucune craincte: & quãt vous serez tout contre le Chasteau, prenez vostre cours Nortest quart au Nort jusques à la ville de S. uVes, & jettez ancre sur 4, 5 ou 6 brasses.

Or pour tenir le plus profond de l'eau, sur le bancq de S. uVes, tenez les marques un peu separees : assavoir la maison un peu à l'Est, ou Ouest du Chasteau : car ou les marques se couvrent, la est la sechereste du Bancq.

Mais quant la poincte ou coing de S. uVes apparoist à la longueur d'une navire pres de la haute poincte ou coing, adonc vous estes au plus secq du bancq : assavoir a trois & demy, ou quatre brasses d'eau en pleine maree a flot mort.

De la poincte ou coing de S. uVes, jusques a la C. de S. Vincent, est le cours Sud, quelque peu à l'Est 24 lieues.

De la Cap de S. Vincent, a Cap de S. Marie, est le cours droict a l'Est 14 lieues, mais estant une lieuë estoingé de la Cap de S. Vincent, jusques a l'autre poincte, le cours est sudest quart a l'Est, & est rade asseuree contre un vent de Nort N. E.

S. LUCAR.

De Cap *S. Marie* a *S. Lucar*, est le cours a l'Est 23 lieues. Quiconque veut naviger a *S. Lucar*, mettra le grand arbre, sur la partie Septentrionale du Monastere blanc, & sur ces marques entrera & sortira : car a basse maree & flot mort, il aura au plus secq trois brasses d'eau : & a pleine maree flot mort, il aura 11 aulnes, ou escarcement 4 brasses. Mais quãt le Chasteau de *Cipione* & l'Eglise commençent a se joindre, alors on est a la sechereste : & quant le Chasteau & l'Eglise se couvrent, on est adonc a la plus grande sechereste : mais quant le Chasteau & l'Eglise autrefois s'entretaillent, on trouve eau plus profonde : assavoir a flot mort 3 & demy ou quatre brasses d'eau, alors entrez sur lesdittes marques, assavoir, l'arbre grand estant mis sur le Monastere: mais il faut prendre bonne garde que ne mettez le molin qui est a l'Est de *S. Lucar*, sur le Monastere rond, qui est en bas a l'Est de la ville : mais les tiendrez la longueur d'une toile separez l'un de l'autre, & aurez le plus profond du Canal : Prenez adonc vostre cours vers le rivage de *S. Lucar*, jusques a ce que voyez la Riviere entierement ouverte, afin de pouvoir eviter la sechereste ou Bancq, laquelle descend du coing Nortouest de la Riviere, & navigez le long la coste ou dicque, & jettez ancre devant la petite Eglise, situee en bas en les dunes, si pres que voulez, sur 5 ou 6 brasses d'eau. On peut aussi sortir de cette bouche, obliquant avecques navires de moyenne ou raisonnable taille ; mais on y doit prendre bonne garde, a cause qu'elle n'est point fort large ou ample.

De *S. Lucar* a *Cales Malis*, est le cours sudest & sudest quart a l'Est 5 lieues. La description de *Cales* se trouve en la Carte ensuivante.

De *Cales Malis* a Cap de *Spartel*, qui est la poincte Meridionale du destroict de Gibraltar, le cours est sud quart a l'Est, seize lieues.

De Cap de *Spartel* a *Arzil*, le cours est quasi sud 5 lieues. Devant *Arzil* est une ligne d'Escueils, entre lesquels on peut a deux endroicts naviger & passer : assavoir, l'entree Septentrionale pour les navires grãdes: & la Meridionale pour petites barcques, ou se jette l'ancre entre les Escueils & la ville.

D'*Arzil* a *Laracha*, le cours est sud quart a Ouest 5 lieues, mais il y a par tout grãde sechereste, & le chemin est fort oblique & tortu, lequel ne sert que pour petites Barcques & Fregates.

De *Laracha* a *Salle*, le cours est sud sudouest huict lieues.

De *Salle* a *Anafe*, est le cours sudouest quart au sud. *Anafe* est une grande ville ruinee, mais on y peut encores voir quelques 5 ou 6 tours, quant on descent en terre : laquelle est situee a l'Est de *Masagan* 14 lieues.

D'*Anafe* a *Masagan*, le cours est sudouest quart a ouest 14 lieues. Celuy qui veut naviger a *Masagan*, doit sçavoir qu'il y trouvera des Pilotes a la sonde, qui conduisent les navires a la ville : car il y a grand Golphe ou Baye, mais le fond n'y est gueres net d'Escueils, de maniere qu'on n'y pourroit mettre beaucoup de navires, en lieu net. Au coing Occidental de la Baye sont Escueils, lesquels a haute Maree sont couverts d'eau, & a basse Maree sont hors de l'eau : & quant on est a la vraye rade, le coing Occidental vous est Nortouest, & l'autre coing a l'Est. Aussi la ville d'*Asamor* gist a l'Est de *Masagan* une lieuë. A Ouest de *Masagan*, sur une poincte ou coing se voit une tour.

De *Masagan* a Cap de *Cantin*, le cours est Ouest sudouest 23 lieues : ou sur le coing est basty un Far ou Lanterne, & ce coing est bas & plat.

De Cap de *Cantin* a la poincte ou coing de *Saffia*, le cours est sud, quart a l'Est 4 lieues. Si vous voulez jetter ancre devant *Saffia*, faites-le ou le Nort vient quelque peu en dedans la poincte, a la profondeur de 18 brasses, car pour la pluspart la profondeur y est de 18 brasses, hors mis du costé de *Saffy*, ou il faict plus secq.

De *Saffia* a *Mogador*, est le cours sud quart a Ouest 8 lieues. De Cap de *Cantin*, a Cap de *Guer*, sud sudouest 36 lieues.

De C. de *Guer*, a la C. de *S. Croix*, sudest 4 lieues. Qui veut jetter ancre devant *S. Croix*, ce sera sur 7, 8 ou 9 brasses.

De Cap de *Guer*, a Cap de *Bolador*, le cours est sudouest, un peu plus a Ouest 70 lieues.

✠

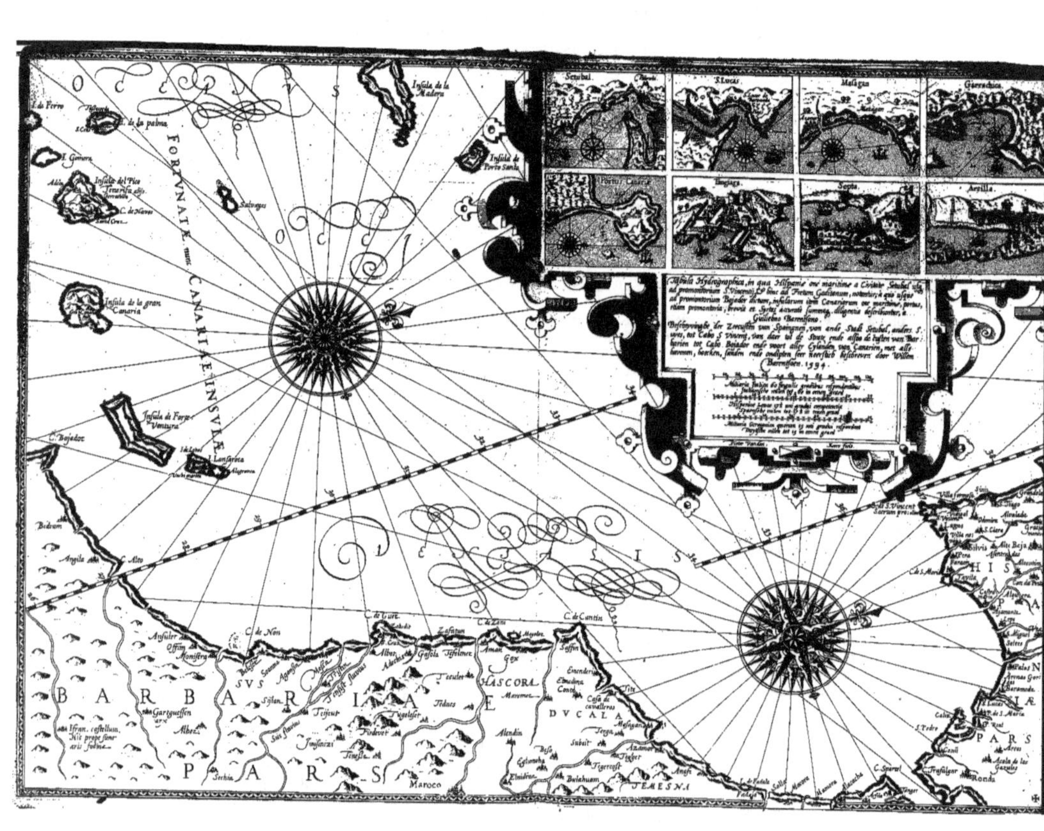

Setubal
S. Lucas
Malagan
Garrachica
Portus Canaria
Tangiaga
Septa
Arzilla
Tabula Hydrographica, in qua Hispaniæ oræ maritimæ a Civitate Setubal usq ad promontorium S. Vincentij, & hinc ad Fretum Gaditanum, notantur; à quo usque ad promontorium Bojador dictum, insularum item Canariarum oræ maritimæ, portus, etiam promontoria, brevia et Syrtes accuratè summaq diligentia describuntur, à Guiliehno Barentsono.
Beschryvinghe der Zeecusten van Spaignen, van ende Stadt Setubal, anders S. Ubes, tot Cabo S Vincent, van daer tot de Strate ende alsoo de kusten van Barbarien tot Cabo Bojador ende voort alle Eylanden van Canarien, met alle havenen, hoecken, sanden ende ondiepten seer neerstich beschreven door Willem Barentsoen. 1594.
Insula de la Madera
Insula de Porto Santo
Salvages
Insula del Pico
C. de Naves
Insula de la gran Canaria
Insula de Forteventura
Lansarota
C. Bojador
C. Alto
C. de Non
C. de Guer
C. de Cantin
C. Spartel
Trafalgar
Ronda
C. de S. Vincent
FORTVNATÆ CANARIAE INSVLÆ
BARBARIAE PARS
HISPANIAE PARS
SVS
HASCORA
DVCALA
Maroco

De Cap *S. Vincent* a l'Isle de *Madere*, le cours est sudouest quart a Ouest, 120 lieues : au bout de levant de l'Isle de *Madere*, sont trois Isles, dittes les *Serters*, desquels le plus prochain a la terre est le plus petit, & gist une lieuë de la terre : mais le plus distant est trois lieues de la terre, lequel est le plus grand. La Rade de l'Isle de *Madera*, est au costé Meridional de l'Isle. Environ huict lieues de la poincte ou coing d'Ouest, est un Escueil, justement a l'Est de la Rade : ou on jettera ancre a l'Occident d'icelle. Au bord d'Ouest de l'Isle de *Madera* est semblablement bonne Rade, derriere les *Sertres* en la Baye. Pareillement au costé Septentrional de l'Isle de *Madere*, est bonne rade a charger les marchandises.

De de l'Isle *Madere* a *Port Sainct*, est le cours N. E. 12 lieues, ou il y a une Baye au costé d'Ouest ou on peut jetter ancre.

De l'Isle de *Madera* a les *Sauvages*, le cours est sud, & sud quart a ouest, 34 lieues. Le costé Occidental des *Sauvages*, est bien avant fourny d'Escueils cachez, lesquels sont grandement a eviter. Parquoy naviguerez plustost a l'Est qu'a Ouëst.

De les Sauvages a grand Canaire, le cours est Sud Sudest 30 lieues.

CANAIRE.

Quiconque veut naviguer a la Rade du grand Canaire, doit sçavoir que la Rade est derriere la poincte ou coing de Nortest, & quand ledit coing de Nortest, vous est de 4 ou 5 lieues au Sudest, il semble que ce soit un Isle, a cause qu'il est conjoinct a la terre par une rive sablonniere, de petite largueur : aussi est le coing ou angle de Nortest tres-haut : on entre pres de l'angle du Nortest navigant, jusques a ce que le Chasteau vous est quasi Nortouest quart au Nort, ou vous jetterez ancre sur 8 ou 9 brassees : alors vous est l'angle Septentrional, Nortest quart au Nort, & l'angle du Sudest, vous est Sud sudest. Au costé Meridional de grand Canaire est bien belle Baye, ou semblablement se peut jetter ancre : grand Canaire contient en circuit 24 lieues.

TENARIFFE.

De l'Angle Septentrional de Canaire, jusques a l'angle Nortest de *Tenariffe*, le cours est O. N. O. & E. S. E. 16 lieues. La Rade de *Tenariffe* est au costé Sudest, devant S. Croix, en une belle Baye a fond sablonnier.

De l'angle N. E. de Tenariffe, jusques a la Rade de *Garra Chica*, ou petit *Garra*, la terre s'estend Ouëst Sudouëst, & S. O. quart a Ouëst 6 ou 7 lieues. On jettera ancre devant *Tenariffe* sur 32 ou 33 brassees, car on ne peut venir plus pres de la terre, a cause des Escueils. Iustement devant *Garra Chica* est un haut Escueil, ou Isle : il y a aussi un petit Port, ou on peut loger quelque bon troupe de Navires : mais il faut avoir un Pilote de sonde, pour y entrer : car au costé Occidental de l'entree est un Escueil caché, lequel a tousiours un flot turbulent. On jette ancre dedans le petit Port, sur 5 ou 6 brasses d'eau ; aussi on tire un chable avec deux ancres par devant vers la Mer, laquelle on attache a l'Escueil, & on met un autre ancre par derriere en terre, de telle sorte que la navire ne peut aucunement tourner, car le fond y est ord & garnis d'Escueils : aussi doivent les chables estre bien garnis de tonneaux & autre munition, afin que ne touchent le fond. Cet un bon Port en l'Esté, car alors est ordinairement le temps bonace: mais en l'Hyver faict il pas bon d'y entrer, par-ce que les vagues & ondes y viennent du N. O. par [illegible] de telle force, qu'il seroit impossible d'y tenir navire ferme, ancree de 10 ancres. Car il est advenu, passé aucunes annees, que bonne partie de Navires s'est perdué en cet Havre, & que plusieurs edifices de cette Villette ont esté demolies par inundation de la Mer.

Semblablement au costé de S. O. est un petit Port ou Baye, nommé *Adessa*, bon a jetter ancre : mais pour un vent de S. O. lequel y entre directement, mal asseuré : on y charge des Vins. *Tenersse* contient 32 lieues en grandeur.

Palma est N. O. quart au N. de *Tenariffe*. En *Palma* est bonne Rade a charger marchandise, ditte *S. Croix* : & est une belle Baye a l'angle de S. E. Aussi est a l'angle de S. O. une autre place, idoine a charger Vins, appellee *Tassa Corda*.

L'Isle Gomera gist environ Ouëst de l'angle Occidētal de *Pico*, ou il y a bon Havre, asseuré contre tous vents, & meilleur qu'aucun des autres Isles : mais il n'y a rien a charger.

L'Isle de *Forte-ventura* gist a l'Est de grand Canaire 14 lieues, & s'estend principalement N. E. quart a l'Est, & contient 12 lieues de longueur.

L'Isle *Lançerotte* est distante de l'angle de Nortest de *Forte-ventura* 5 lieues ; & entre ces deux gist une petite Isle, ditte Isle de *Lobos* : au costé de S. E. de *Lançerotte*, est situé un Chastelet, & la Baye sablonneuse.

Au Nortest de *Lançerotte* est situé *Alegrança*, circui de trois autres Islettes.

Courses & estenduës de Barbarie, & les Isles de Canaire.

DE Roxende a l'angle ou coing de S. uVes, Sudest quart au Sud —	7	lieues
De Roxende a Cap de S. Vincent, S. quart a l'Est — —	30	lieues
De C. de S. Vincent, a C. de S. Maria, a l'E.	14	lieues
De C. S. Maria a Chipiona, iustemēt a l'E.	22	lieues
De C. S. Maria, a C. de Spartel en Barbarie, Sudest quart a l'Est —	40	lieues
De C. de Spartel a Arzil, le cours est Sud	5	lieues
d'Arzil a Laracha, Sud quart a Ouëst —	5	lieues
de Laracha a Salle, S. S. O. —	8	lieues
de Salle a Anafe, S. O. quart au Sud —	6	lieues
d'Anafe, a Mazagan, S. O. quart a Ouëst	14	lieues
de Masagan a Cap de Cantin, O. S. O.	22	lieues
de Cap de Cantin a Mogador, S. quart a o.	8	lieues
de C. de Cantin a Cap de Guer, S. S. O.	36	lieues
de Cap de Guer a la poincte de S. Croix Sudest, — — —	4	lieues
de C. de Guer a C. de Non, S. quart a O.	22	lieues
de C. de Guer a Cap de Boiador, S. O. un peu plus a Ouëst — —	70	lieues
de Roxende a l'Isle de Madere, S. Ouëst	135	lieues
de C. de Vincent a l'Isle de Madera, S. O. quart a Ouëst — —	120	lieues
de C. de S. Vincent a grand Canaire, S. O. quart au Sud — —	158	lieues
de Cales Malis a l'Isle de Madera, O. S. O.	150	lieues
de Cales Malis a grand Canaire, S. O.	175	lieues
de Cales Malis a les Sauvages, S. O. quart a Ouëst — —	166	lieues
de l'angle Septentrional du grand Canaire, jusques a l'angle Septentrional de Tenariffe, O. N. O. —	16	lieues
de Canaire a Forte-Ventura, le cours est a l'Est — —	14	lieues
de Canaire a les Sauvages, N. N. O.	30	lieues
de Canaire a l'Isle de Madere, N. quart a o.	65	lieues
de Tenariffe a l'Isle de Palma, N. O. quart au Nort — —	16	lieues
de Palma a l'Isle de Ferro, S. & S. quart a o.	10	lieues

LES COVRSES ET ESTENDVES DE LA MER MEDITERRANEE OV DE LEVANT,

COMMENCANS DES LES COSTES DE PORTVGAL ET ESPAIGNE, LE LONG

les Costes de Cataloigne, Provence, Italie, par les Isles de Grece, jusques a Constantinople : Semblablement le long les costes de Armenie, Surie, Iaffa & Alexandrie : ensemble les courses & estendues de Barbarie ou Mauritanie & Royaume de Tunes: le tout mis sur ses lignes & distance de lieues.

Il est a noter que ces courses & estendues, sont ordonnees & mises selon nostre Compas de Mer, a cause que les Compas vulgaires & d'Italie, different du noitre demi ligne.

Courses & estendnes, des le Cap de S. Vincent, vers les Isles de Canaire & Barbarie.		
DEs les Barlenges a Roxende, S.S.E.	12	lieuës
De Roxende, a la poincte ou coing de S.uVes, —— S.E. quart au S.	8	lieuës
De Roxende a cap S. Vincent, S.q.a l'E.	32	lieuës
De la poincte ou coing de S.uVes, à Cap S. Vincent —— Sud	24	lieuës
De Cap S. Vincẽt a Cales Malis a l'E. q. au S.	38	lieuës
De Cap S. Vincent a Cap S. Maria, a l'Est	14	lieuës
De Cap S. Maria a Sipiona a l'Est	24	lieuës
De Cap S. Maria a Cales Malis, a l'E.S.E.	25	lieuës
De Cap S. Maria a Cap de Spartel en Barbarie —— —— S.E.q.a l'Est	38	lieuës
De Cap S. Maria a l'Aracha, —— S. E.	46	lieuës
De Cap S. Maria a Masagan, S.q. a l'Est, un peu tirant au Sud —— ——	60	lieuës
De Cap S. Vincent a Cap Cantin, au Sud	68	lieuës
De Cap Cantin a Cap de Guer, S.S.O.	36	lieuës
De Cap Cantin a Cap de Spartel, N.O.	65	lieuës
De Roxende a Isle de Madere S.O.	135	lieuës
De Roxende a les Sauvages, S.O.q. au S.	162	lieuës
Des Sauvaiges a Teneriffe, S.S.O.	20	lieuës
De Cap S. Vincent a Isle de Madere, —— —— S.O.q. au S.	150	lieuës
De Cap S. Vincent a Palma S.O.	168	lieuës
Mais prenez le cours envirõ 4. lieues a ouëst des Sauvaiges, ——		
de cap S. Vincẽt a grãd Canaire, S.O.q. au S.	158	lieuës
De Cap S. Vincent a Alegrance S.S.O.	132	lieuës
De Cales Malis a l'Isle de Madere, O.S.O.	154	lieuës
De Cales Malis a grand Canaire, S.O.	176	lieuës
Le coing Septentrional de grand Canaire, & le coing Septentrional de Tenariffe gisent —— —— O.N.O.	14	lieuës
De grand Canaire au coing Occidental de Forteventura, a —— l'Est	15	lieuës
De le coing Occidental de Teneriffe a Gomera, —— O.q. au S.	6	lieuës
De Tenariffe a Palma, —— O.N.O.	17	lieuës
De Tenariffe a l'Isle de Madere, Nort	54	lieuës
De grand Canaire a les Sauvages, N.N.O.	28	lieuës
De grand Canaire a la partie Orientale de l'Isle de Madere, —— N.q.a O.	66	lieuës
Les Sartres gisent de la partie Orientale de l'Isle de Madere, 3. lieues, & sont petites. Isles de haute assiette.		
Courses & estendues de Cales Malis par le destroict de Gibraltar, iusques a C. de S. Martin.		
De Cales Malis a Conil —— S.S.E.	8	lieuës
De Conil a Cap de Travalgar S.E.q. au S.	8	lieuës
De Cap de Travalgar a Tariffa S.E.	3	lieuës
De Tariffa jusques a la poincte ou coing de Gibraltar, —— E.N.E.	4	lieuës
De Cales Malis a Cap de Spartel en Barbarie —— —— S. quart a l'E.	16	lieuës
Du coing de Gibraltar a Marbela, —— —— —— N.E.q. au N.	9	lieuës
De Marbela a Malaga E.N.E.	9	lieuës
De Gibraltar a Malaga N.E.	18	lieuës
De Malaga a Veles Malaga le cours est a E.	5	lieuës
De Veles Malaga a Almunecar, a l'Est	12	lieuës
De Almunecar a Salobrena, a l'Est	3	lieuës
De Salobrena a Modril, —— E.N.E.	2	lieuës
De Modril a Cap de Sacrastijf, E.S.E.	1	lieuës
De Cap de Sacrastijf a Chasteau de Fer, l'E.	6	lieuës
De Chasteau de Fer a Adra, E. quart au N.	3	lieuës
De Adra a Almeria, —— N.E.	4	lieuës
De Almeria a Cap dagata, S.E. quart au S.	5	lieuës
Du coing de Gibraltar, a Cap d'Agata, —— —— Est quart au N.	50	lieuës
De Cap d'Agata a Almasaron, N.E.q. au N.	20	lieuës
De Almasaron a Cartagena E.N.E.	6	lieuës
De Cartagena a Cap de Palos E.S.E.	6	lieuës
De Cap de Palos a l'Isle grosse, Nort	2	lieuës
De Cap de Palos a l'Isle de S. Paul, N.N.E.	16	lieuës
De l'Isle de S. Paul a Alicante, N. & N.q.a O.	4	lieuës
d'Alicante a Villa Loiosa —— N.E.	4	lieuës
Vne lieuë de la terre, arriere de Villa Loiosa est l'Isle nommee Bendormi.		
De Bendormi a Cap S. Martin, N.E.	4	lieuës
de Cap de S. Martin a Cap S. Antoine, N.O.	2	lieuës
De Cap d'Agata a cap de Palos, N.E. quart a —— —— l'Est & Nortest	30	lieuës
De Cap de Palos a Cap de S. Martin, N.E.q. au Nort, tirant un peu plus au Nort ——	27	lieuës
Estendues ou courses des costes Marines du Royaume de Valence & Cataloigne, des le Cap de S. Martin, iusques a Cap Dragon, ou Cap d'eaues Froides.		
De C. de S. Martin a C. de S. Antoine, N.O. Entre ces deux capes, est situee la Ville Xabea, plus prochaine de cap S. Antoine.	2	lieuës
De C. S. Antoine a Denia, le cours est N.O.	1	lieuës
de Cap S. Antoine a Valence, N.N.O.	12	lieuës
de Valence a Paniscole, —— N.N.E.	16	lieuës
de Valence a Morvedro N.N.E.	3	lieuës
de Morvedro a Castillon —— N.N.E.	4	lieuës
de Castillon a Paniscola, N.E.	4	lieuës
de Paniscola a Bineros, —— N.E.	2	lieuës
des Alfaques de Tortose a Tarragon, N.E. quart au Nort —— ——	12	lieuës
de Tarragon a Barcelone, N.E. quart a l'Est	13	lieuës
de Barcelone a Cap d'eaues Froides ou Cap Dragon, —— N.E.q.a l'Est	16	lieuës
de Cap d'eaues Froides, a Cap de Creos, N. quart a l'Est, & N.N.Est ——	11	lieuës
de Cap de Creos a Cap de Leucata, N. O.	14	lieuës
de Cap Dragon a les Isles Eres, N.E.q.a l'E.	43	lieuës
Les courses & estẽdues des Costes marines de Provence & Italie, des Narbonne, iusques a Naples de coing en coing.		
De Cap Leucate jusques a Marseille, E.N.E.	34	lieuës
de les Isles de Marseille dittes les Pomeges a Cap de Tolon, le cours est S.E.q.a l'Est	12	
de Cap de Tolon a les Isles Eres, E.S.E.	4	lieuës
Les Isles Eres s'estendent presque a l'Est, & Est quart au Nort, —— ——	9	lieuës

***

de les Isles Eres a Fregias, Nort quart a l'Est	9	lieures
Entre deux est situé le Port de S. Turpin.		
De les Isles Eres a Cap de Rosa N.E.	12	lieues
de les Isles Eres a C. de le Melle, n.e.q.a l'est	32	lieues
De Cap de Rosa a Canano, N.E. quart au N.	5	lieues
De C. de Rosa a l'Isla Gorgona, le cours est a l'Est, quelque peu plus au Nort —	42	lieues
De Canano a Ville Franca, E.N.E.	6	lieues
De Ville Franca a Cap S. Vesperis, E.S.E.	1	lieues
De Cap S. Vesperis a Monago, N.N.E.	2	lieues
De Monago a Vintimilia, E.N.E.	2	lieues
De Vintimilia a Bordignea, E.N.E.	1	lieues
De Bordignea a Cap de Melle, E.N.E.	3	lieues
De Cap de Melli a cap de Noli N.N.E.	9	lieues
De Cap de Noli a Savone, Nort quart a l'Est	5	lieues
De Savone a Gennes, le cours est a l'E.	7	lieues
De Genua a Portofin. Est, Sud Est	6	lieues
De Portafin au Goulphe de Spetia, E.S.E.	9	lieues
Du Golphe de Spetia a Via Regio, E.S.E.	6	lieues
De Via Regia a Livorne, S. quart a l'E.	7	lieues
De Livorne a Piombino, Sud quart à l'Est	13	lieues
De Piombino a mont Argentato — — S.E. quart a l'Est	15	lieues
Le port d'Hercole est situé a l'E. de mont Argentato — —	1	lieues
de mont Argentato a Civita Vechia, E.S.E.	8	lieues
de Civita Vechia a Ostia port de Rome, — — E.S.E.	8	lieues
De Ostia a Cap d'Antio, — S.E.	7	lieues
De C. d'Antio a mont Cercelli, S.E. q. au S.	8	lieues
de mont Cercelli a Gajette, E. quart au S.	9	lieues
de Gajette a l'Isle d'Ischia, S.E. quart au S.	10	lieues
Du bord Oriental d'Ischia, jusques a Naples, — — N.E.	6	lieues

Estendues & courses des costes Marines d'Italie des la ville de Naples, iusques au Goulphe de Venise.

De Naples jusques a l'Isle Capri, a Sud	5	lieues
de l'Isle Capri a Cap de Licosse, E.q. au Sud	11	lieües
de Cap de Licosse, a la poincte ou coing de Policastre, ditte Cap du Forest, E.S.E.	9	lieues
de Cap d'Alicosa, a la Bacticana, S.E. tirant un peu plus au Sud —	30	lieues
de Cap Bacticana au coing de Messina S. q. a Ouëst — — —	7	lieures
de Messina au coing Regio —	5	lieues
du coing Regio a Cap de Spartivento, E.q. au S. — —	6	lieues
de Cap Spartivento a Cap de Stilo, N.N.E.	12	lieues
de Cap Spartivento a Cap Colomne N.E.q. au Nort — —	28	lieues
de Cap Spartivento a Cap S. Maria, qui est la poincte Australe du Goulphe de Venise N.E. quart au Nort un peu plus a l'Est	18	lieues
de Cap S. Maria a Cap d'Otranto, Nort	7	lieues
de Cap d'Otranto à Brundise, N.O.q.a O.	10	lieues
de Brundise a Monopoli, O.N.O.	9	lieues
de Brundise a mont S. Angelo, O.N.O.	27	lieues
de Cap S. Angelo a l'Isle de S. Maria Trimiti, O.N.O. tirant quelque peu plus a Ouëst.	9	lieues
Les Isles de S. Maria Trimiti, sont quatre, desquelles les deux sont plus grandes, que les deux aultres: l'une des deux plus grandes, se nõme S. Maria, & l'autre S. Iaques, l'une des deux moindres, est ditte Gatisso, & l'autre Caprara.		
de Cap S. Angelo, jusques au coing d'Ancone, — N.O.q.a O.	50	lieues
du coing d'Ancone a Venise, le cours est entre N.O. quart au N. & N.N.O.	40	lieues

Les estendues & courses des costes Marines d'Istria, Dalmace, Slavonie & Grece.

De Venise au port situé aupres de Cap de Milia en Istrie, le cours est E.N.E.	22	lieues
de Venise a S. Ian — E.S.E.	16	lieues
de S. Ian jusques a les Promontoires, Sudest	10	lieues
Les Promontoires sont deux Rochers, situez au coing Sudest d'Istrie.		
de Promontoires jusques a l'Isle Nia, a l'Est	3	lieues
des Promontoires a Sansego, E.S.E.	5	lieues
de Sansego a Melada, — O.N.O.	15	lieues
Melada est situee en la limite Occidentale de l'Isle ditte Litremply, & l'Isle Litrempli a de longeur — —	9	lieures
du bord Oriental de l'Isle Litrempli a la petite Isle de Ponto, situee au milieu du Goulphe, — — s.e. quart au s. & s.s.e.	13	lieues
de l'Islette Ponto, a l'Isle Lissa, Est quart au S.	7	lieues
l'Isle de S. Andre, ou Busse, gist a l'Occident de Lissa, l'espace d'une lieuë.		
de Lissa a Cassa, le cours est Sudest	5	lieues
de Lissa a Lagosta, — E.S.E.	7	lieues
de Lagosta a Melida, — e.q. au s.	5	lieues
l'Isle de Melida, s'estend en longeur —	7	lieues
de Lagosta a Cap de Pali en Grece, O.N.O.	34	lieues
de Cap de Pali a l'Isle Soasena, le cours est S.	17	lieues
de l'Isle Soasena a Cap d'Otranto, Sudouëst	9	lieues
de l'Isle Soasena a Brundise, le cours est O.	16	lieues
de Soasena a Raguse, Nortouëst quart au N.	22	lieues
de Raguse a Brundise, Sud & Sud quart a O.	35	lieues
de Lagosta a Raguse, a l'Est quart au N.	15	lieues
de Lagosta a Cap S. Angelo, Sud, Sudouëst	18	lieues
de Cap S. Angelo a Catara, Est, Nortest	38	lieues
de mont S. Angelo a l'Isle Pelagosa Nort	10	lieues
de Pelagosa a Melida, Est quart au Nort	13	lieues
de Pelagosa a S. Maria Trimiti, O. quart au S.	9	lieues
de Pelagosa a l'Isle de Lissa, le cours est Nort	13	lieues
de l'Isle Sansego a Ancone, Sud, Sudouëst	23	lieues
de Sansego a Famo, sud quart au ouëst	30	lieues
Qui est en mer 4 lieues de Sansego vers s. o. navigera par un cours de s.e. au dehors de tous les Isles.		
des les Promontoires, jusques a Ancone, sud quart a O. — —	21	lieues

Estendues & courses des costes marines, des le Goulphe de Venise, le long la Grece, Morea, Candie, & l'Isle de Cypres, ensemble les costes d'Armenie & Tripoli, iusques en Surie & Iaffa.

De l'Isle Soaseno, a la petite Isle Forno, qui gist a l'Occident de Corfou, s. quart a l'Est	9	lieues
de Cap S. Maria a Corfou, le cours est a l'Est	17	lieues
de cap de Colonne a Corfou, N.E. quart l'E.	30	lieues
de Soasena jusques au destroit de Corfou, — — S.E. quart au S.	9	lieues
Mais n'approche pas de trop pres la poincte ou coing Oriental de Corfou, car il est plein d'escueils.		
de l'Isle de Corfou, a l'Isle Paeso, E.S.E.	4	lieues
de l'Isle Paeso a Cap S. Sidaro en Cephalonie — sud & sud quart a l'e.	14	lieues
de cap S. Sidaro a l'Isle Lesanti sudest q. a l'e.	14	lieues
de Lesanti a l'Isle Strivali, sud, sudest	5	lieues
de Strivali a Sapience Est, sudest	12	lieues
de Sapience a Cap Matapan en la Morea, a — — l'est quart au sud	14	lieues
de Cap Matapã a Cirigo, a l'est quart au sud	10	lieues
de Cirigo au coing Occidental de l'Isle de Candie, autrement dict cap de S. Ian sudest quart au sud — —	17	lieues
de Cap de Passaro en Sicile, a cap de S. Ian en		

Candie, a l'Est, declinant aucunemēt au S.	122	lieuës
De Cap Spartivento a C. de S.Iau, est quart au Sud, tenant quelque peu plus du Sud	109	lieuës
De l'Isle Gossa, gisante au sud de Candie jusques a la petite Isle Cristiani, gisante prez du coing Oriental de Candie, Est, Nortest	35	lieuës
l'Isle deCandia s'estend le long du costé Meridional a l'Est quart au Nort		
de la petite Isle Christiani, a l'Isle Scarpanto Nortest quart a l'Est —— ——	20	lieuës
de Scarpanto a l'Isle de Rhodes, n.e.q.au n.	17	lieuës
de l'Isle de Rhodes, a Castel Rusio, l'e.q.au n. —— ——	20	lieuës
de l'Isle de Rhodes au bord Occidental de l'Isle de Cypre, autremēt dit Cap de S.Bifanio, est le cours a, —— l'Est	60	lieuës
de Chasteau Rugio, a Cap Selidoni, Nortest quart a l'Est —— ——	16	lieuës
de Cap Selidoni a Satalia, Nort quart a l'Est	13	lieuës
de Chasteau Rugio a Cap de S.Bisanio, a l'Est quart au Sud ——	40	lieuës
de cap de S.Bisanio a Datalia, N.O.q. au N.	55	lieuës
de cap de S.Bisanio a Candelora, N.q.a O.	20	lieuës
de cap de S.Bisanio, a Calandro, N.q.a l'Est	16	lieuës
de l'Isle de Gosso, qui est Sud de la coing Occidental de Candia vers Alexandre d'Egypte, a —— l'Est, Sudest	115	lieuës
de la partie Orientale de Candie, a Alexandrie —— Sudest	82	lieuës
du coing Occidental de Cypre, a Cap d'Agata, a —— l'Est quart au Sud	15	lieuës
Entre deux est situé Cape blanche.		
de Cap d'Agata a la poincte ou coing de Famagosta, autrement dictC. la Greca, e.n.e.	17	lieuës
de Famagosta a cap S.André, n.e. quart au n.	15	lieuës
de cap de S.André a cap de Pali en Carmanie, —— Nortest quart au Nort	16	lieuës
de cap de Pali a cap de Gloriette, Sud q.a l'Est	14	lieuës
de cap de Gloriette a Baruti S.&N.	27	lieuës
de cap de S.André a Tortose en Surie, est s.e. au peu plus vers le sud	18	lieuës
Quand vous estes 3 lieuës en mer arriere de la terre a l'envirō de Tortose, alors s'estēd la coste de cap de Pali jusques a Acre, ou Cape Blanche, —— Sud & Nort	53	lieuës
de cap de S.André a Baruti, Sudest q.au Sud	30	lieuës
de Famagoste en Cypre, jusques a Tripoli en Surie —— Est, Sudest	25	lieuës
de Famagoste a Baruti, Sudest	30	lieuës
de Basso limite Occidentale de Cypre a Acre ou Cape blanche en Surie, Est, Sudest	55	lieuës
de Cape blance en Cypre a Damiette, Sud.	87	lieuës
d'Acre jusques a Chasteau Pelegrin, S.quart a Ouëst —— ——	5	lieuës
de Chasteau Pelegrin a Cesarea, S.quart a O.	4	lieuës
de Cesarea a Iaffa —— S.quart a O.	6	lieuës
d'Acre a Iaffa, —— S. quart a O.	15	lieuës
du limite Occidental de Cypre a Iaffa, Sudest quart a l'Est —— ——	66	lieuës
de cape blanche en Cypre a Alexādrie, s.s.o.	88	lieuës
Puis s'estend la coste d'Alexandrie du long la Barbarie, jusques a Cap de Risuto, O.q. au Nort —— ——	140	lieuës
d'Alexandrie a cap de Passaro en Sicile, O.q. au Nort, un peu plus vers le Nort ——	280	lieuës
de cap de Risuto a cap Mesorata, O.q. au Sud. un peu plus au sud	80	lieues
de cap de Risuto a Tripoli de Barbarie, Ouëst quart au Sud —— ——	110	lieuës
de Tripoli a Cape Bon, Nortouëst q. au N.	76	

de l'Isle de S.Pierre les Sardeigne, jusques a l'Isle Cabrera le Majorque, a Ouëst	68	lieuës
de l'Isle de S.Pierre le Sardeigne, a Minorque, —— —— O.q.au N.	47	lieuës
Estendues & courses le long les costes de Barbarie de le Cap Bon, jusques a Cap de Spartel par le destroit.		
De C.Bon jusques au golphe de Tunes, s.o.	12	lieuës
De Cape Bon a Porto Farina, Sudouëst	12	lieuës
De cape Bon jusques a la partie septentrionale de l'Isle Galita, Ouëst quart au Nort	30	lieuës
de la limite d'O.de Galita a C. de Mabra s.o.	11	lieuës
De Galita a Cap Ferrato, Ouëst, Sudouëst	21	lieuës
De Cap Ferrato a Cap Bugirame, o.q.au S.	8	lieuës
De Cap Bugirame a Cap de Tadelis, O.S.O.	27	lieuës
De cap Tadelis a Alger, Sudouëst quart a O.	6	lieuës
de cap Tadelis a cap de Caxine, O.q.au Sud	7	lieuës
de C.de Caxine a mōt des Singes, o.q.au Sud	21	lieuës
du mont des Singes a Cap d'Ivi, S.o.q.a o.	13	lieuës
de cap Ivi, a cap Carbon, Ouëst, Sudouëst	10	lieuës
de cape Carbon a cap Faulcon, O.q. au Sud	8	lieuës
de cap Faulcon a cap de Fegale, Sudouëst	9	lieuës
de cap de Fegale a cap d'One, S.O.q.a Ouëst	9	lieuës
de cap d'One a cap de Treforce, ouëst, tirant un peu au nort —— ——	20	lieuës
de Milomia a Iafarines, Nortouëst q.a Ouëst	4	lieuës
de Iaffarines a Melille, Ouëst quart au Nort	6	lieuës
de Melille a cap de Treforce, Nort, Nortouëst	8	lieuës
de cap de Treforce a Buzema, Ouëst, S.O.	13	lieuës
de Buzema a Pignon de Velez, Ouëst	10	lieuës
de Pignon de Velez a Ceuta, n.o.q. a o. tirāt un peu plus a —— Ouëst	25	lieuës
de Pignon de Velez a Tetuan, Ouëst, N.O.	16	lieuës
de Tetuan a Ceuta, Nortouëst q. au Nort	8	lieuës
de Ceuta a mont des Singes, N.O.q.au O.	3	lieuës
du mont des Singes a cap de Spartel, Ouëst S.O.& O.quart au Sud ——	7	lieuës
de cap de Spartel a Larache, Sud quart a O.	10	lieuës
de Larache a Anafe, sudouëst quart au sud	21	lieuës
de Anafe a Mazagan, sudouëst quart a ouëst	14	lieuës
de Mazagan a cap de Cantin ouëst, sudouëst	22	lieuës
de cap de Cantin a Mogador, sud, sudouëst	12	lieuës
de Mogador a cap de Guer, s.o. quart au sud	24	lieuës
de cap de Cantin a cap de Guer, s.o.q.au sud	36	lieuës
de cap de Guer a cap de Non, Sud quart a O.	24	lieuës
de cap de Non a cap de Bolador, O.S.O. tirāt un peu vers sud ——	52	lieuës
Les courses traversantes de Mer Mediterranee & de Levant.		
De cap de Travalgar a cap de Spartel, Sud	7	lieues
de Tariffa au coing de Ceuta, Sudest	5	lieues
de Tariffa a cap de Spartel, sud, sudouest	6	lieues
de Gibraltar a Ceuta sud quart a l'Est	5	lieues
de la poincte ou coing de Gibraltar a Peignon, —— —— s.e.q.a l'E.	27	lieues
de Malaga a Pignon, —— s. q.a l'E.	30	lieues
de Malaga a Ceuta, s.o.quart au sud	22	lieues
de Malaga a cap de tre Forcas, s.e.quart a l'E.	39	lieues
de Ceuta a Salubrena, entre n. e.quart a l'Est	37	lieues
de Ceuta a cap d'Agata, e.n.e. & est q.au n.	58	lieues
de Ceuta a Albuzan, le cours est a l'Est	44	lieues
de Albuzan a cap d'Agata, Nortest q. au N.	17	lieues
de C.d'Agata a cap Fegalo en Barbarie, S.E.	23	lieues
de Cap d'Agata a Oran, —— E.S.E.	24	lieues
de Cap d'Agata a cap Ivi, a l'Est un peu tirant vers le sud —— ——	38	lieues
de cap d'Agata a mont des Singes, a l'Est un petit au Nort —— ——	50	lieues
de cap de Palos a Oran, sud quart a Ouëst, tirant un peu au sud —— ——	28	lieues

De Cap de Palos a Cap de Gaxines, prez d'Alger, entre O. quart au N. & O.N.O.	51	lieues
de Cap S. Martin a Alger en Barbarie, S.E.	53	lieues
de Formentera a Alger, s.E. quart au s.	40	lieues

Courses traversantes entre Cataloigne, & les Isles de Maiorque, Minorque & Iviça.

De Cap S. Martin a la poincte ou coing du S.O. de Formentera, a l'E. quart au Sud	14	lieues
du coing Occidental de Maiorque a Mont Kolebre, environ o. quart au n. & o.n.o.	17	lieues
du coing Occidental de Maiorque a C. Dragon, n.n.e. un peu tirant vers le nort —	44	lieues
du coing Septentrional de Minorque a Cap Dragon, ou d'eaues froides N. quart a O.	34	lieues
de l'Isle de Minorque a les Isles d'Eres n.n.e.	75	lieues
de Cap Dragon a les Isles d'Eres n.e.q. a l'est	43	lieues
de Cap Dragon a Marseille N.E quart au N.	42	lieues
de Cap Dragon a la poincte de Revela en Corsica, a — l'Est quart au N.	72	lieues
de Cap Dragon a l'Isle d'Asmara, jointe a Sardeigne, a l'Est quart au Sud —	75	lieues
de la Baye de Fregias a Isle Rousse jointe a Corsica, — S.E. quart a l'Est	32	lieues
de Cap de Melle a l'Isle Rousse, n. & n.q.a o.	28	lieues

Courses traversantes d'Italie.

De Cap de Melle a Cap de Corso en Corsica, Sudest, tirant un peu plus a l'Est —	23	lieues
de Cap de Corso a Piombino a — l'Est	21	lieues
de C. de Corso a Livorno, N.E. quart a l'E.	20	lieues
de Cap de Corso a Port de Spetia N.N.E.	23	lieues
de Cap de Corso a Genua, N. quart a O.	29	lieues
de Genua a Livorne — S.E. quart au l'E.	28	lieues
de Spetia a Livorne S.E. quart au S.	12	lieues
de Livorne a l'Isle Gorgone O.S.O.	5	lieues
de Livorne a l'Isle de Capraia, S.O. quart au S. & S.O. — —	9	lieues
de Livorne a l'Isle d'Elbe, S. & S. quart a O.	13	lieues
de l'Isle d'Elbe, a la Gorgone, Sud, Sud, Est	11	lieues
de l'Isle d'Elbe a la Capraia N.O. quart a O.	6	lieues
de l'Isle Pomsia, a l'Isle Maritimo, joincte a la poincte Occidentale de Sicile, S.q. a O.	48	lieues
de l'Isle Capri a Vstica — S.S.O.	28	lieues
de Favaiana a Mont de Christ N.N.O.	75	lieues
de Naples a Favaiana, S.S O.	56	lieues
de Gajerte a Carbonara en Sardeigne, S. O.	63	lieues
de Cap d'Alicosa a la poincte ou coing de Solanto — — S.S.O.	40	lieues

Estendues & courses de Sicile.

De la poincte ou Cap de Trapano, a Cap de S. Vite — N.E. quart a l'Est	5	lieues
de Cap S. Vite a Cap S. Gallo, E.N.E.	6	lieues
de Cap S. Gallo a Palerme —	3	lieues
de Cap S. Gallo a Cap Bongerbino, ou çoing de Solanto, a l'Est quart au Sud —	6	lieues
de Cap Bongerbino, a la poincte de Melasso, a — l'Est quart au N.	23	lieues
de Melasso a la poincte de Messine, a l'Est q. au Nort — —	8	lieues
Le destroict de Messine, a son cours environ — Sud quart a l'Est	7	lieues
de Messine a Saragosse, Sud quart a O.	20	lieues
de Saragosse a Cap de Passaro, le cours Sud	7	lieues
de C. de Passaro a C. Scaranis, le cours a O.	15	lieues
de Cap de Scaranis a Leocata, O.N.O.	15	lieues
de Leocata au coing de Masara, N.O.q.a O.	21	lieues
du coing de Masara a Cap de Trapano, le cours au Nort — —	5	lieues

Courses traversantes de Sicile & Barbarie.

De l'Isle Favaiana a Cape Bon, S. O.	18	lieues
de Favaiana a les escueils de Chirbi, O.q.a S.	17	lieues
de Cap Bon a Chirbi — N.N.O.	10	lieues
de Favaiana a l'Isle Pantalaria Sud q. a l'Est	18	lieues
de Cape Bon a Pantalaria, — — — O.q. au n. & o.n.o.	15	lieues
de Pantalaria a Lampidosa S.S.E.	13	lieues
de Pantalaria a Africa en Barbarie s.o. quart au s. — — —	22	lieues
de Lampidosa a Querquem S.O.	10	lieues
de Lampidosa a Limose Nort Est	5	lieues
de Malta a Pantalaria — O.N.O.	25	lieues
de Malta a Tripoli de Barbarie, S. quart a O.	44	lieues
de Lampidosa a Tripoli, Sud, Sud, Est	47	lieues
de C. de Passaro a l'Isle de Malta, s.o.q. au s.	12	lieues
de cap de Passaro a Cap de Matapan en Morea, Est quart au N. tirãt un peu plus a l'Est	100	lieues
de C. de Matapan, a Cap de Risuto, S.q.a O.	60	lieues
de Cap de Risuto a Cap de S. Ian en Candie, — — N.E. quart au N.	50	lieues
de Cap de S. Ian a Bonandria, s.s. o. un peu plus au sud — —	43	lieues
de cap Salmon, limite Orientale de Candie a Alexandrie — Sudest	86	lieues
d'Alexandrie a l'Isle de Rhodes N.N.E.	95	lieues
d'Alexandrie a Cap de Selidone, le cours est — — Nort	95	lieues
d'Alexandrie a C. de Gato en Cypre, n.n.e.	85	lieues
d'Alexandrie a Tripoli Nort Est	114	lieues
d'Alexandrie a Iaffa N.E. quart a l'E.	82	lieues

Courses & estendues des Isles de Grece, des la Morea iusques a Constantinople.

De Cap de Matapã a Cap S. Angelo, E.N.E.	17	lieues
de Cap S. Angelo a les Isles de Carani, nortest quart au nort — —	7	lieues
de Carani a Bella Pola, N.O. quart au Nort	6	lieues
de Bella Pola a l'Isle Ferminia, N.E.	18	lieues
de Bella Pola a Macronise Nort, Nort Est	18	lieues
de Macronise a Andria N.E. quart au N.	11	lieues
d'Andria a Schiro N.O. quart au N.	10	lieues
de Schiro a Sistrati, N. quart a l'Est	16	lieues
de Sistrati a la pointe du s. o. de l'Isle de Limini — Nort	5	lieues
La partie Occidentale de Limini, tient le cours Nort quart a l'Est —	9	lieues
La partie Meridionale de Limini, tient le cours, Est & Ouëst — —	7	lieues
de la poincte du sudest de Limini a Tenedon port de Troye, le cours est E. quart au N.	7	lieues
de Tenedon jusques au destroict de Galipoli — — Nortest	8	lieues
Ce destroict a de largeur envirõ demi lieuë, & le cours est quasi N.E. quart au N.	7	lieues
de la a l'Isle de Marinora N.E. quart a l'Est	6	lieues
de Marinora a Constantinople, quasi N.E.	10	lieues
Le destroict de Constantinople est long 4 lieues, & son cours est environ N. quart a l'Est, ajant de largeur envirõ demi lieuë.		

FINIS.

AV BENING LECTEVR.

AMy Lecteur, ainsi que la Navigation de la Mer Mediterranee, depuis peu d'annees en ça, a esté plus que de coustume frequentee, & que nous Hollandois la continuent journellement de plus en plus, a grand profit de tous Marchands, Navieurs, & autres frequentans la Mer, & que jusques a ores n'ayt esté personne qui en auroit faict description aucune d'icelle. Parquoy a l'instance & requeste de plusieurs mes singuliers amis, aussi a ce pressé d'un mien instinct naturel, lequel dès mon tendre aage m'a tousiours incité de pourtraire, au mieux qu'il m'estoit possible, & d'escrire en forme de Cartes, les païs & terres que j'ay cheminé & navigué, avec les Mers & Eauës qui les arrousent, ensemble les courses d'icelles, j'ay proposé & entreprins de mettre en lumiere, en forme de livre, certaines descriptions & Cartes de la coste marine de la Mer Mediterranee & de Levant, lesquelles depuis certaines annees en ça, j'ay compilé & assemblé peu a peu, a l'avancement & profit de tous navigans & autres amateurs de la navigation marine. Laquelle description j'ay personnellement en mes navigations, en partie diligemment consideré & observé, & en partie acquise & obtenuë de Pilotes & Patrons de navires tres-experts, lesquels passans le destroict de Gibraltar, ont navigué la Mer Mediterranee, faisans le voyage d'Italie, & terres circonvoisines : & l'ay tout mis deuëment & en bon ordre, avec demonstrations & enseignements desdittes costes marines, en la mesme maniere qu'elles se presentent a la veuë des navigans, aussi de tous les Ports & Havres, Rades & Bayes, ensemble leur courses & estenduës, ou distances. Ce que j'ay faict non sans grand fraiz & despens, & grand travail : qui pour ne me confier par trop a moy-mesme, & presumer de moy seul, ay souventesfois convié a mon Hostel plusieurs Pilotes & Patrons de navires, qui avoient frequenté & navigué la Mer Mediterranee: ausquels ayant communiqué ce mien œuvre, ils ont corrigé & redressé debonnairement ce qu'ils avoient mieux consideré & observé que moy. Ie declare cecy, a fin qu'on ne pense, que presumptueusement, & d'un desir d'acquerir aucune renommee & estime, & sans premeditation aucune, j'aye entreprins ce mien œuvre, & a grand travail parfaict & achevé. Ores considerés, qu'un œuvre de tel & si grand pois, ne peut tousiours pour la premiere fois estre conduict a entiere parfection, ou telle qu'on voudroit bien, je prie a tous Lecteurs synceres, de prendre en gré ce mien labeur, & me vouloir advertir amiablement les fautes, si aucunes il y a, a fin de les pouvoir corriger, au profit de ceux qui s'aydront de cet œuvre. Car a beaucoup moindre travail & art se peut corriger ce qui est ja inventé, que l'inventer & composer de nouveau.

ADVERTISSEMENT AV LECTEVR.

LEcteur amy, vous debvez sçavoir, que nous avons mis en aucunes des Cartes, comprinses en nostre livre, deux sortes de Compas marins : nommemẽt le Compas Flaman, & le Compas Italien, & ce pour la raison que ie vous vay dire. Tout Pilote, ou Navigant ayãt la connoissance des Cartes marines, peut facilement veoir & entendre, qu'en les Cartes marines, faites en Italie, les terres & païs ne sont mises soubs leur vraye & deue hauteur, ou elevation du Pole, lesquelles par tout sont mises aucunefois deux, aucunefois trois degrez plus Septentrionales qu'elles sont. Ce que se voit en aucunes de leur Cartes, ou la Ville de Venise se trouve mise soubs la hauteur de 48 degrez, ou 48 degrez 30 minut. Laquelle a la verité n'est que 45 degrez 15 minutes, ou au plus 45 degrez & demy: tellement que la faute est d'environ trois degrez: ce qu'a esté par les Pilotes & Navieurs Hollandois diligemment observé. Semblablemẽt Genua s'y trouve mise soubs la hauteur de 46 degrez & demy, ou la vraye hauteur n'est que 44 degrez & demy, de sorte que la faute est de deux degrez, & ainsi de tous autres costes & Capes ensuivãtes. Ce que advient par leur Compas de mer. Car en Italie l'aiguille ou acier du Compas se met droictement soubs la fleur de Lys, comme mesmes en Italie i'ay experimenté: & nous autres mettons l'aiguille ou acier un demy ligne ou plus vers l'Est, comme a tous est notoire. Ores a cause que les Italiens ordonnent, comme dict est, leur aiguille du Compas, aussi ont ils es Cartes Marines mis les terres & costes selon leur compas, sans prendre consideration aucune de la hauteur Polaire: ce qui est cause que les terres & places se monstrent trop Septentrionales, & de plus grande elevation, que la vraye requiert. Ce qui est a s'esmerveiller, & facilemẽt se peut corriger: par ce que le temps y est ordinairemẽt serein, & que les costes de la mer Mediterranee, & de Levant, se voient clairement, de maniere qu'on y peut facilement mesurer la hauteur Polaire, & ainsi corriger leur Cartes marines. Neantmoins a cause que sur la Mer Mediterranee l'air est tousiours serein, & que les terres sont de haute assiette & situation, l'Italien faict peu de compte de la hauteur du Pole. Car quant l'une terre se perd de veuë, incontinent l'autre se decouvre & manifeste, tellemẽt qu'il neglige de mesurer la hauteur du Pole, mais institue tousiours la navigatiõ par les courses. Parquoy i'ay biẽ voulu advertir ceux qui desirent hanter & naviguer la Mer de Levant, d'en prẽdre bonne garde, veu qu'on ne sçauroit iustemẽt naviguer la Mer Mediterranee, sur la Carte marine faicte en Italie, avec le Compas Hollandois, pour parvenir a la terre vers laquelle on cuideroit prendre son cours, a cause que la difference seroit bien d'une demy ligne, ou plus. Car prenez le cas que vous voudriez prendre vostre cours iustemẽt a l'Est, alors navigant par le mesme cours 40 lieuës a l'Est, vous declinerez bien six lieuës plus au Sud, que ne cuiderez, pour la raison susditte. Plusieurs autres raisons se pourroient deduire sur cette chose, lesquelles mettrons en oubly, par ce que nostre intention est de n'en parler plus amplement.

Instruction pour l'intelligence de nostre Livre.

AMy Lecteur vous avez icy l'entiere description de la Mer Mediterrance & de Levant, commençãt a Cales Malis, & passant le destroict de Gibraltar, suivant les costes marines jusques a Venise, & toutes les terres en particulier depoinctes en diverses Cartes; ensemble aussi les Iles de Canaire, Madere, & les costes de Barbarie ou Mauritaine, jusques a la Cape Bolador, descriptes en une Carte particuliere, avec la description de l'estenduë & distance desdittes terres en respect d'autres. Aussi sont apres chacune Carte pourtraict les apparences & faces des terres & païs, en la mesme forme qu'el'es se monstrent a la veuë de Navigans. Plus avons pourtraict aucunes terres en sept ou huict manieres diverses, a cause qu'en la navigation, passant aucuns lieux, l'apparence incontinent se change, & monstre une autre face diverse de la premiere: ce qu'advient aussi par la diverse constitution de l'air: car autrement se manifestent les terres en temps clair & serein, qu'en nubileux & obscur: ce que nous avons faict, a fin que les terres soient (par les diverses apparences) mieux recognuës des Navigans. Semblablement avons formé un Ancre, par tout ou il y a fond idoine & bon de poser Ancre, avec characteres & cifre, qui signifient la profondeur de chacun lieu. Aussi avons en aucunes Cartes pourtraict a part, en forme grande, les principaux Ports: a fin que les Navigans ayent a prendre meilleure connoissance d'iceux, assavoir des poinctes ou coings, tours, montaignes & autres choses semblables, desquelles on s'ayde a entrer en aucuns Havres & Rades. En outre avons diligemment annoté pres desdites Ports, toute secheresse de Mer, Sablons, Bancqs, Langues & Escueils: a fin de les pouvoir eviter, veu qu'on sçait plus parfaittement & mieux pourtraire un lieu au grand, qu'au petit, comme a tout homme est notoire. Davantage sont ordonné apres chaque Carte, en forme de table, les particuliers cours & distances. Et a fin de pouvoir plus facilement trouver la Carte qu'on demande, y est adjoustee la Table ensuivante.

TABLE DES CARTES ET PARTIES
contenuës en ce Livre.

L'AVTHEVR AV LECTEVR.

LEcteur debonnaire, icy serviroient les Marees & cours de la Lune : neantmoins par ce que nostre description contient tant seulemẽt la navigation de la Mer Mediterranee, ou de Levãt, laquelle n'est suiette a aucun flux & reflux de Mer, ne a autres flots que celuy qui est poussé du vent, il m'a semblé hors de propos d'en faire mention aucune : ne aussi de la hauteur de l'estoille Polaire, & de son usage ; veu que sur laditte Mer Mediterranee, ou de Levant, on n'use aucune hauteur que peu souvent, pour les raisons devant dites. Aussi est le mesme assez enseigné par autres ; parquoy l'avons passé, comme chose non trop necessaire. Mais bien y avons adiousté la table de la declinaison, & Ray nautique, afin de s'en pouvoir ayder aucunesfois, si d'aventure on vouldroit mesurer la hauteur du Pole.

COMME ON MESVRERA LA HAVTEVR DV SOLEIL, & l'usage de la Table de la Declinaison du Soleil.

NAvigant la Mer, ou estant autre part, si aucun desire de mesurer la hauteur du Soleil : qu'il prenne en la main le Ray ou Quadrant, ou Astrolabe, & se mette joinct a l'arbre de la navire, au milieu de la nef : & quand le Soleil [illegible]proche le Sud, qu'il mesure deuement la hauteur, continuant ce mesurage, tant que le Soleil sera exactement monté a la ligne Meridiẽne. Ce fait, qu'il voit quel an il est, assavoir, ou Bissexte, ou premier, ou secõd, ou tiers apres le Bissexte, & entrant en la table dudit an, avec le jour du mois, la se presentera la declinaison du Soleil de ce mesme jour, assavoir en degrez & minutes. Ores est a considerer que le Soleil change par fois de declinaison, estant ou du costé Septentrional, ou Meridional de la ligne Equinoctiale, ce qu'advient en cette maniere.

Des le 10 jour du mois de Mars, selon le style ancien, jusques au 13 jour de Septembre, le Soleil decline de l'Equinoctial, devers l'Arctique ou Nort : Et des le 13 de Septẽbre, jusques au 10 jour de Mars, il decline de l'Equinoctial devers le Sud. Ce qui est selon le style Grigorien, des le 20 de Mars, jusques au 23 jour de Septembre : que la Declinaison du Soleil est Septentrionale, & des le 23 de Septembre, jusques au 10 jour de Mars, Meridionale.

Ores quand le Soleil decline de l'Equinoctial devers le Nort, si vostre ombre s'estend aussi vers le Nort, vous serez alors au Nort, tant du Soleil que de la Ligne Equinoctiale. Considerez alors de combien de degrez vous avez mesuré la hauteur du Soleil : ce nombre de degrez & minutes deduirez de 90 degrez : & au restant joindrez les degrez & minutes de Declinaison du mesme jour, la somme vous donnera la hauteur du Pole, du lieu ou vous serez.

Mais si le Soleil decline de l'Equinoctial devers le Sud, & que vostre ombre s'estend vers le Nort : vous joindrez la hauteur mesuree a la Declinaison du mesme jour, & si la somme est moindre de 90, ce qui sera moindre, sera la distance du Nort, ou hauteur du Pole.

Et si la hauteur du Soleil est exactement 90 degrez, prenez esgard si le Soleil faict Declinaison aucune de l'Equinoctial. Car si la declinaison du Soleil est nulle, alors vous & le Soleil serez dessous la ligne Equinoctiale. Mais ayant declinaison quelcõque, la mesme vous enseigne combien que vous serez separé de laditte Ligne, qui sera la hauteur du Pole de ce mesme lieu, Arctique ou Antarctique, selon que sera denommee laditte Declinaison.

TENARIFFE.

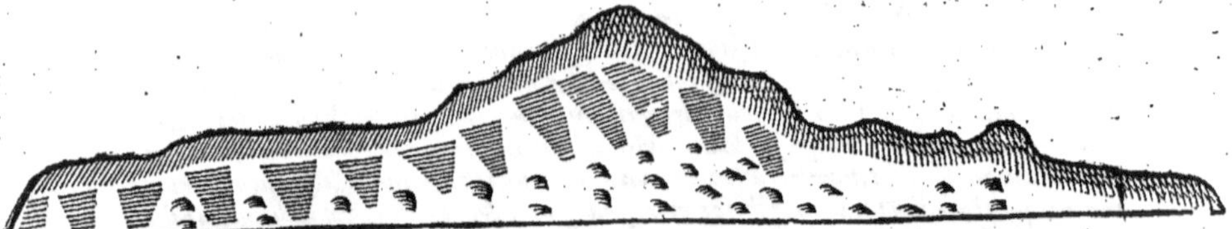

L'apparence de Pico de Tenariffe, quand il eſt en reſpect de vous a l'Eſt quart au Sud, un peu plus vers Sud, quand vous en eſtes ſeparé dixſept ou dixhuict lieuës.

GOMERA.

L'apparence de Gomera, eſtant Sudeſt quart au Sud en reſpect de vous, vous eſtant ſur la Rade de l'Iſle de Palma.

PALMA.

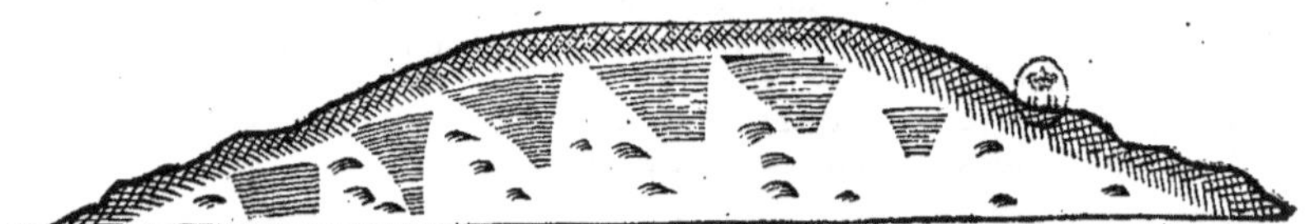

L'apparence de l'Iſle de Palma, eſtant Sud & Sudeſt en reſpect de vous, vous eſtant ſept ou huict lieuës d'icelle ſeparé.

PALMA.

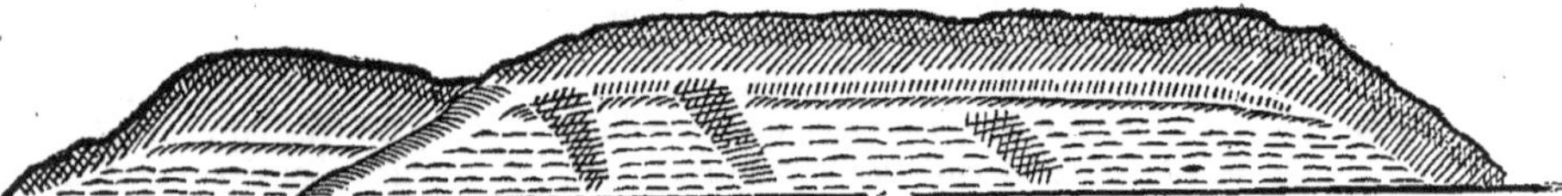

L'apparence de l'Iſle de Palma, eſtant Sudouëſt quart au Sud en reſpect de vous, vous eſtant trois ou quatre lieuës de l'Iſle.

TENARIFFE.

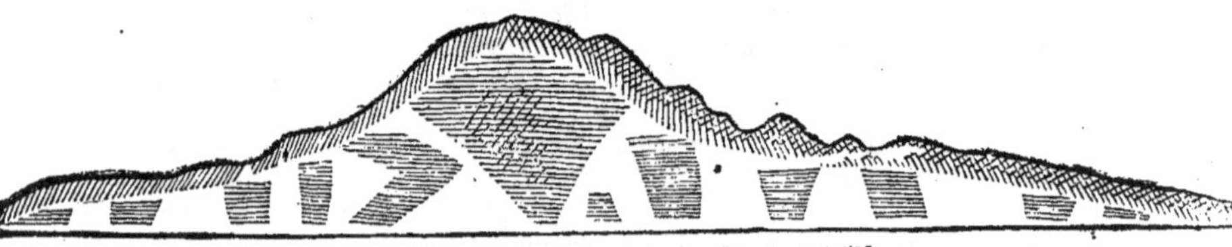

L'apparence de l'Iſle de Tenariſſe, eſtant Sud en voſtre reſpect, eſtant quinze ou ſeize lieuës de l'Iſle.

✠

LA HAVTEVR DV POLE DESDITTES TERRES ET CAPES.

Roxende est a 39 degrez.
S. u Ves est a 38 degrez 35 minutes.
Le Cap de S. Vincent 37 degrez.
Le destroict de Gibraltar 35 degrez, 35 min.
Cap de Spartel 35 degrez, 28 minutes.
Laracha 34 degrez, 42 minutes.
Masagan 32 degrez, 25 minutes.
Cap de Cantin 32 degrez, 30 minutes.
Magador 31 degrez, 32 minutes.
Cap de Guer 30 degrez.
Cap de Non 28 degrez, 32 minutes.
Cap de Bolador, 27 degrez.
L'Isle d'allegrance 28 degrez, 50 minutes.
L'angle Occidental de Forteventura, 27 degrez, 50 minutes.
Le costé Septentrional de la grande Canaire 28 degrez.
Le costé Meridional de Canaire 27 degrez, 35 minutes.
Le costé Occidental de Tenariffe 28 degrez, 40 minutes.
Le costé Meridional 28 degrez, 8 minutes.
L'Isle de Palma 29 degrez.
Les Sauvages 30 degrez.
L'Isle de Gomera 28 degrez.
L'Isle de Ferro 27 degrez, 50 minutes.
Le costé Meridional de l'Isle de Madere 32 degrez.
Le costé Septentrional de l'Isle de Madere 32 degrez, 30 minutes.

DESCRIPTION DES COSTES MARINES D'ESPAGNE; DES CALES MALIS, PAR LE DESTOICT DE GIBRALTAR, IVSQVES CAP DE GATA: ENSEMble tous les Ports, Bayes & Rades, qui sont entre ces deux situez : Le tout faict par lieuës d'Espagne, avec grand diligence, par le Pilote GVILLAVME BARENTSON d'Amsterdam.

Comme on doibt entrer en la Baye de Cales Malis.

CELVY qui veut naviger & entrer en la Baye de *Cales Malis*, navigera a la distãce & longeur de deux chabels des Escueils, nommez *los Puercos*, sur 6 ou 7 brassees d'eau : & ayant passé *los Puercos*, il peut naviger devant la ville de Cales, & jetter ancre sur 5 & 6 brassées, ou bon luy semble.

Vous devez sçavoir qu'il y a des Escueils à demy voye, entre *los Puercos* & le terroir de *Mariport* : lesquels sont quasi Nortest quart au Nort des *Puercos*, & sont a basse Maree, cachez de deux brassees d'eau. Les marques des Escueils sont cettes : Quand le Monastere de *S. Marie* apparoist par dehors a l'angle de Cales ; & la maison qui est sur la montagne, sur le chemin de *Xeres*, se joinct au Monastere de *S. Catherine*, situé sur le rivage a l'Occident de *Mariport* : Quant toutes lesdittes marques conviennent ensemble, on est alors sur les Escueils.

De Cales a Conil, le cours est Sud S.E. huict lieuës. A Conil est une belle Baye, ou on jettera ancre sur 12 & 14 brassees d'eau. Le fond y est net.

Qui veut naviger de Cales au destroict de Gibraltar, dressera son cours partant de Cales au Sud, & Sud quart a l'Est, jusques a ce qu'il sera quelque peu au dehors de la terre : alors tirera S.S. E. & S.E. quart au S. & abordera au dedans le Cap de Spartel; assavoir environ de Tanger, qui est situé en une grande Baye sablonneuse. Sur le coing Occidental de Tanger est un Chasteau assis assez haut, & plus haut sur la mõtagne est edifié une tourelle eschauguette. A l'E. de Tanger est une autre semblable eschauguette ruinee: & est fort bon a connoistre. Quãd on sera lez Tanger, la coste s'estend vers le Mont des Singes, la pluspart a l'E.N.E. & E. quart au N. parquoy on dressera le cours a l'E.N.E. & E. quart au N. & tenez plus tost de nuit la coste de Barbarie, laquelle est nette; car la coste d'Espagne est brouillee d'escueils ou secheresses. Au dehors de l'Isle de Tariffe, est une grande secheresse de deux tiers d'une lieuë, environ a O. quart au S. de Tariffa, & contient 8, 9 & 10 pieds d'eau. On peut bien veoir son flot estueux, quand il faict grand vent. Le flot court ordinairemẽt par le destroict plus a l'Est, qu'a Ouëst: & court aucunefois avec grand rumeur, comme s'il passast par dessus les bancqs & secheresses.

GIBRALTAR.

Si vous voulez jetter ancre à Gibraltar, entrés dedãs si avant que l'interieur coing ou angle du Mont Gibilier vous est a l'Est. Iettez illec ancre sur 5 & 6 brassees, car tout y est net, & vers le Molin est-ce eau plane, de trois brassees de profondeur. La est on bien asseuré du vent d'Ouëst ; & le vent de Sud, est vent qui vient des coings du Mont de Gibraltar. Le vent de Sudouëst y entre directement. On y charge tres-bons Vins.

Quand vous voulez partir de Gibraltar par le vent de l'Est ou de Levãt, il sera le mieux que navigez avecques vent en poupe vers le bord ou costé Occidental, & qu'alors sortez pres de ce bord: car bien mal peut on sortir pres le haut terroir de Gibraltar, a cause que le vent se terbillonne sous le haut terroir.

Quand vous voulez jetter ancre a l'Est de Gibraltar, pres du Far qui est le prochain de Gibraltar: vous mettrez Gibraltar Sud Sudouëst en respect de vous, & jettez ancre sur 25 brassees d'eau. Le fond y est net, & noir sablon. Mais si voulez jetter ancre pres du second Far, la trouverez un val bien fourny d'eau, & jettez ancre sur 20 ou 22 brassees. Le fond y est net, & est le lieu le plus commode pour sortir par un vent de l'Est.

Quand vous voulez sortir du destroict, estãt un peu pres de la coste d'Espagne, vous prendrez bonne garde: car le Mõt de Gibraltar se mõstre alors contre la terre de Barbarie, & le terroir au costé Nort de Gibraltar est si bas, qu'il semble que ce soit le destroict. Plusieurs Navires y sont perduës, en navigãt derriere ledit terroir. Pourquoy on aura fort bon esgard sur le Mont de Gibraltar, qui bon est a connoistre.

ESTEPONA.

Devant *Estepona* on jette ancre sur 14 brassees, & gist a l'Est de Gibraltar. On y charge Fruits & Vins.

MARBELLA.

D'*Estepona* a *Marbella*, le cours est 4 lieuës. Entre deux sont cinq tourelles eschauguettes.

Si voulez jetter ancre a *Marbella*, vous verrez sur le rivage deux Magasins, & une grande tour eschauguette a l'Est bien pres des Magasins : faictes tant que la porte de la ville vienne entre les Magasins, & laditte tour eschauguette ; & jettés la ancre sur 9 & 10 brassees d'eau. A l'Ouëst de la ville, environ le traict d'une piece de fonte, peut on avoir eau fresche. Devant *Marbella* le fond y est ord & garny d'Escueils : parquoy on y doit prendre bonne garde.

De *Marbella* a *Fangerola*, le cours est E.N:E. 4 lieuës. *Fangerola* est un Chasteau, ou il y a une bonne Baye sablonniere; On y est bien asseuré du vent O.S.O. Aussi sont entre *Marbella* & *Fangarola* cinq tours eschauguettes.

MALAGA.

De *Fangarola* a l'angle Occidental de *Malaga*, est le cours E.N.E. 2 lieuës. Et de l'angle Occidental de *Malaga*, jusques à la ville de *Malaga*, le cours est Nortest, & Nortest quart a l'Est 3 lieuës.

Qui veut jetter ancre a *Malaga*, il la jettera sur 11 ou 12 brassees, & aussi sur 13 & 14 brassees, en travers de la teste, de maniere que la teste vous soit Nort quart a l'Est, le fond y est tres-bon a ancrer : aussi on y est asseuré des Mores.

De *Malaga* a *Velez Malaga*, le cours est a l'Est quart au Nort 5 lieuës.

Entre *Malaga* & *Velez Malaga*, on peut par tout jetter ancre pres de la terre ou bord. Environ une lieuë a Ouëst de *Velez Malaga*, est un Chastelet, ou il faict bon de jetter ancre sur 10 ou 12 brassees d'eau. Aussi est sur la terre eau fresche, pres de la tour, qui est la plus prochaine du Chastelet.

VELEZ MALAGA.

Celuy qui veut jetter ancre a *Velez Malaga*, venant d'Ouëst, il luy faut un peu decliner de l'angle Occidental, car la s'estend un bancq ou secheresse assez loing en Mer, lez la tour eschauguette, qui est en bas a Ouëst pres de *Velez Malaga* : & quand vous venez sur 10 ou 11 brassees d'eau, le long la chaussee ou dicque, vous ne pouvez mal faire, n'estre offencé du bancq. Et quand vous estes si avant, que la ville de *Velez Malaga* apparoist droictement a l'Est, joincte a la tour ou *Magasin*, qui est sur le rivage, jettez y ancre sur 12, 10 & 8 brassees d'eau, le fond y est par tout net.

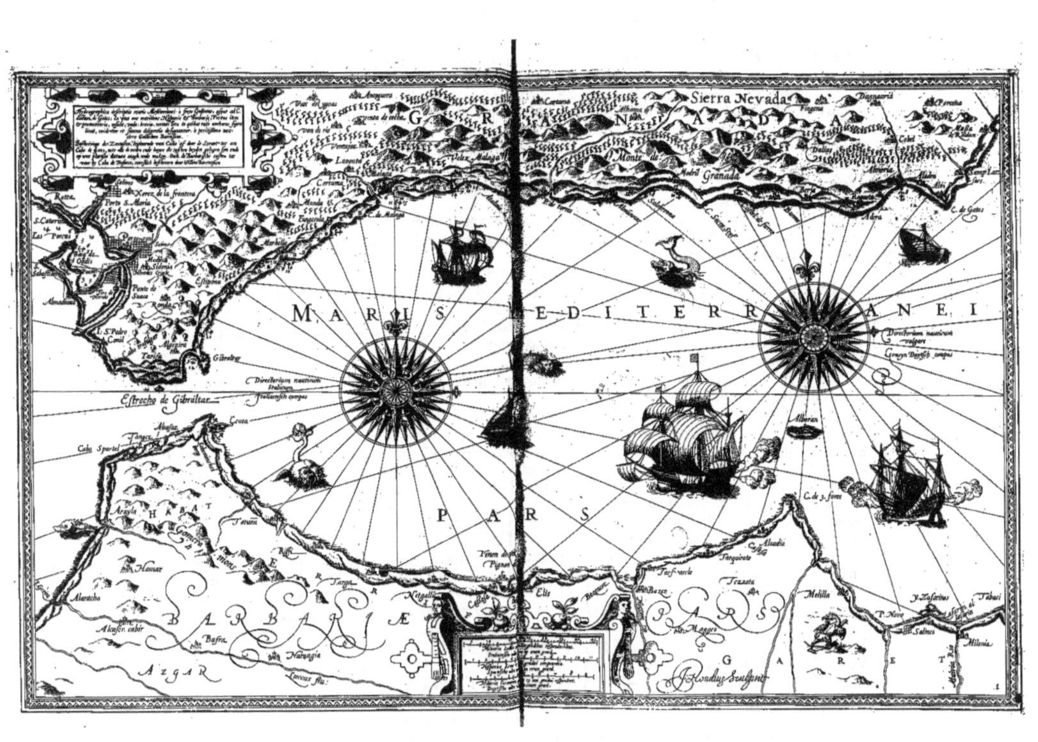

Sierra Nevada
G R A N A D A
Granada
Monte
Velez Malaga
Antequera
Almeria
C. de Gates
Xerez de la frontera
Porto S. Maria
Ronda
Estepona
Marbella
Tarifa
Gibraltar
M A R I S M E D I T E R R A N E I
P A R S
Estrecho de Gibraltar
Directorium nauticum Italicum
Directorium nauticum vulgare
Alboran
C. de 3. fores
Melilla
Cabo Spartel
Tanger
Arzila
Alarache
Alcaser cabir
Tetuan
B A R B A R I Æ
A z g a r

Velez Malaga est situé une lieuë dedans le païs : & le *Magasin* qui est sur le rivage, est quasi comme un Chasteau.

De *Velez Malaga* a *Almuñecar*, est le cours a l'Est 12 lieuës. On peut bien par tout le long des costes jetter ancre derriere les coings ou angles. Deux lieuës a l'Ouëst d'*Almuñecar*, est un coing ou angle, sur lequel est basty un Far ou Lanterne, derriere lequel est bonne rade, & asseuree du vent d'Ouëst.

On jettera ancre a *Almuñecar*, a Ouëst de l'Escueil, sur lequel est basty la petite Chapelle, sur 12 brasses d'eau. Le fond y est bon. On y est asseuré du vent de l'Est, & Ouëst Nortouëst.

De la l'angle Orietal d'*Almuñecar*, est *Salobrenna* a l'Est 3 lieuës. *Salobrenna* est une Vilette, & un Chastelet, situé sur une montagne : justement devant *Salobrenna* est une Islette. Quiconque veut jetter ancre a *Salobrenna*, ce sera a l'Est de l'Islette, ou on est asseuré du vent Est Nortest, & Ouëst. Le fond y est tout net. On charge icy Syropes & Vins.

MODRIL.

Modril est situé en la mesme Baye a l'Est, deux lieuës de *Salobrenna*, & est distant de la Mer une demy lieuë dedas le païs. *Salobrenne* contient deux Temples, & pres de la ville quelque peu d'arbres. Sur le rivage est une tour quarree : Si tu veux jetter ancre a *Modril*, ce sera les la tour, qui est sur le rivage, sur 12 & 13 brasses d'eau, ou vous apparoistra la petite tour, qui est sur l'angle Orietal, justemet au dehors de l'autre angle ou coing. Le fond y est bon : & on y est asseuré du vent de l'Est.

Le long de tous ces costes, un vent de Sudest, & Sud, faict le bas bord.

De l'angle Oriental de *Modril*, jusques a *Castel de Fierro*, le cours est E. N. E. trois lieuës. De Chasteau de *Ferro* a *Adra*, le cours est a l'Est six lieuës. En ces endroits est la coste Marine jusques a *Almerie*, un terroir bas & plane.

D'*Adra* vers *Almeria*, le cours est Nortest quatre lieuës.

ALMERIA.

A *Almeria* on peut jetter ancre en la Baye par tout : ou bien on peut ancrer en lieu, ou la ville est en respect de vous, au Nort. Il y a bonne rade, & on y est bien asseuré du vent de l'Est, & Ouëst Sudouëst. Le fond y est par tout bien net.

Si venez du costé de l'Est, vers *Almeria*, & que vostre chemin soit le long le *Cap de Gata*, garde toy bien de la Pierre ou Escueil, qui est quasi au Sud quart a Ouëst de l'angle ou poincte ; & est caché 9 ou 10 pieds sous l'eau. Mais quant le vent est grand & rude, on y peut veoir le flot estuer & troublé.

A *Cales Malis* en la Baye, il est haute maree, quand la Lune est Sud Sudouëst : mais au dehors devant la Baye, quand la Lune est Sudouëst quart au Sud.

Au destroict de Gibraltar, la Lune estant Sudouest donne haute maree. Neantmoins dedans le destroict ny a pas de maree, car ordinairement le flot prend son cours vers le destroict.

La Lune Sudouest, donne haute maree a Gibraltar : & sur la rade de Gibraltar n'est pas grand flux d'eau. La maree y monte & revalle tant seulement 3 ou 4 pieds. Plus avant en tous les autres lieux, comme a *Marbella* & *Malaga*, n'y a aucun flux & reflux, ne flot de Mer.

Description de Barbarie.

Devant *Tanger* est bonne rade : on y est asseuré du vent de l'Est, Sudest, Sud & Sud quart a l'Est.

De *Tanger* a *Ceuta*, est le cours a l'Est, quart au Nort six lieuës.

Devant *Ceuta* est une belle Baye : ou on est asseuré d'un vent de Sudest, Sud, & S.O. quart a Ouëst. Le fond y est net.

De *Ceuta* a *Tetuan*, le cours est Sudest quart au Sud huict lieuës.

De *Ceuta* a *Peignon de Velez*, le cours est Sudest quart a l'Est, un peu plus a l'Est 23 lieuës.

A la coste de Barbarie, est en plusieurs lieux bien bonne rade, mais aux Mariniers Flamans gueres connuë : de maniere que n'en sçaurions donner bon conte.

Courses & Estenduës, des Cales Malis, *par le destroict de* Gibraltar, *jusques a* Cap de Gata. *Le tout ordonné par lieuës d'Espagne, assavoir 17 lieuës & demy pour un degré.*

DE Cales Malis, jusques a C. de Spartel en Barbarie, Sud quart a l'Est ——	16	lieues
de Cales a Conil, Sud Sudest ——	8	lieues
de Conil a C. de Travalgar, S. E. quart au Sud	8	lieues
de Cap de Travalgar, a Tariffa, Sudest ——	3	lieues
de Tariffa, a la poincte ou angle de Gibraltar, Est quart au Nort —— ——	4	lieues
de l'angle de Gibraltar, a Marbella N. E. quart au Nort —— ——	9	lieues
de la poincte de Gibraltar, a Malaga, est le cours Nortest —— ——	18	lieues
de Malaga, a Velez Malaga, est le cours a l'Est	5	lieues
de Velez Malaga a Almuñecar, a l'Est ——	12	lieues
de Almuñecar a Salobrenna, a l'Est ——	3	lieues
de Salobrenna a Modril, a l'Est quart au Nort	2	lieues
de Modril a Cap de Sacrastif, Est Sudest ——	1	lieues
de C. de Sacrastif, a Chastel Fierro, a l'Est quart au Nort	3	lieues
de Chastel de Fierro, a Adra, est le cours a l'Est	6	lieues
d'Adra a Almeria, Nortest ——	4	lieues
d'Almaria a Cap de Gata S. E. quart au Sud .	5	lieues

Courses & estenduës des costes de Barbarie, des le Cap de Spartel, jusques par delà le C. de Treforce.

DE Cap de Spartel en Barbarie, jusques a la poincte ou angle du Mont des Singes, E.N.E. —— ——	7	lieues
du Mont des Singes, a l'angle de Ceuta, Sudest quart a l'Est —— ——	3	lieues
de la poincte ou coing de Ceuta, a Tetuan, S.E. quart au Sud —— ——	8	lieues
de Tetuan a Peignon de Velez, Est Sudest	16	lieues
de Ceuta a Peignon, Sudest quart a l'Est, un peu plus a l'Est —— ——	23	lieuës
de Peignon a Buzema, a l'Est, un peu au Nort	10	lieues
de Buzema a C. de trois Forcas, E.N.E. ——	10	lieuës
de C. de Treforcas, a Melilla, Sud Sudest	8	lieuës
de Melille a Isles Zafarinos a l'Est quart au Sud	6	lieuës
des Isles Zafarinos a Milonia, S.E. quart a l'Est	4	lieuës
de C. de Treforcas, aux Isles Zafarinos, Sudest	13	lieuës
de la poincte ou coing de Ceuta, a Cap de Treforcas, Est quart au Sud, un peu plus a l'Est	44	lieuës

Courses traversantes d'Espagne en Barbarie.

DE C. de Travalgar, a C. de Spartel, le cours est Sud un peu tirant a l'Est	7	lieuës
de Tariffa a C. de Spartel, Sud Sudouëst ——	6	lieuës
de la poincte de Gibraltar a l'angle de Ceuta, Sud quart a l'Est —— ——	5	lieuës
de Tariffa a la poincte ou coing de Ceuta, S.E.	5	lieuës
de l'angle de Gibraltar, a Cap de Treforcas, a l'Est quart au Sud	46	lieues
de la poincte ou coing de Gibraltar, a Peignon, Sudest quart a l'Est —— ——	27	lieuës
de Malaga a Peignon, Sud quart a l'est, un peu plus a l'est —— ——	30	lieues
de Malaga a Ceuta, Sudouëst quart au Sud ——	22	lieuës
de Malaga a C. de Treforcas, Sudest quart a l'E.	39	lieues
de Ceuta a Salobrenna, entre N.E. quart a l'Est & Est Nortest	37	lieuës
de Ceuta, a C. de Gata, entre E.N.E. & E. quart au Nort —— ——	58	lieuës
de Ceuta a l'Isle d'Alboran, est le cours a l'Est	44	lieuës
d'Alboran, a C. de Gata, N. E. quart au Nort	20	lieuës

S'ensuivent les faces & apparences des terres, situees entre le destroict de Gibraltar, & le Cap de Gata, diligemment pourtraittes au vif: Et a cause que ces terres sont de haulte assiette, & en aucuns lieux deux ou trois doubles, de maniere qu'en passant legerement changent d'apparence, nous avons aucunes terres contrefaict en 5 ou 6 manieres, afin que ceux qui hantent la mer de Levant, les puissent mieulx recognoistre.

L'apparence de la coste d'Espaigne, quand on est passé le destroict de *Gibraltar*, adoncques est la poincte ou angle Septentrional, Nort quart a l'Est de vous, environ 5 lieuës: & est l'angle interieur Nortest: l'air estoit un peu obscur, de maniere que l'apparence de la terre, n'estoit pas trop claire.

Cette piece est partie de la superieure.

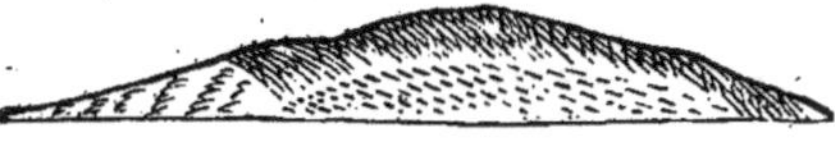

Cette montaigne est a l'opposite de *Gibraltar*, laquelle se peult veoir de loing: & estoit en respect de nous O.S.O.

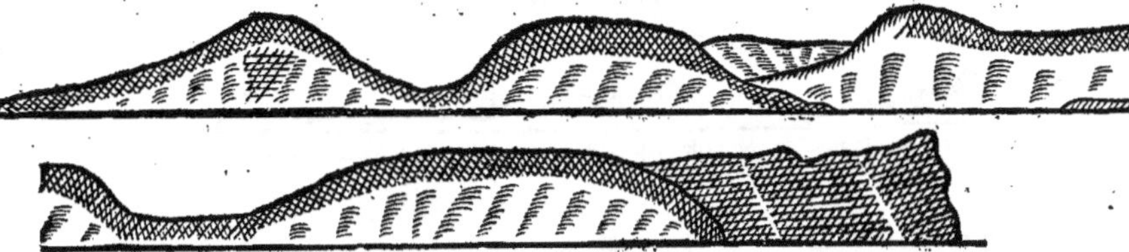

L'apparence de *Tariffa*, estant au Nort, en respect de vous, alors vous est la poincte ou coing de *Gibraltar*, au Nortest comme icy se voit.

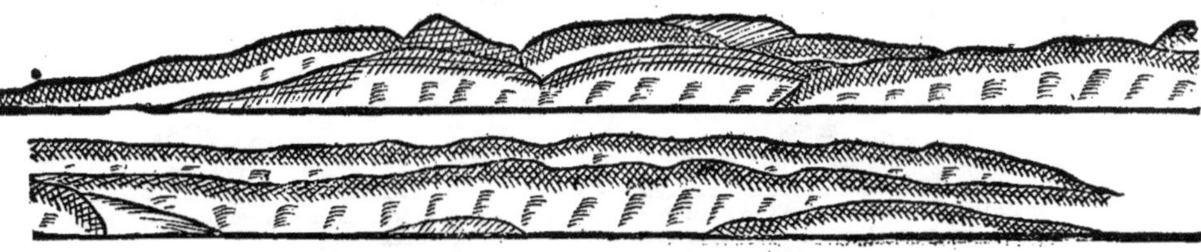

Cestui terroir est a Ouëst de *Gibraltar*, & alors l'angle bas vous est a Ouëst, comme icy se voit, & cecy s'estend vers *Marbela*.

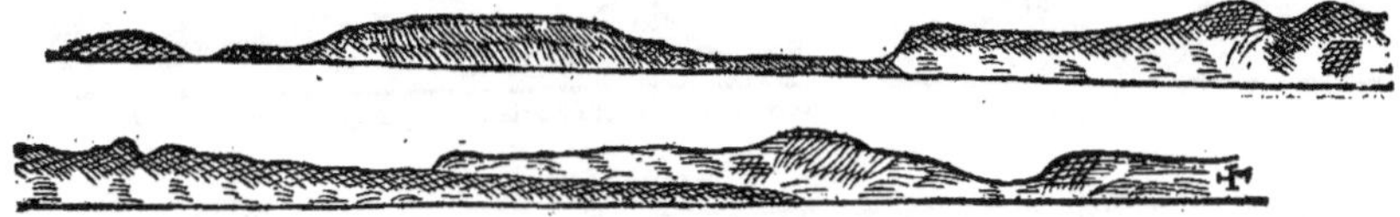

L'apparence de la Coste d'Espaigne, quand vous voulez entrer le destroict, en venant d'Occident: alors est ce bout Septentrional, au Nort Nortest environ 6 lieuës de vous: a l'angle Oriental qui tire vers le destroict, est alors environ 5 lieuës arriere de vous, & apparoist comme icy est depeinct.

Ce bout doibt estre joinct au precedent, l'une croix sur l'autre.

Mont des Singes.

Quand le Mont des Singes se monstre en cette forme, il est a l'Est quart au Sud, de vous environ 9 ou 10 lieuës. Et le Cap de *Spartel,*

Cap de Spartel.

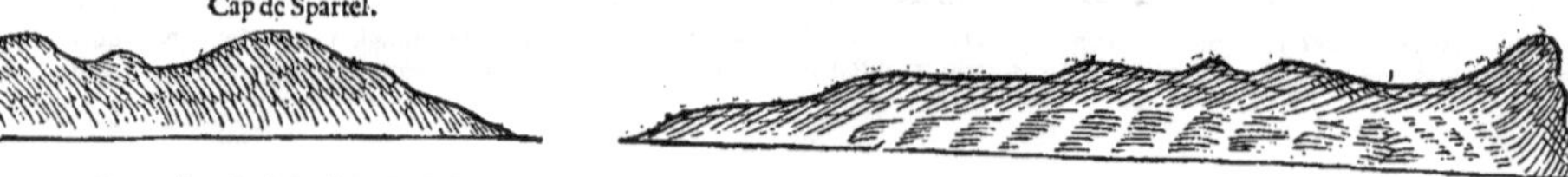

ou angle exterieur du destroit, vous est S.E. quart au Sud 4 lieues esloigné de vous.

Quand le mont de *Gibraltar*, vous est Ouëst quart au Sud, il se monstre comme icy est contrefaict.

L'apparence de la terre de Barbarie, quand le mont des Singes vous est Sudouëst: alors on est lés le Chasteau de *Fangarola*, qui est 5 lieuës a

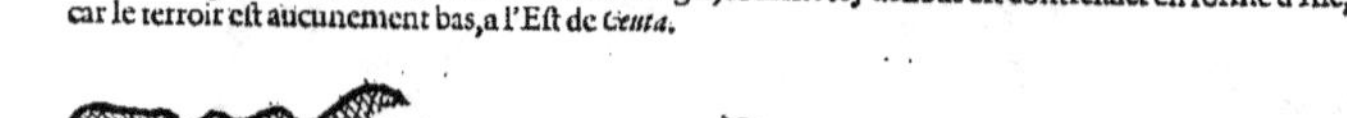

Ouëst de *Malaga*, & alors se monstre le Mont de Singes, comme icy dessous est contrefaict en forme d'Ile, car le terroir est aucunement bas, a l'Est de *Ceuta*.

L'apparence du coing Septentrional du destroict, asçavoir le Cap de *Travalgar*, quand il vous est Sudest quart a l'Est, en estant 7 lieues arriere.

Mont de *Singes*, S.O.

Le Mont de *Gibraltar* apparoist alors fort bas, & cette piece, appartient a la superieure.

Quand le Mont des *Singes* vous est S.O. & qu'en soyez separé 7 ou 8 lieues, l'apparence est comme dessus est pourtraicte.

L'apparence du Mont des *Singes*, vous estant Est Sudest, en distance de 4 lieues.

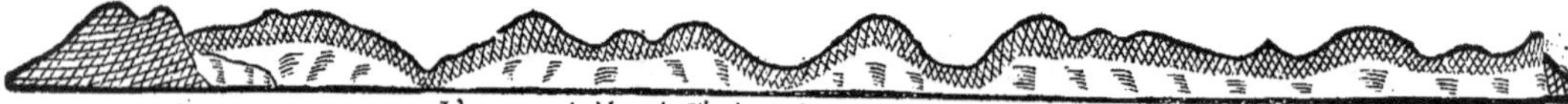

L'apparence du Mont de *Gibraltar*, & du terroir a l'Est de la montaigne, quand il est Nort de vous.

Et cette terre y est joincte a l'Est, a demy chemin de *Gibraltar* & *Marbella*.

Et cette partie la continuë a l'Est, & estoit en respect de nous Nortouëst quart au Nort, de nous esloigné 6 lieuës, & s'estend vers *Marbella*, en la mesme maniere que voyez icy.

L'apparence de Cap *Dagata* eſtant Nort quart à Ouëſt, de vous eſloigné 4 ou 5 lieues.

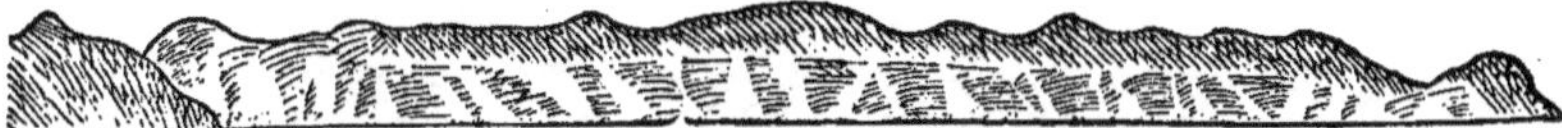

Cette partie appartient a la precedente.

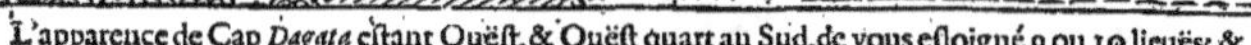

L'apparence de Cap *Dagata* eſtant Ouëſt, & Ouëſt quart au Sud, de vous eſloigné 9 ou 10 lieuës: &

ceſtuy terroir s'eſtend vers Cap de Palos.

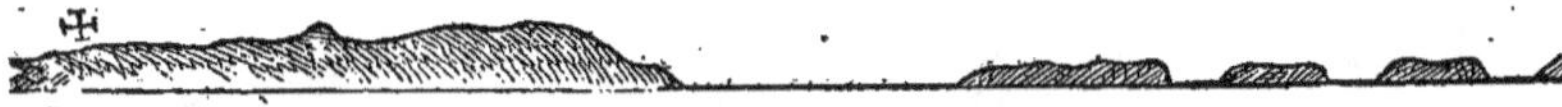

Cette partie appartient a la precedente, elles ſont eſté contrefaictes en un meſme temps.

Cette terre eſt 6 ou 7 lieues a l'Eſt de cap *Dagata*, il y a bonne rade, & aſſeuree du vent de Sudouëſt.

L'apparence de Cap *Dagata*, eſtant Norteſt quart au Nort, de vous eſloigné 7 ou 8 lieues.

La face de Cap *Dagata*, eſtant Norteſt de vous eſloigné 9 ou 10 lieuës.

L'apparence de Cap *Dagata*, eſtant N.E. de vous eſloigné 4. lieuës.

L'apparence de Cap *Dagata* eſtant Nort de vous eſloigné 7 lieuës.

Cette piece appartient a la precedente.

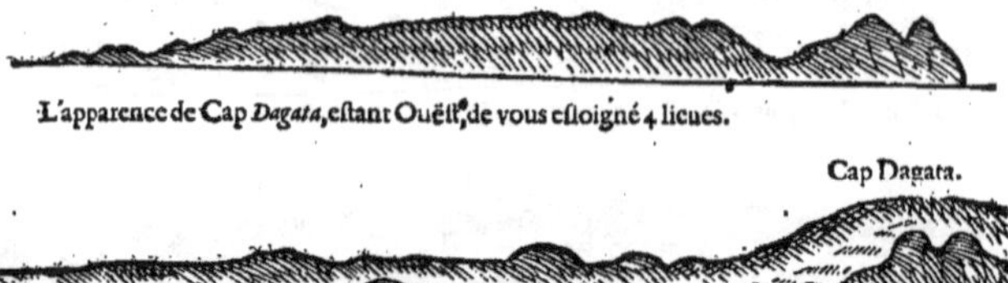

L'apparence de Cap *Dagata*, estant Ouëst, de vous esloigné 4 lieues.

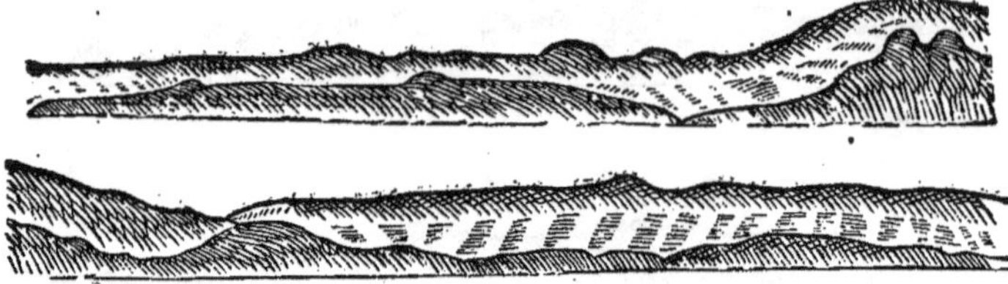

Quand Cap *Dagata*, est Nortouëst quart au Nort, de vous esloigné 4 lieues, l'apparence du terroir est, semblable à cette pourtraicture. Le terroir interieur apparoist alors plus hault que la Cape, comme ceste figure demonstre.

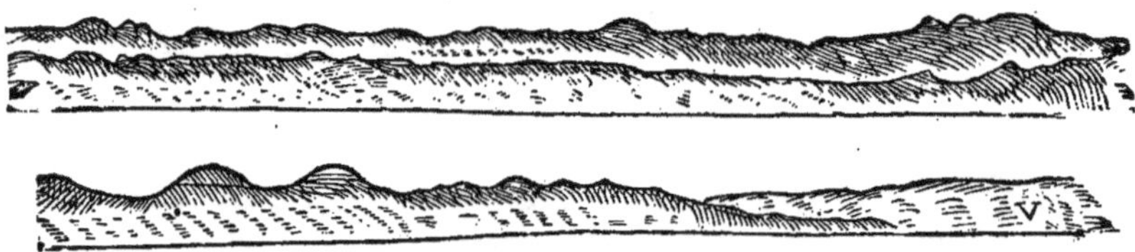

L'apparence de cestuy terroir, quand en navigant on y passe: & est le terroir du Cap *Dagata*, lequel change son apparence en plusieurs manieres.

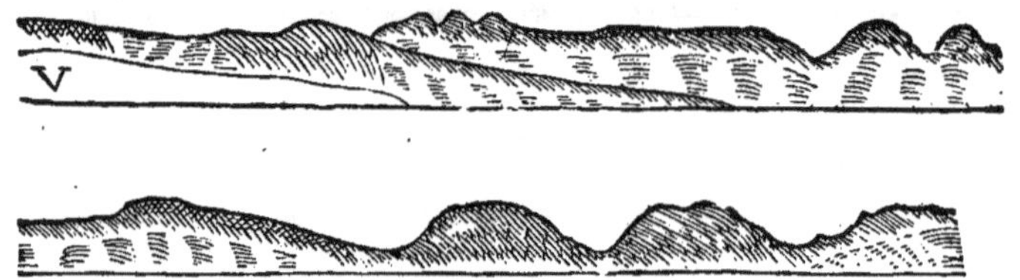

L'apparence de la terre entre *Masaron* & Cartagene, quand vous estes esloigné 6 lieuës de la terre.

L'apparence de Cap *Dagata*, estant Ouëst Nortouëst, de vous esloigné 3 lieues, & la poincte ou coing d'*Almeria* nous estoit a Ouëst quart au Nort.

L'apparence de Cap *Dagata*. estant Nortouëst, quart a Ouëst, de vous esloigné 5 lieuës.

L'apparence du terroir de *Barbarie*, & du Mont des *Singes*, quand le Mont des *Singes* vous est Sudouest, & *Gibraltar* Ouest Sud Ouest,

Mont des Singes.

& la ville de *Marbella* nous estoit a la veuë, situee en respect de nous, Nort quart a Ouest, ainsi qu'on peut veoir, pourtraict en la figure ensuyvante.

Ce terroir appartient au precedent, & est ainsi en apparence, quand *Marbella* vous est au Nord.

Ce terroir appartient aussi au precedent.

Marbella.

Cette piece appartient a la precedente, & est l'angle Occidental de *Malaga*.

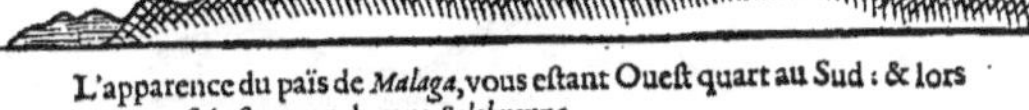

Quand le mont de *Gibraltar* vous est Sudouest quart a Ouest estant de vous esloigné cinq ou six lieues, telle est son apparence.

L'apparence du païs de *Malaga*, vous estant Ouest quart au Sud : & lors on est justement devant *Salobrenna*.

Quand le Mont de *Gibraltar* est esloigné de vous vers Sudouest quart a Ouest neuf lieues, telle est son apparence.

L'apparence de l'angle Occidental de *Malaga*, estant Nortest quart a l'Est, esloigné de vous six ou sept lieues.

Angle Occidental de *Mallaga*.

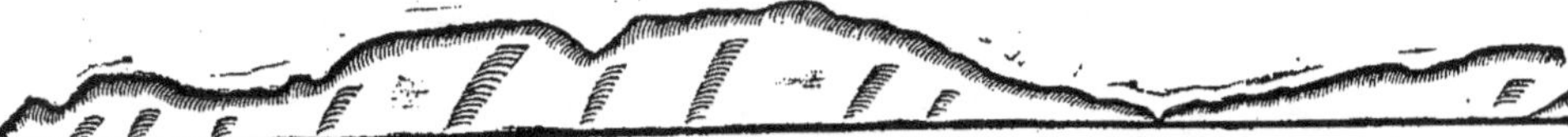

Quand *Velis Malaga* vous est Nort quart a l'Est, & que soyez si pres de la ville, qu'on la puisse veoir d'embas, l'apparence est telle, comme

Velis Mallega.

ce pourtraict, & justement a l'Est de Velis Mallega est une colline poinctue sur la haute montagne, & est aisee a recognoistre.

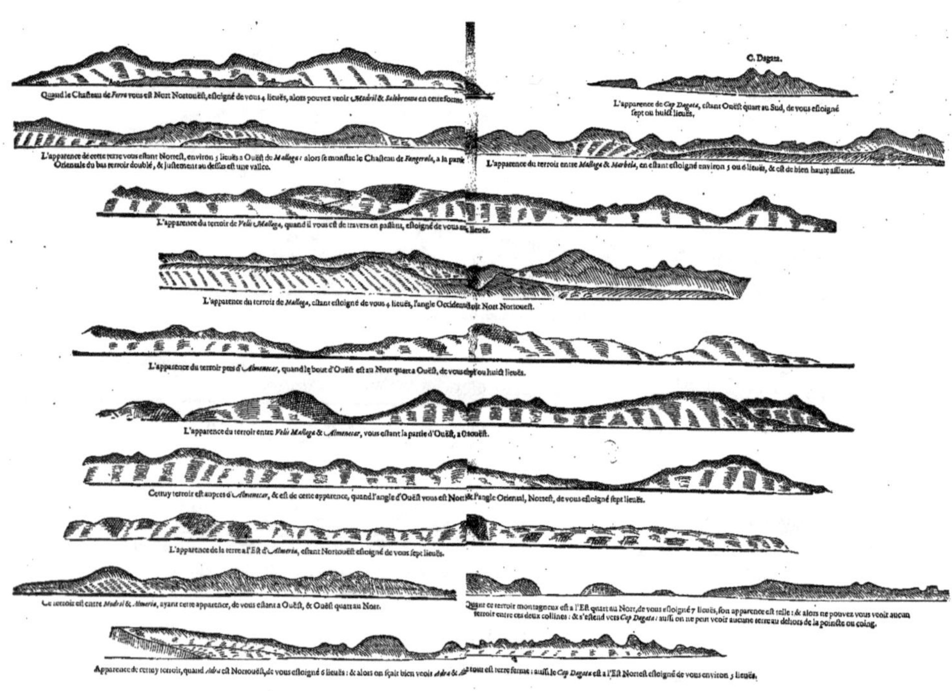
C. Dagata.
Quand le Chasteau de *Ferre* vous est Nort Nortouëst, esloigné de vous 4 lieuës, alors pouvez veoir *Modril & Salobrenna* en cette forme.
L'apparence de *Cap Dagata*, estant Ouëst quart au Sud, de vous esloigné sept ou huict lieuës,
L'apparence de cette terre vous estant Nortest, environ 5 lieuës a Ouëst de *Mallaga* : alors se monstre le Chasteau de *Fangerola*, a la partie Orientale du bas terroir doublé, & justement au dessus est une vallee.
L'apparence du terroir entre *Malliga & Marbela*, en estant esloigné environ 5 ou 6 lieuës, & est de bien haute assiette.
L'apparence du terroir de *Velis Mallaga*, quand il vous est de travers en passant, esloigné de vous lieuës.
L'apparence du terroir de *Mallaga*, estant esloigné de vous 4 lieuës, l'angle Occidental Nort Nortouest.
L'apparence du terroir pres d'*Almenecar*, quand le bout d'Ouëst est au Nort quart a Ouëst, de vous ou huict lieuës.
L'apparence du terroir entre *Velis Mallaga & Almenecar*, vous estant la partie d'Ouëst, a Otouëst.
Cettuy terroir est aupres d'*Almenecar*, & est de cette apparence, quand l'angle d'Ouëst vous est Nort & l'angle Oriental, Nortest, de vous esloigné sept lieuës.
L'apparence de la terre a l'Est d'*Almeria*, estant Nortouëst esloigné de vous sept lieuës.
Ce terroir est entre *Modril & Almeria*, ayant cette apparence, de vous estant a Ouëst, & Ouëst quart au Nort.
Quant ce terroir montagneux est a l'Est quart au Nort, de vous esloigné 7 lieuës, son apparence est telle : & alors ne pouvez vous veoir aucun terroir entre ces deux collines : & s'estend vers *Cap Dagata* : aussi on ne peut veoir aucune terre au dehors de la poincte ou coing.
Apparence de cettuy terroir, quand *Adra* est Nortouëst, de vous esloigné 6 lieuës : & alors on sçait bien veoir *Adra* & tout est terre ferme : aussi le *Cap Dagata* est a l'Est Nortest esloigné de vous environ 5 lieuës.

Cettuy terroir eſt bien huiſt lieuës a l'Ouëſt de *Cap de Palos:* & ſe decouvre comme s'il eſtoit le *Cap Dagata.*

L'apparence de *C. Dagata*, eſtant Ouëſt de vous, & eſt adoncques au dehors de toute terre.

Telle eſt l'apparence d'*Almenecar*, *Salobrenna* & *Modril*, quand *Salobrenna* vous eſt Nortouëſt quart a Oueſt,

en eſtant eſloigné trois lieuës.

Quand la poincte du Mont de *Granade*, vous eſt Nort Nortouëſt, eſtant eſloigné de terre huict ou neuf lieues, telle eſt

ſon apparence, & au ſommet y a touſiours de la Neige.

L'apparence de la montagne de *Granade*, quand cet angle Occidental eſt O. N. O. eſloigné de vous dix lieues, & alors eſt le *C. Dagata*

N. E. eſloigné de vous ſix lieues, duquel eſt l'apparence comme cy deſſous eſt contrefaict.

C'eſt le *Cap Dagata*, & appartient a la precedente.

L'apparence de *Cap Dagata*, eſtant Norteſt quart au Nort, de vous eſloigné 4 ou 5 lieues.

DESCRIPTION DES COSTES MARINES D'ESPAIGNE,

COMMENCANT DE CAP DE GATA, PASSANT le Cap de Palos, jusques a Cap de S. Martin ; & comme on doibt naviger & entrer en toutes les Havres, Bayes & Rades.

DE Cap de Gata a Almazaron, le cours est Nortest quart au Nort 20 lieuës. Il y a un Chasteau, & une partie a l'Est du Chasteau est un Escueil, ou on peut ancrer : car le fond y est net.

Vne lieuë au nort de Cap de Gata est une belle Baye, & bonne Rade, & asseuree du vent de Sudouëst & Sud : mais le vent de Sudest & Est, y entre dedans du bas costé.

Cinq ou six lieuës a l'Est de Cap de Gata, est une autre bõne Rade, asseuree du vent de Sudouëst. On jette ancre justement a l'Est du coing, pres duquel est un petit Escueil, apparoissant hors de l'eau : ou l'ancre se jette sur 13 ou 14 brasses, le fond y est rude.

CARTAGENE.

D'Almazaron a Cartagene le cours E.n.E. environ 6 lieuës. Deux lieuës a O de Cartagene, est une platte montagne, tresbonne a reconnoistre. Si vous voulez en venãt de l'Est entrer en Cartagene, on se gardera un petit de la petite Isle, situee a l'Est de Cartagene : car la s'estend une langue ou secheresse a l'Ouëst de l'Islette, un traict d'arquebuze de Mer, & est environ 7 pieds soubs l'eau. Mais quand on est entré dedans le Port, on navigera du long le costé de l'Est ou d'Ouëst : car au milieu du Port est un Escueil, lequel aucunefois n'est que 2 pieds sous l'eau. On jettera ancre entre l'Escueil & la terre d'O. sur 4 ou 5 brassees d'eau.

A l'Est du Port de Cartagene est une grande Baye, a fond sablonnier, laquelle est asseuree du vent de nortouëst, nort, & nortest.

De Cartagene a Cap de Palos, est le cours Est quart au Sud six lieuës.

De Cap de Palos a Isle grosse, & est un grãd Escueil, le cours est au N. deux lieuës. Dessus le C. de Palos est un grãd Far ou Lãterne, & justemẽt a l'E.n. E. outre le coing, apparoissent deux escueils hors de l'eau. Celuy qui est a l'Est, cet le plus grãd. Entre ces deux est un autre escueil caché sous l'eau: & sont loin du coing le tiers d'une lieuë. Aussi peut on naviger entre le C. de Palos & les deux escueils. De Cap de Palos jusques a Alicante, tout au long de la coste, le rivage est tout net. On peut naviger le long cette coste jusques a Alicante sur 12 ou 13 brassees d'eau.

ALICANTE.

De Cap de Palos a Alicãte, le cours est N.N.E. vers l'Isle de S. Paul 16 lieuës, & est a Ouëst d'Alicante. Quand vous approchez l'Isle il faut eviter le gué, car la descent une poincte de sablon ou secheresse S.O quart a O. & N.E quart a l'Est, neantmoins on la peut bien passer a 7 ou 8 brasses d'eau. De cette Isle a Alicante, le cours est N.N.O. & Nort quart a ouëst 4 lieuës. Or arrivant devant Alicante, vous jetterés ancre droictemẽt devant la teste, la ou on peut voir de la teste par la porte sur 5, 6 ou 7 brassees d'eau. La est la meillieure rade : & alors vous est le coing de l'Est, a l'Est N. Est. On peut naviger & passer entre l'Isle de S. Paul, & la terre ferme: mais il y a entre deux un escueil caché sous l'eau, lequel est plus prochain de l'Isle, qui doit estre evité. On peut aussi passer entre l'Escueil & l'Isle: Mais quãd vous estes passé, dressés vostre cours pour Alicãte vers N. & jettés ancre devãt la ville, cõme dessus est dit.

D'Alicãte a Benidorme le cours est N.E. 4 lieuës. Benidorme est une Isle haute, situee une petite lieuë de la terre ferme, & apres Benidorme il y a une belle Baye a fond sablõnier. On y est asseuré du vent de Sudouëst & ouëst. Mais on n'y est pas bien asseuré des Turcs, car il n'y a nulle forteresse.

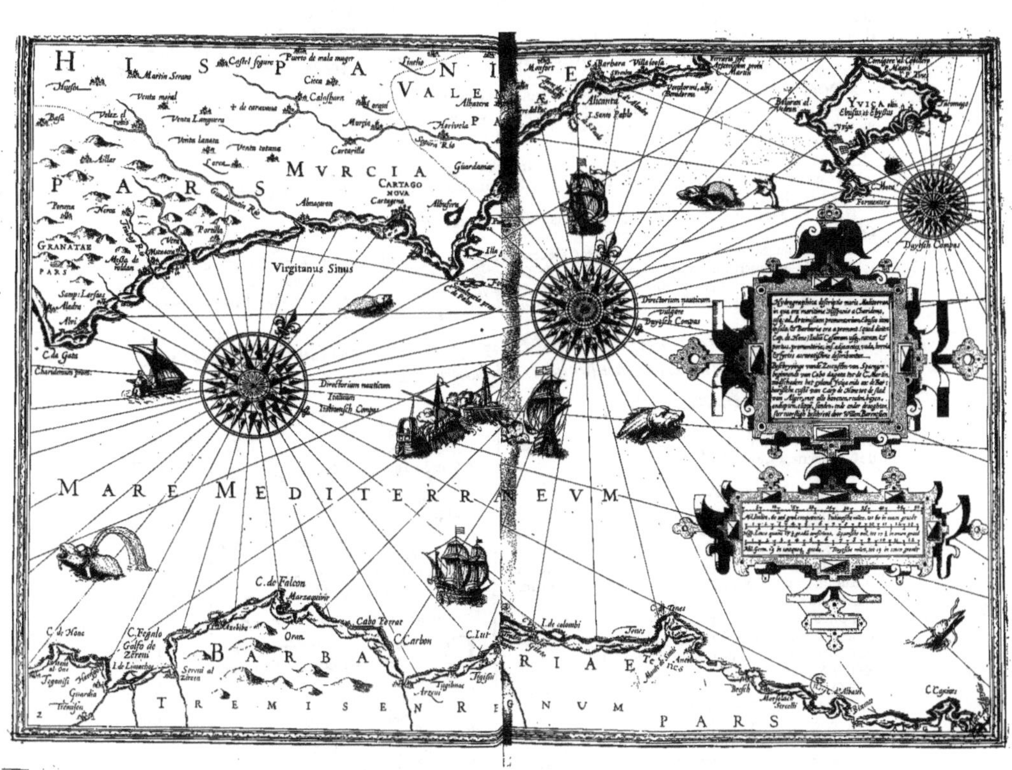

HISPANIAE
PARS
GRANATAE
VALENTIAE
MVRCIA
CARTAGO NOVA
Cartagena
Alicante
Virgitanus Sinus
C. da Gata
YVICA
Fermentera
Directorium nauticum
Duytsch Compas
MARE MEDITERRANEVM
C. de Falcon
Oran
Cabo Ferrat
C. Carbon
I. de colombi
BARBARIAE
TREMISEN REGNUM PARS

De *Benidorme* a *Cap de S.Martin*, est le cours Nortest 4 lieues.

De *Cap de S.Martin* a *Cap de S.Antoine*, Nortouëst 2 lieues. Au Golphe entre les deux Capes, est situee la villette, ditte *Xabca* : la est bonne rade entre les deux coings, sur 14 ou 12 brassees d'eau. Devant *Xabea* on jettera l'ancre tout pres de la terre haute du *Cap de S. Antoine*, sur laquelle sont les trois molins. On y est ancré avecques deux ancres vers la Mer, & un chable a la terre. Le vent d'Est, & Est Sudest y est, entrant du costé bas.

Description des costes Marines de Barbarie.

DE *Cap de Treforcas* a *Cap de Hone* ou *One*, le cours est a l'Est, un bien peu au Sud, 18 lieues.

De *Cap de One* a *Cap de Figale*, Nortest quart a l'Est 9 lieues. Entre deux au Golphe est un Isle, nomme Isle de *Limachos*.

De *Cap de Figale* a *Cap de Faucon*, le cours est Nortest 9 lieues. Entre deux pres de la coste est un Isle.

ORAN.

Celuy qui veut naviger a *Oran*, il dressera son cours de *Cap de Faucon* vers Sudest, jusques a ce qu'il vienne pres d'un autre Cape ou coing, qui est environ deux lieues de la : & arriere de ce coing est un Escueil, apparent hors de l'eau, sur lequel est une croix. On peut bien tenant cet Escueil avec la croix, entrer dedans la Baye, laquelle est grande, & alors decliner a Ouëst quasi jusques au Chasteau, & la ancrer sur 12, 10 & 9 brassees d'eau. Le fond y est net. On y est asseuré de tout vent. Ce Chasteau est appelé *Marzaquivir*, & est bien grand: & droictement plus haut que le Chasteau sont deux tours Eschangnettes.

De *Marza-quivir* jusques a la ville d'*Oran*, est une lieuë, & la ville est assise en bas a la rive. Il y a un petit Port, mal asseuré du vent de Nort. Au costé d'Ouest du Port, a l'entree, est sur le haut un Chasteau, & la montaigne qui est justement par dessus le Chasteau se monstre avec la Vallee, en forme de selle. On la peut voir de bien loing en la Mer, & est bon a reconnoistre.

De *Cap de Falcon* a *Cap de Carbon*, ou *Cap Ferrat*, le cours est a l'Est, quart au Nort 8 lieues.

De *Cap de Carbon* a *Cap d'Ivi*, le cours est a l'Est Nortest environ 10 lieues. Entre deux est un grand Golphe, sur lequel est situee la ville d'*Arzeni*.

De *Cap Ivi* a la montaigne des *Singes*, est le cours Nortest quart a l'Est 13 lieues. Entre deux gist un Isle, ditte l'Isle de *Colombi*.

De la montaigne des *Singes* a *Cap de Caxines*, est le cours a l'Est quart au Nort 21 lieues. Entre deux est le *Cap d'Abatel*.

A l'Est de la poincte ou angle de *Caxines*, est la ville d'*Alger*, ville capitale du païs circonvoisin. Il y a un Bastardeau ou teste qui s'estend jusques a une petite Isle, situee pas loin de la ville, derriere lequel est bonne rade sur 5 brassees d'eau. Sur la teste ou Bastardeau est edifié un Chasteau. Mais au dehors il faict profond 30 brassees.

Courses & estendues des costes Marines d'Espagne, commençant de Cap de Gata iusques a Cap de S. Martin. Ordonnee sur lieues d'Espaigne, 17 lieues & demy pour degré.

DE C. de Gata a Almazaron, le cours est N.E. quart au Nort	20	lieues
d'Almazaron a Cartagene, a l'Est N. E.	6	lieues
de Cartagene, a Cap de Palos, a l'Est quart au Sud	6	lieues
de Cap de Palos, a l'Isle Grosse, le cours est Nort	2	lieues
de Cap de Palos a l'Isle de S.Paul, N.N.E.	16	lieues
de l'Isle S. Paul a Alicante, Nort, & Nort quart a Ouëst	4	lieues
d'Alicante a ville Ioiosa N.E.	4	lieues
Benidorme, est distante de ville Ioiosa une lieuë arriere de terre		
de Benidorme a Cap S. Martin, Nortest	4	lieues
de Cap S. Martin a Cap S.Antoine, N.O.	2	lieues
de Cap S.Martin, a la poincte ou coing de S.O. d'Ivica, a l'Est	8	lieues
de Cap de Gata, a Cap de Palos, entre N. E. & N.E. quart a l'Est	30	lieues
de Cap de Palos, a Cap de S.Martin, N.E. quart au Nort, un petit plus au Nort.	27	lieues
de Cap de S. Martin a la poincte ou coing de Sud O. de Formentera, le cours est a l'Est, quart au Sud	14	lieues

Courses & estenduës des Costes Marines de Barbarie.

DE Cap de Treforcas, a Cap de One le cours est a l'Est un petit plus au Sud 20 ou	18	lieues
de Cap de One, a Cap de Figale, Nortest quart a l'Est	9	lieues
de Cap de Figale, a Cap de Faucon, N. E.	9	lieues
de Cap de Faucon, a Cap de Carbon ou Cap Ferrato, a l'Est, quart au Nort	8	lieues
de Cap de Carbon, a Cap d'Ivi, a l'Est Nortest, environ	10	lieues
de Cap d'Ivi a la Montaigne des Singes, Nortest quart a l'Est	13	lieues
de la Montaigne des Singes, a C. de Caxines, a l'Est quart au Nort	21	lieues

Courses traversantes d'Espagne en Barbarie.

DE C. de Gata, a C. de Fegale, S.E.	23	lieues
de C. de Gata, a Oran ou C. de Faucon, Est Sudest	24	lieues
de C. de Gata, a Cap d'Ivi, a l'Est un petit plus au Sud	38	lieues
de C. de Gata, a la Montagne des Singes, a l'Est, un peu vers Nort	50	lieues
de C. de Palos, a Oran, Sud quart a l'Est, un petit plus au Sud	28	lieues
de Cap de Palos, a la Montaigne des Singes, Sudest quart a l'Est	31	lieues
de Cap de Palos, a Cap de Caxines prez d'Alger, entre O. quart au N. & O.n.o.	51	lieues
de C. S. Martin, a la Montaigne des Singes, S. S. E. un peu plus au Sud	42	lieues
de C. S. Martin a Alger en Barbarie, S. E. un peu plus au Sud	53	lieues

Apparences de toutes les terres, comprinses entre le Cap de Gata, & le Cap de S. Martin.

C. Dagata, Sudouëst quart a Ouëst.

L'apparence de Cap *Dagata*, estant Sudouëst quart a Ouëst en respect de vous: & le pays a l'Est de la Cape, jusques a *Cap de Palos*: nous pouvions aussi veoir le *Cap de Palos*, qui nous estoit Nortest quart au Nort, & estions avec temps serein entre ces deux Capes.

Ceste partie appartient a la precedente, & a esté en mesme temps contrefaicte.

Ceste partie continue à la precedente, & est le terroir pres de *Mazaron*.

C. de Palos N. E. quart a Nort.

Situation de Cartagene

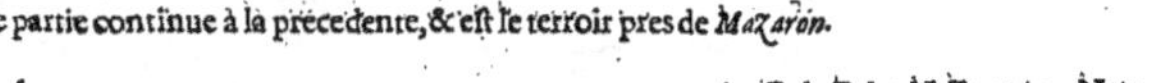

Ces cincq faces ou apparences se doibuent continuer, & leur apparence est telle, quand le *Cap Dagata* vous est Sudouëst quart a Ouëst & le *Cap de Palos* Nortest, quart au Nort.

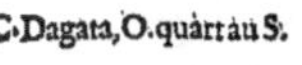

C. Dagata, O. quart au S.

L'apparence de *Cap Dagata*, estant Ouëst, quart au Sud, de vous esloigné 8 ou 9 lieues, & les deux terres cy dessoubs, doibvent continuer a ceste.

Ceste partie appartient a la precedente, & est en mesme temps pourtraicte.

Ceste partie continue avec la precedente, & est le terroir le *Mazaron*: & ces trois tertres se monstrent en forme d'Isles: estants en respect de vous, Nort, & Nort quart a l'Est.

Ces tertres appartiennent a la precedente figure.

L'apparence du terroir a Ouëst de *Cartagene*, quand il vous est de travers: & est bon a reconnoistre par la platte montaigne, laquelle est a Ouëst de *Cartagene* 2 lieues. Au costé de l'Est du port, est vne petite Isle, laquelle demeure du costé de la voile, quand vous entrés en *Cartagene*.

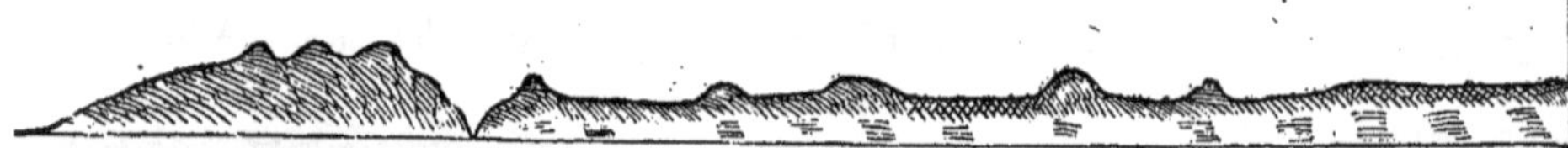

L'apparence de C.de *Palos*, estant O.quart au N.en respect de vous, alors se monstrent ces 2 terres, vn peu au dehors du terroir, comme icy se voit.

L'apparence de Cap de *Palos*, estant esloigné de vous 8 lieues: alors le terroir au Nort de la Cape, est joinct aux terres, comme s'ils Septentrionaux, sont Nort quart a l'Est en respect de vous.

L'apparence de cette terre, laquelle est a Ouëst de Cap de *Palos*, & alors est l'angle ou coing d'Ouëst, de vous esloigné 8 lieuës.

Cette terre est au Nort du Cap de *Palos*, en telle apparence, quand on est esloigné d'icelle 10 lieuës.

C.de Palos.

L'apparence de Cap de *Palos*, estant Nortouëst quart a Ouëst, de vous environ 4 lieuës esloigné.

L'apparence de Cap de *Palos*, navigant en passant, vous estant de travers, de vous esloigné environ cincq lieuës.

L'apparence de cette terre, laquelle est au Nort de Cap de *Palos*, quand vous en estes esloigné environ 10 lieuës.

Cap de Palos.

L'apparence de Cap de *Palos*, estant Nortest, vn peu plus au Nort, de vous esloigné 6 ou 7 lieuës.

L'apparence de Cap *Dagata*, estant Nortest en respect de vous, & que justement d'em bas le pouvez veoir.

L'apparence de Cap *S. Martin*, eſtant Ouëſt Nortouëſt de vous eſloigné 7 ou 8 lieuës.

ou Lanterne, eſtant de vous eſloigné 5 lieuës vers Nortouëſt: & lors nous pouvions veoir

Ceſt le coing d'Ouëſt d'*Yviça*, & eſtoit Norteſt quart a l'Eſt, de nous eſloigné 5 lieuës,

L'apparence de Cap *S. Martin*, eſtant Nort Nortouëſt de vous eſloigné 6 ou 7 lieuës.

Cette terre nous eſtoit Nortouëſt quart au Nort, & nous pouvions veoir le Cap de *S. Martin*, & auſſi l'Iſle d'*Yviça*. Le Cap de *S. Martin* nous eſtoit au Sudouëſt, & Sudouëſt quart au Sud: & l'Iſle d'*Yviça* nous eſtoit Sudeſt.

L'apparence de l'Iſle *Formentera*, quand le coing aſpre & ſcabreux eſt Nortouëſt, eſloigné de vous 2 lieuës.

Sud: pourtraict en temps clair & ſerain.

eſloigné environ 8 lieuës: & le bout Septentrional vous eſt a Ouëſt quart au Nort, & pouvez adonc un

Cap Martin.

vous eſloigné 5 ou 6 lieuës.

L'apparence d'*Yviça*, quand les ronds tertres vous ſont au Nort, & lors ſe joindent a l'iſle de *Formentera*.

Yviça.

le coinq Septentrional, a l'Eſt: & lors ne pouvez vous veoir nulle terre, a nul des deux coings.

L'apparence de *Formentera*, eſtant Nortouëſt quart au Nort en reſpect de vous.

l'autre coing a l'Eſt quart au Nort, de vous ſeparé 3 lieuës, lors il y procede vn autre petit coing du Nort.

S'ensuivent les apparences des Costes de Barbarie.

MOSTAGAN.

L'apparence de *Mostagan* en Barbarie, estant Sudest en respect de vous, & est distant 9 ou 10 lieues a l'Est d'*Ouran*.

L'apparence de Cap de *Caxines*, qui est a l'ouest d'*Alger*, quand ceste terre vous est au Sudouest.

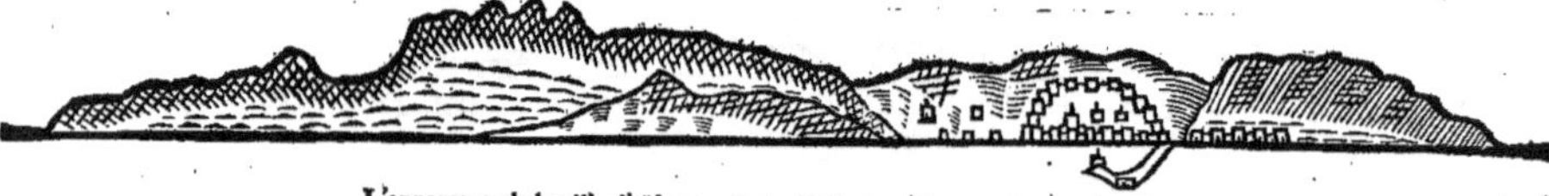

L'apparence de la ville d'*Alger*, quand cest hault païs vous est a l'Est Sudest.

L'apparence de Cap de *Caxines*, quand il vous est Sudouest, & est le coing a Ouëst d'*Alger*.

L'apparence de la terre, entre Cap de *Battar*, & Cap de *Cerselli* en Barbarie, quand elle vous est au Sud.

L'apparence de Cap de *Cerselli*, quand il vous est Sudouëst.

L'apparence de *Mostagan* en Barbarie, estant a l'Est Sudest en respect de vous.

L'apparence de *Mostagan* vous estant Sudest.

L'apparence de Cap de *Battar* estant Sust, en respect de vous, & est situé environ 6 lieues a l'Ouëst d'*Alger*.

L'apparence du coing de *Gigari*, estant Sud en respect de vous, & est situé a l'Ouëst de Cap de *Bugarame* en Barbarie.

Cette terre est a l'Est de Cap *Dagata*, il y a bonne rade pres ceste montaigne sur 12 brasses.

fussent Isles; neantmoins tout est terre ferme; & les terres

Cap de Palos.

L'apparence de Cap de *Palos*, estant sudouëst quart a Ouëst en respect de vous.

L'apparence de Cap de *Palos*; estant N. Nortouëst en respect de vous: & a l'Est de Cap de *Palos* sont deux escueils, Ouest sudouëst du coing environ le tiers d'une lieuë. Neantmoins on peult passer en navigant, entre le coing & les Escueils. Le fond y est net.

L'apparence de Cap *S. Martin*, estant Nortouëst en respect de vous.

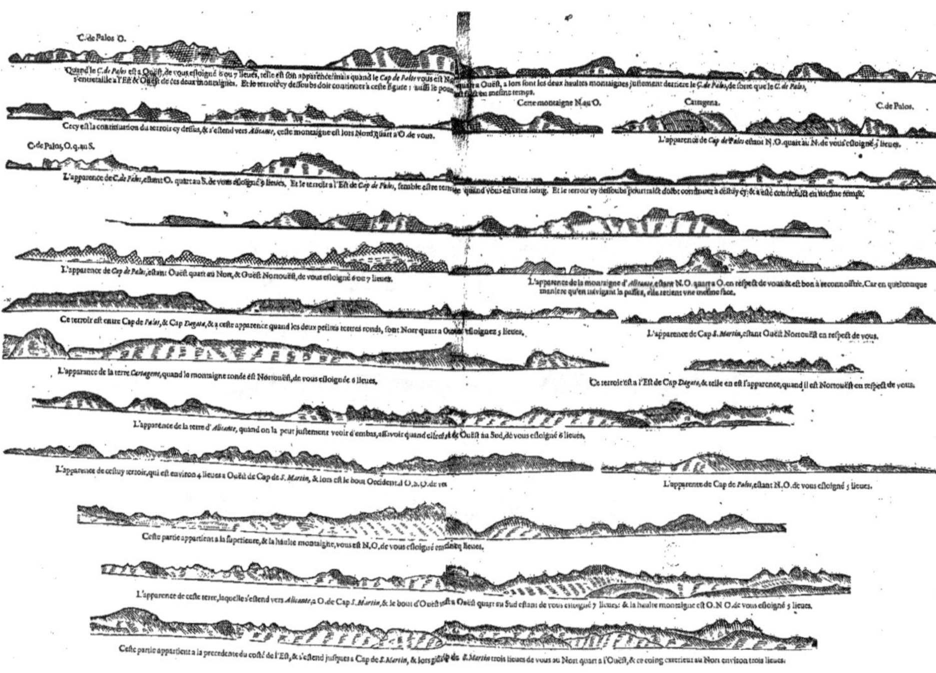
C. de Palos O.
Quand le C. de Palos est a Ouëst, de vous esloigné 6 ou 7 lieues, telle est son apparence: mais quand le Cap de Palos vous est N
s'entretaille a l'Est & Ouëst de ces deux montaignes. Et le terroir cy dessoubs doit continuer à ceste figure : aussi le pour
a Ouëst, a lors sont les deux haultes montaignes justement derriere le C. de Palos, de sorte que le C. de Palos,
en mesme temps.
Cette montaigne N. au O.
Cartagena.
C. de Palos.
Cecy est la continuation du terroir cy dessus, & s'estend vers Alicante, ceste montaigne est lors Nord quart a O. de vous.
L'apparence de Cap de Palos estant N. O. quart au N. de vous esloigné 5 lieues.
C. de Palos, O. q. au S.
L'apparence de C. de Palos, estant O. quart au S. de vous esloigné 9 lieues. Et le terroir a l'Est de Cap de Palos, semble estre terre quand vous en estez loing. Et le terroir cy dessoubs pourtraict doibt continuer à cestuy cy, & a esté contrefaict en mesme temps.
L'apparence de Cap de Palos, estant Ouëst quart au Nort, & Ouëst Norrouëst, de vous esloigné 6 ou 7 lieues.
L'apparence de la montaigne d'Alicante estant N. O. quart a O. en respect de vous & est bon à reconnoistre. Car en quelconque maniere qu'en navigant la passez, elle retient une mesme face.
Ce terroir est entre Cap de Palos, & Cap Dagata, & a ceste apparence quand les deux petites terres ronds, sont Nort quart a Ouëst esloignez 5 lieues.
L'apparence de Cap S. Martin, estant Ouëst Norrouëst en respect de vous.
L'apparence de la terre Cartagene, quand la montaigne ronde est Norrouëst, de vous esloigné 6 lieues.
Ce terroir est a l'Est de Cap Dagata, & telle en est l'apparence, quand il est Norrouëst en respect de vous.
L'apparence de la terre d'Alicante, quand on la peut justement voir d'embas, assavoir quand elle est a Ouëst au Sud, de vous esloigné 6 lieues.
L'apparence de cestuy terroir, qui est environ 4 lieues a Ouëst de Cap de S. Martin, & lors est le bout Occidental O. S. O. de vez
L'apparence de Cap de Palos, estant N. O. de vous esloigné 5 lieues.
Ceste partie appartient a la superieure, & la haulte montaigne, vous est N. O. de vous esloigné environ cinq lieues.
L'apparence de ceste terre, laquelle s'estend vers Alicante, a O. de Cap S. Martin, & le bout d'Ouëst est a Ouëst quart au Sud estant de vous esloigné 7 lieues: & la haulte montaigne est O. N O. de vous esloigné 5 lieues.
Ceste partie appartient a la precedente du costé de l'Est, & s'estend jusques a Cap de S. Martin, & lors gist Cap de S. Martin trois lieues de vous au Nort quart a l'Ouëst, & ce coing exterieur au Nort environ trois lieues.

L'apparence de Cap de *S. Martin*, estant Nortouëst quart au Nort, de vous esloigné environ 6 lieuës.

L'apparence de Cap *S. Martin*, quand l'approchez si pres, qu'aisement pouvez veoir d'embas le plat coing, sur lequel est le Far
unë petite Isle, au costé d'Ouëst d'*Tviça*, laquelle Islette estoit Nortest quart au Nort, de nous esloignee 4 lieuës : & estoit

Quand l'un bout du Cap *S. Martin* est O.S.O, de vous esloigné 4 ou 5 lieues, lors est telle l'apparence.

L'apparence de Cap de *S. Martin*, estant entre Sudouëst, & Sudouëst quart au Sud, de vous esloigné 10 lieues: lors vous fera l'angle ou coing Oriental d'*Tviça* a l'Est Sudest, & le coing d'Ouëst, vous fera Sudest quart au Sud.

L'apparence de *Formentera*, quand elle vous est Nort Nortouëst.

L'apparence d'*Tviça*, quand le costé de l'Est, vous est à l'Est Sudest, & le costé d'Ouëst, vous est Sudest quart au

L'apparence du terroir de Cap *S. Martin*, quand vous y estes a l'Est: & alors est la montaigne ronde Ouëst, de vous peu veoir du bas terroir, qui s'estend vers *Denia*: car le terroir s'y estend Nortouëst vers *Valence*.

L'apparence de Cap *S. Martin*, estant Nortouëst, de

L'apparence d'*Tviça*, quand le bout du Sud, est a l'Est quart au Nort, de vous esloigné, environ 5 lieuës: adoncques pouvez vous veoir encores 5 ou 6 terres, au Sud, estant monté au gabion: & lors vous est le bout Septentrional, N. quart a l'E. & la montagne ronde de Cap *S. Martin*, vous est a Ouëst, quart au Sud, esloigné de vous environ 6 lieuës.

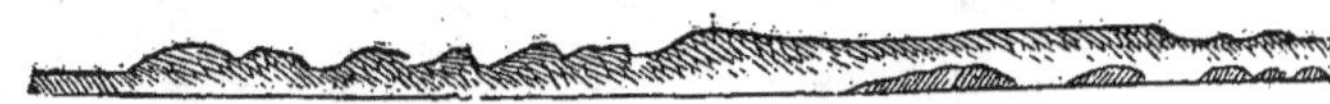

L'apparence d'*Tviça*, quand le bout Meridional vous est à l'Est quart au sud, ou Est sudest: adoncques est & le coing crené est le bout de sudouëst: alors vous en estes separé environ 4 lieues.

L'apparence de *Formentera*, quand le bout d'O. vous est au Nort, de vous esloigné 5 lieues: & le bout Oriental vous est Nortest quart au Nort.

L'apparence d'*Tviça*, quand le coing crené, est sudest quart au sud, de vous esloigné environ 2 lieuës: &

DESCRIPTION DES COSTES MARINES DE VALENCE ET CATALOGNE, DES LE CAP DE S. MARTIN, IUSQUES A CAP DE DRAGONIS, AUTREment dict Cap d'Eau froide: ensemble les Isles de Majorque & Minorque, & Yviça, & tous les Ports, Bayes & Rades illec situees.

Maniere a recognoistre le Cap de S. Martin.

E Cap *S. Martin* est un angle plane, sur lequel sont 3 Fars ou tours d'eschauguette, quelque peu separees l'une de l'autre: & au coing est une petite Isle assez haute. Derriere cette Isle est une belle Baye, quasi comme un Havre non pas trop grande; & la petite Isle se joinct a la terre ferme par le moyen d'un Bancq.

Cap de *S. Antoine* est situé Nortouëst de Cap de *S. Martin* 2 lieuës: & entre deux est situee la Villette de *Xabea*: devant laquelle se jette l'ancre, joinct a le haut terroir du Cap de S. *Antoine*, qui est aussi un coing plane. Au bout de ce coing est une tour, & trois molins, droictement lez *Xabea*. Au Nort tout pres de la Ville est une haute Montagne, appellee des Mariniers (a cause de la façon) Mont de Foin, pour cause qu'il est seul au bas terroir, separé de l'autre haute Montagne.

Passé le coing du Cap de S. *Antoine* une lieuë, est *Denia*: ou il y a un petit Port, contenant 7 ou 8 aulnes d'eau, Il y faut entrer avec un Pilote de sonde; Parquoy on jettera ancre devant la bouche: ou tirera un coup de Canon, & navigera sur 6 ou 7 brassees a l'argine, & les Pilotes de sonde luy viendront au bord.

Denia & *Xabea* donnent du Ris, Amandes, & aussi Vins.

De *Denia* a *Gandia* sont Nortouëst cinq lieuës.

De *Denia* a *Cullera* ou *Coglera*, Nort Nortouëst huict lieuës.

Devant *Cullera* la Rade n'y est pas bonne, car le fond est scabreux.

De *Cullera* a *Grao* devant *Valence*, le cours est Nort Nortouëst 4 lieuës.

Valence est situee dedans le païs, separee de la coste Marine: & est une Ville grande; mais *Grao* est petite Villette, situee sur la coste de la Mer. Si voulez ancrer devant *Grao*, faicte-le sur 8, 9 ou 10 brassees d'eau, si pres que bon vous semble.

De *Valence* a *Monvedro* sont 4 lieuës. C'est une grãde ville, & un peu passé la ville, est un grãd Far ou Lanterne a la rive.

De *Monvedro* a Cap d'*Orpesa*, le cours est Nort 7 lieuës. C'est un haut coing ou Cape: a Ouëst du coing est bonne Rade: & pour mieux le reconnoistre, il y a un rond Chasteau pres du coing d'Ouëst, sur une petite Montagne.

De Cap d'*Orpesa* a *Peniscola*, le cours est Nortest quart au Nort 5 lieuës.

Peniscola se decouvre en forme d'Isle: & joinct a l'Est de la ville est une grande Baye, ou on peut jetter ancre, & pres de la ville la profondeur est de 10 brassees. Vous pouvez mettre chable en terre, & un ancre vers la Mer.

A une lieuë de *Peniscola*, est la ville de *Benicalon*: a Ouest de la ville est une tour quarree, & quelques arbres. Une lieuë plus avant a l'Est, est la ville de *Vineros* ou *Binaros*, tout tenãt le rivage en terroir un peu pas, ou il y a aussi une ronde Lanterne ou Far: Et encores plus a l'Est de *Binaros*, est une tour blanche; & a l'Est de cette tour, tout le terroir est bas, & est nommé *l'Alfaques de Tortosa*, ou il y a une belle Baye a jetter ancre. Vous navigerez en icelle tenant le haut terroir, au milieu de la Baye, une lieuë d'eau, ou vous pouvez par tout jetter ancre, sur 6 ou 7 brassees d'eau. Dedans la Baye est une tour, nommee S. *Iean*, ou on faict beaucoup de Sel.

Apres s'ensuit la coste de S. *George*, sur laquelle ne sont aucunes tours & maisons. Ordinairement s'y trouvent les Turcs, attendans les Barques de *Catalogne*, ou des Isles de *Maiorque* & *Minorque*, pour les saisir & prendre.

Deux lieues a l'Est le terroir de S. *George*, gist une poincte blanche, sur laquelle est une ronde Lanterne ou Far; & droictement a Ouest de ce Far est un Chasteau ruiné, lez lequel est bon fond a ancrer, sur 7 ou 8 brassees. On y est asseuré du vent de Nortouëst, Nort & Nortest.

Deux lieues a l'Est du Chasteau ruiné, est situee une anciẽne bien renommee ville, nommee *Tarragon*: elle est un peu separee de la Mer, dedans le païs, & tout tenant la ville, sur le haut est une tour quarree. Droictement a l'Est de la tour est la Rade devant *Tarragon*.

Une petite lieuë a l'Est de cette tour, est la villette nommee *Tamaril*, situee en une vallee: & deux lieues & demy plus a l'Est, est un rond terre, sur lequel est un Far ou Lanterne.

Dix lieues Nortest quart a l'Est de cette tour, est la ville de *Barcelone* en un Golphe, & est une ville bien marchande. A Ouest tenant la ville, est la montagne ditte *Iuve*, sur icelle est une tour d'eschauguette quarree: & droictement devant la ville est la Rade, sur 9 ou 10 brassees.

De *Barcelone*, a *Cap de Dragon*, autrement *Cap d'Eau froide*, ou *Cabo Dagon fredi*, le cours est N.E. quart a l'Est, & E.N.E. 15 ou 16 lieues. Dessus sur le Cap de *Dragon*, est une haute tour, nommee S. *Sebastien*.

A O. de *C. de Dragon*, est situee la ville de *Palamos*, ou il y a un bastardeau, lez lequel on peut ancrer sur 10 brassees d'eau.

Au Nort de la *Cape Dragonis*, est la Baye de *Rosas*, celuy qui veut naviger en icelle, verra au coing Meridional de la Baye des Escueils, tout tenant la terre, semblables aux Aiguilles de l'Isle de *Wicht*, & la dessus sont deux rondeaux, en forme de Chasteaux, & la Baye entre dedãs vers Nortouest. Navigez jusques a la villette de *Rosa*, du costé Septentrional de la Baye, ou vous jetterez ancre, sur 7, 8, 9 ou 10 brassees d'eau. Vous y estes asseuré quasi de tout vent: le vent de l'E.S.E. y entre pleinement.

Ce païs s'estend au dehors le Canal, Sud Sudouest, & Nort Nortest.

Description des Isles d'Yviça, Maiorque & Minorque: & premierement d'Yviça.

DE Cap de S. *Martin*, jusques au coing d'Ouëst d'*Yviça*, est le cours a l'Est, & Est quart au Nort 9 lieues. Il y a tout tenant le coing d'Ouëst un grand Escueil fendu. Cette Isle s'estend du coing d'Ouëst, jusques au coing de Nortouëst, N. quart a l'Est; & Sud quart a Ouëst 6 lieues. Au coing de N.O. est aussi un grand Escueil, derriere lequel les Turcs se cachent, & mettent sentinelle sur l'Escueil, pour surprendre navires ou barques. Puis du coing de Nortouëst, au coing de Nortest, s'estẽd le terroir, O. quart au Sud; & entre deux sont deux Bayes, ou on peut ancrer. En le coing de N.E. est un grand Golphe, & est une belle Baye, a fond sablonnier, mais pres du bort Oriental de cette Baye, est un escueil caché soubz l'eau. Il est profond entre l'escueil, & la terre 16 brassees. Il y a un autre petite Isle au coing Oriental, ditte *Taconago*, laquelle est distante du coing environ le traict d'une piece de fonte. Il faict bon ancrer entre l'Isle & le coing, car il y faict profond 16 brassees, & le fond y est net.

BALEARIDES INSVLAE
Maiorca
Balearicum Mare
Yvica
VALENTIAE

Du coing de l'Est, jusques au coing Meridional, la terre s'estend principalement Sudouëst & Sudouëst quart au Sud 8 lieues. La coste est pleine de poinctes ou angles, & fort scabreux & brouillé d'escueils. Trois lieues du coing a l'Est vers le Sud, est une grande Baye, ditte S. *Hilaria*. En cette Baye est un Chasteau, & deux tourelles. Au costé Nort de la Baye est il tout plat, & au costé de l'Est de la Baye, sont deux petites Isles. Au Sudest de ces Isles, le quart d'une lieuë, est un escueil, justement caché soubz l'eau. La profondeur entre l'Escueil & les petites Isles, est de 16 brasses.

Encores 3 lieues au Sud de laditte Baye de S. *Hilaria*, est situee la ville d'Yviça; il y a bon port; mais entre deux sont aucuns escueils sortans hors de l'eau; on peut tout veoir ce qu'il vous pourroit nuire. Si vous voulez naviger en Yviça venant de l'Est, vous naviguerez le long de l'argine ou chaussee, jusques a ce que verrez la ville, & le Chasteau. Aupres de la ville sont deux ou trois molins. On entrera au port navigant entre les deux terres, & l'ancre se jettera, si tost qu'on est entré au Port. On y est asseuré de tout vent.

Le coing du S.O. de l'Isle de *Formentera*, & le coing du S.O. d'*Yviça*, sont l'un de l'autre, S.E. & N. Ouest.

L'Isle de *Formentera* est distante d'*Yviça* deux lieues. Mais vous ne pouvez naviger & passer entre deux : car tout y est plein de plates ou secheresses, comme si cestoient des petites Isles. La partie du Sud est haut & plane, & descend plat en bas vers la partie Septentrionale. Sur le bout Septentrional est une vieille tourelle. Du costé de N.E. est bonne Rade.

Description de MAIORQVE.

DV coing de N.E. d'*Yviça*, jusques au coing d'Ouest de *Maiorque*, ou Isle *Dragonere*, le cours est Nort quart a l'Est 10 lieues. Entre l'Isle *Dragonere*, & le coing d'Ouëst de *Maiorque*, peut on naviger & passer, & pareillement jetter ancre. L'Isle est environ le quart d'une lieuë, distante du coing. On y trouve aussi du bon eau fresche.

Environ 6 ou 7 lieuës au S.E. de *Dragonere*, est situé le coing du Golphe, auquel est situé la ville de *Maiorque*, & passé le coing sont trois petites Isles : & sur la plus Orientale Isle, est une tour. Vne bonne partie outre les petites Isles, est un grand Golphe : ou sont deux tours quarrees, & entre les deux tours est une rade, nommee *Porto Pin*, un petit plus avant est la ville de *Maiorque* : Or 5 lieuës au S.E. de la ville, est un angle ou poincte blanche, sur laquelle est une tour blanche, & au Sud du coing gist l'Isle, ditte *Cabrera*. En *Cabrera* est tresbonne rade. Entre l'Isle de *Cabrera*, & le coing de *Maiorque* faict il profond 15 brasses.

Le costé S.E. de *Maiorque* s'estend principalement N. E. & S.O. jusques a Cap *la Pedra*. Du costé de Sud E. sont plusieurs belles Bayes & Golphes, ou on peut jetter ancre, & estre asseuré du vent d'O.N.O. & Norr.

Au costé N.E. de *Maiorque* est un grand Golphe, nommé *Alcudia*, ou aussi est un Port. Pour naviger en cette Havre, vous tiendrez le cours Sud O. par le milieu du Golphe : ou vous verrez sur un coing une tour ronde : entrez aupres du coing, tant que vous approchez une petite Isle, & la jetterez vous l'ancre : car en ce lieu sont les navires : & a l'Est de la petite Isle, est le coing nommé Cape *la Pedra*, sur laquelle est une ronde tour.

De Cap *la Pedra*, a Cap de *Formentera*, le cours est N.N.O. environ huict lieuës.

Description de MINORQVE.

DV coing Septentrional de *Maiorque*, nommé Cap de *Formentera*, jusques au coing Septentrional de *Minorque*, le cours est Ouëst Sudouëst huict lieues.

Au costé S.O. de *Maiorque* est un Golphe, nommee Citadella. Il y a bonne rade lez la tour blanche.

Au costé Septentrional de *Minorque* est un Port, dict *Porto Fernelli*. Au costé de l'Est du Port, est une petite montagne, tenant laquelle vous entrerez, navigant jusques a ce qu'approchez une basse Isle, ou vous jetterez ancre, sur 6 ou 7 brasses. Il y faict profond a l'entree 15 brasses.

Au costé S. E. de *Minorque*, est un autre Port, appellé *Porto Maon*, & au costé du Mydi du Port, est une petite Isle, ditte *Laire de Maon*. Sur le coing est une blanche tour ronde, & a l'opposite au N.E. est un autre tour sur un autre coing. Sud O. de cette tour est un escueil caché sous l'eau. Droictement devant le Port est un Chasteau, & le Port s'estēd plus d'une lieuë dedās le païs. On y peut par tout jetter ancre. Il y a bon fond sur 10 brasses, & en aucuns lieux sur 15 brasses d'eau.

Courses & Estenduës des Costes Marines de Valence *&* Catalogne : *des le Cap de S.* Martin, *jusques a* Cap de Dragon. *Le tout ordonné en lieuës d'Espagne, 17 lieuës & demy pour degré.*

DE Cap S.Martin, a Cap S.Antoine, N.O.	2	lieues
Denia est situee passé le coing du Cap S. Antoine — —		
de Cap S.Antoine, a Valence, N.N.O. —	13	lieues
de Valence, a Peniscola, N.N.E. —	16	lieues
de les Alfaques de Tortosa, a Tarragon, N. E. quart au Nort — —	12	lieues
de Tarragon, a Barcelone, N.E. quart a l'Est	13	lieues
de Barcelone, a C. de Dragon, N.E. quart a l'E.	16	lieues
de Cap S. Martin, jusques au coing Ouëst de Yviça, entre l'Est, & E. quart au Nort —	9	lieues
de l'angle ou coing Ouëst d'Yviça, jusques au coing Septentrional de la mesme Isle, N.E. quart a l'Est — — —	6	lieues
de l'angle ou coing Septentrional, jusques au coing Oriental, la terre s'estend principalement, a l'E.N.E. & O. S.O. —	8	lieues
de l'angle ou coing Oriental d'Yviça, au coing O. de Majorque, N. quart a l'E. —	11	lieues
Le costé Septentrional s'estend principalemēt jusques a C. de Formentera, O.S.O. —	18	lieues
de C. de Formentera, a Cape la Pedra, N.N.O.	8	lieues
Le coing Meridional de Majorque, s'estēd jusques a l'Isle de Cabrera, S. O. quart au Sud	14	lieues
Le costé S.O. de Majorque, s'estend jusques a l'Isle Dragonera, N.O. quart a O. —	14	lieues
de Cap de Formentera, jusques au coing Septentrional de l'Isle de Minorque, nommé Cap de Baiolis, O.S.O. — —	8	lieues
de Cap de Baiolis, a Porto Fornelli, Ouëst	5	lieues
de C. de Baiolis, au coing S.O. de Minorque, S.	5	lieues
du coing Sudouëst, jusques au coing S. Est, s'estend la terre, O.N.O. —	9	lieuës
Le coing Meridional d'Yviça, s'estend S.O.	9	lieuës
Le coing Sudouëst de Formentera, & le coing S.O. d'Yviça, leur cours est S.E. & N.O.	8	lieuës

Courses traversantes des costes Marines d'Espagne, & des Isles de Maiorque, Minorque & Yviça.

DE Cap S. Martin, a Mont de Colibre, N. quart a l'Est — —	25	lieuës
de C.S.Martin, a C. d'Eau froide, ou C. de Dragon, N.E. quart au N. un peu plus au Nort	75	lieuës
de Cap S. Martin, jusques au coing S.O. de Formentera a l'Est, quart au Sud —	14	lieuës
de l'angle ou coing Oriental de Formentera, jusques a l'Isle Cabrera, S.O. quart a O.	15	lieuës
du bout Oriental d'Yviça a Cabrera justement a l'Est — — —	12	lieuës
de l'angle ou coing Occidental de Majorque, jusques a Mont Colibre, entre O. quart au Norr, & O.N.O. — 16 ou	17	lieues
de l'angle ou coing Occidental de Majorque, a Cap de Dragon, N. N.E. un peu plus au N.	48	lieues
de l'angle ou coing Septētrional de Minorque a Cap de Dragon, N. quart a O. —	34	lieues
de l'Isle de Minorque, a les Isles d'Eres, N.N.E.	75	lieues
de Cap de Dragon, a Livorne, E.N.E. —	112	lieuës
de C. de Dragō, a les Isles d'Eres, n.e. quart a l'E.	43	lieues

parences & decouvremens des terres de Valence *&* Cataloigne, *des le* Cap de S. Martin, *iusques a* Cap d'Eaue Froide, *ou* Cap de Dragon, *ensemble les Isles d'*Yviça, Majorque *&* Minorque.

Quand on a faict voile du Cap de *S. Martin* vers Nort Nortest 14 lieuës, ce tertre poinctu, vous est Ouëst Nortouëst, & le coing Oriental, vous est Nortouëst quart au Nort, & à telle apparence. Les Isles de *Mont Colobre* gisent lors dessous contre le tertre poinctu, comme vous le voyez.

L'apparence, quand le dit Mont poinctu vous est Ouëst quart au Nort, & le coing cy dessous pourtraict, vous est Nortouëst quart au Nort: alors sont les escueils de *Mont Colobre*, à Ouëst du tertre poinctu : on le peult adoncques bien veoir du rivage, aussi pouvez vous bien veoir le coing Oriental de *Maiorque*.

Cette partie est la continuation de la precedente, & se doibvent joindre ensemble: cest le terroir qui s'estend vers *Tortosa*.

Quand ce Mont agu vous est entre ouëst nortouëst, est nortouëst quart au nort, estant de vous esloigné 8 ou 9 lieuës, son apparence est telle.

Quand le Mont auec deux ronds tertres, vous est Ouëst Nortouëst, & vous esloigne de terre 3 lieuës, son apparence est telle : & lors on est justement a l'Est de *Barcelone*. Cette montaigne gist dedans le païs, & se laisse veoir en navigant bien 10 ou 12 lieuës le long la coste.

L'apparence de la terre de *Barcelone*, quand vous en estes esloigné 5 ou 6 lieuës: lors vous est le coing Occidental de la terre Ouëst quart au Sud: & le bout Oriental, Nort quart a l'Est.

Cette partie appartient a la precedente. La haute montaigne vous est lors Ouëst Nortouest, & le terroir s'estend jusques a Cap de *Dragon* Nortest quart a l'Est, & l'apparence est telle comme cy dessous est contrefaicte.

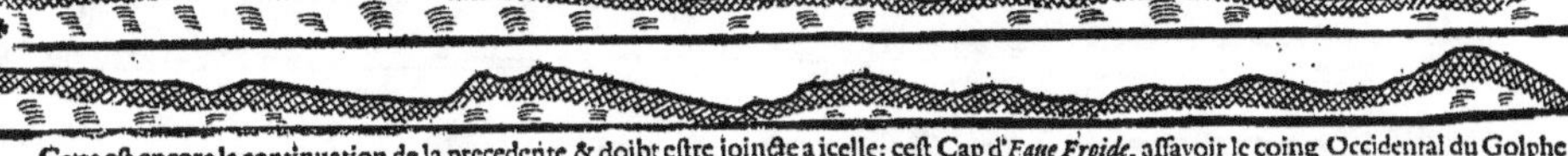

Cette est encore la continuation de la precedente, & doibt estre joincte a icelle: cest Cap d'*Eaue Froide*, assavoir le coing Occidental du Golphe de *Narbonne*, & le terroir s'estend de Cap d'*Eaue Froide*, jusques a Cap de *Creos*, environ Nort quart a l'Est, & N.N.E. 10 lieuës d'Espaigne.

L'apparence de la terre, quand vous estes entre *Tarragon* & *Barcelone*, vous estant cette montaigne au Nortouest.

Cette partie appartient a la precedente, & s'estend vers *Barcelone*.

L'apparence de Cap d'*Eaue Froide*, ou cap de *Dragon*, estant N.N.O. de vous esloigné 5 ou 6 lieuës.

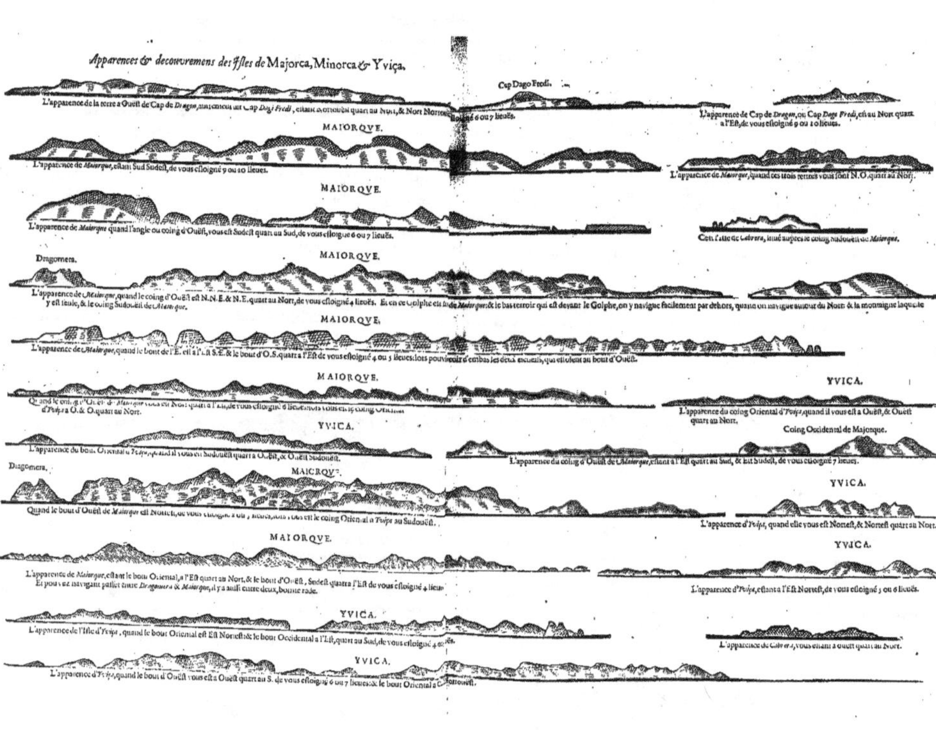
Apparences & decouvremens des Isles de Majorca, Minorca & Yviça.
Cap Dago Fredi.
L'apparence de la terre a Ouëst de Cap de Dragon,
L'apparence de Cap de Dragon, ou Cap Dago Fredi, est au Nort quart a l'Est, de vous esloigné 9 ou 10 lieues.
MAIORQVE.
L'apparence de Maiorque, estant Sud Sudest, de vous esloigné 9 ou 10 lieues.
L'apparence de Maiorque, quand ces trois terres vous sont N.O. quart au Nort.
MAIORQVE.
L'apparence de Maiorque quand l'angle ou coing d'Ouëst, vous est Sudest quart au Sud, de vous esloigné 6 ou 7 lieuës.
Dragomera.
MAIORQVE.
L'apparence de Maiorque, quand le coing d'Ouëst est N.N.E. & N.E. quart au Nort, de vous esloigné 4 lieuës.
& le bas terroir qui est devant le Golphe, on y navigue facilement par dehors,
MAIORQVE.
L'apparence de Maiorque, quand le bout de l'E.
& le bout d'O.S. quart a l'Est de vous esloigné 4 ou 5 lieues:
qui estoient au bout d'Ouëst.
MAIORQVE.
d'Yviça O. & O. quart au Nort.
YVICA.
L'apparence du coing Oriental d'Yviça, quand il vous est a Ouëst, & Ouëst quart au Nort.
YVICA.
Coing Occidental de Majorque.
L'apparence du coing d'Ouëst de Maiorque,
de vous esloigné 7 lieues.
Dragomera.
MAIORQVE.
Quand le bout d'Ouëst de Maiorque est Nortest,
le coing Oriental
au Sudouëst.
YVICA.
L'apparence d'Yviça, quand elle vous est Nortest, & Nortest quart au Nort.
MAIORQVE.
L'apparence de Maiorque, estant le bout Oriental, a l'Est quart au Nort, & le bout d'Ouëst, Sudest quart a l'Est de vous esloigné 4 lieues
YVICA.
L'apparence d'Yviça, estant a l'Est Nortest, de vous esloigné 5 ou 6 lieuës.
YVICA.
L'apparence de l'Isle d'Yviça, quand le bout Oriental est Est Nortest: & le bout Occidental a l'Est, quart au Sud, de vous esloigné 4
YVICA.
L'apparence d'Yviça, quand le bout d'Ouëst vous est a Ouëst quart au S. de vous esloigné 6 ou 7 lieues: & le bout Oriental a

YVICA.

L'apparence d'*Yviça*, vous estant S.S.O. & S.O. quart au Sud.

MAIORQVE.

L'apparence de *Maiorque*, estant au S.O. de vous, & que la pouvez justement veoir du gabiön, & est ainsi disposé par tertres, comme icy se voit.

MAIORQVE.

L'apparence de *Maiorque*, estant le bout de l'Est au Sud, de vous esloigné environ 6 lieuës: & le bout d'O. estant S.S.E. de vous esloigné 7 lieuës, lors pouvez vous veoir deux terres a O. un peu separez de la terre ferme.

Cette partie appartient a la precedente, & est le bout d'O. de *Maiorque*.

L'apparence de *Maiorque*, estant le coing d'O. a l'E. de vous esloigné 8 lieuës.

MAIORQVE.

L'apparence de *Maiorque*, estant le bout Oriental S.E. quart au Sud, & le bout d'Ouëst, Sud, de vous esloigné environ 8 lieuës.

MAIORQVE.

L'apparence de *Maiorque*, quand vous y estes au milieu au l'opposite distant d'icelle 8 lieues: lors vous est le bout Oriental a l'Est, & celluy d'O. est Sud Sudouëst. Adonc pouvez vous veoir outre entre l'Isle *Dragonera*, & le coing, & aussi entre deux naviguer.

YVICA.

L'apparence d'*Yviça*, estant S.S.E. & S. a l'E. de vous esloigné 5 ou 6 lieues.

C'est la continuation d'*Yviça*, & appatient a la precedente.

MINORQVE.

L'apparence de *Minorque*, estant au Nort, de vous esloigné 6 ou 7 lieues.

L'apparence de *Maiorque*, quand vous estes au Golphe, ou la ville est situee, & que pouvez a l'aise veoir la ville de *Maiorque*, en estant esloigné environ deux lieues.

DESCRIPTION DES COSTES MARINES DE CATALOGNE, LANGVEDOCQ, PROVENCE, ET PARTIE D'ITALIE: DES LE CAP DRAGON, IVSQVES A CAP DE MELLE: ENSEMBLE TOVTES les Havres, Bayes & Rades entre deux situees: & le moyen d'eviter tous les Escuels & secheresses.

Le Lecteur aura esgard sur ces Compas de Mer: car tous sont ordonnez & mis a la mode d'Italie.

DE *Barcelone* au coing dict *Cap de Dragon*, ou *Cap Dago fredi*, est le cours Nortest quart a l'Est 12 lieuës; & sur le coing est une tour haute nõmee *S. Sebastien*: Au Nort du coing est un grand Golphe ou Baye, appellee *Rosas*, laquelle entre dedans, & s'estend vers le Nort: & au coing Meridional du Canal sont deux Escueils, comme s'ils fussent petites Isles: & dessus les mesmes sont deux rondeaux, comme Chastelets: & entrez tenant le long de la chaussee ou dicque, & jettez ancre au costé Septentrional de la Baye, sur 6, 7 ou 8 brassees d'eau. On y est asseuré de tout vent, principalement du vent de l'Est Sudest, qui a pleine volee y entre. Le terroir de dehors s'estend Nort Nortest, & Sud Sudouëst.

De *Cap de Dragon* a *Cap de Creos*, le cours est Nort quart a l'Est 4 lieuës: & dessus le Cap *de Creos* est une tour ronde: & dessous est bon fond a ancrer sur 15 & aussi 20 brassees d'eau.

Au Nort de *Cap de Creos* est autre bonne Rade, nõmee *Lansan*: on y jettera ancre sur 10, 9, 8 & 6 brassees d'eau. Et aussi pres d'icelle au Nort, est encore une autre belle Rade ou Baye, ou on peut jetter ancre sur 6, 7 ou 8 brassees d'eau.

MARSEILLE.

De *Cap de Dragon* a *Marseille*, le cours est Nortest quart a l'Est 40 lieuës. Quiconque veut naviger en *Marseille*, doit sçavoir qu'il y a une secheresse vers *Marseille*, bien deux lieuës au dehors de la terre: sur laquelle est une tour ancienne, assavoir au milieu d'icelle; & la secheresse contient bien deux lieuës en longitude. Si le vent est Ouëst, navigez a Ouëst entour de la secheresse: lors prenez le cours au Nort de la secheresse, jusques a ce qu'approchez les trois Isles: ou sur l'Isle la plus prochaine de la ville, est un Chasteau, & un Molin a vent, on y peut seurement passer entre l'Isle, & la terre ferme: mais entre deux est un Escueil caché sous eau, lequel il faut eviter, & lors naviger a la ville devant la cloisture, & la jetter ancre. Puis tirez la Navire par la cloisture dedans la ville, car a la cloisture ne sont que deux brassees d'eau. Le Chasteau de *Marseille* est assis sur une haute montagne. Mais y venant avec une grande Navire, vous jetterez ancre entre les Isles sur 6 brassees, & deschargerez vostre Navire tant, que pouvez entrer en la ville.

Le terroir a Ouëst de *Marseille*, est terre basse & plane jusques a *Boccor*.

LACITA.

De *Marseille* a *Lacita*, le cours est Sudest cinq lieuës.

Devant *Lacita* est une Isle, derriere laquelle on peut jetter ancre sur 10 brassees d'eau: elle s'estend dedans au Nortest. Il y a aussi un petit Port, ou ne peuvent entrer que petites navires; & les navires grandes sur ancre derriere l'Isle: ou vous estes asseuré de tout vent.

A l'Est de *Lacita* est une villette, ditte *Senari*, il y a bonne Rade pour navires petites, & asseuree du vent de l'Est, & du Nort. Le vent de Sudouëst y donne sur la terre faisant basse costé.

TOLLON.

De *Marseille* jusques au coing de *Tollon*, le cours est a l'Est Sudest 12 lieues.

Celluy qui veut naviguer en *Tollon*, venant d'Ouëst, il peut entrer tout tenant le coing d'Ouëst, il y faict assez profond, & s'estend dedans vers le Nort. Et quand vous estes passé le coing, vous declinerez a Ouëst, & jetterez ancre sur 15 & 16 brassees d'eau. On y est asseuré de tous vents. On peult aussi naviguer au Nort, & jetter ancre devant la ville de *Tollon*, mais il se faut un petit garder du coing, sur lequel est le Chasteau, car de la descẽd une secheresse, longue d'un traict d'arcq. Devant *Tollon* passe ou coule une riviere, en laquelle on peut aussi entrer avec navires. Les navires se chargent & dechargent devant la ville.

Le Canal de *Tollon* est large, ayant par tout bon fond pour ancrer: on y peut jetter ancre ou on veut. Dessous la dique ou terroir Oriental on y peut ancrer, pour estre asseuré du vent de l'Est.

De *Cap de Tollon*, jusques a l'Isle *Robadin* est le cours a l'Est, environ 3 ou 4 lieuës. On le peut veoir, quãd on est en *Tollon*.

Robadin est l'Isle Occidental des Isles d'*Eres*, lesquelles sont 5 en nombre: assavoir *Robadin*, *Polcairola*, *Porto Crozo*, & l'Orientale ditte *Boveno* ou *Bononino*. *Robadin* est la plus prochaine de l'angle ou coing Oriental de *Tollon*, & est par un bancq conjoincte a la terre ferme, de maniere qu'on ne peut naviguer entre deux. La deuxiéme Isle est *Polcairola*, sur laquelle est un chastelet. On peut naviguer & passer entre *Polcairola* & *Porto Crozo*, & prendre son cours au Nort, & jetter ancre a l'Ouëst du Chasteau, qui est sur la petite Isle (appellé *Breganson*) sur 12 & 13 brassees d'eau. Il y faict par tout bon a jetter ancre.

Or venant de l'Est, pour entrer aux Isles d'*Eres*, on naviguera entre l'Isle Orientale, ditte *Boveno*, & la terre ferme: neantmoins avec bon esgard: car a l'Est de l'Isle est un escueil caché souz eau environ le quart d'une lieuë de l'Isle, & le cours se prendra a Ouëst jusques a *Breganson*, ou on jettera ancre: ou on peut naviguer plus avãt, jusques au dessus de l'autre coing, & jetter ancre devant la villette d'*Eres*, sur 10 ou 11 brassees d'eau. Il y faict entre les Isles spacieux & large; on y peut par tout jetter ancre. Les Isles sont situees environ Est & Ouëst, contenantes en longeur bien 8 ou 9 lieuës. Le cours entre les Isles d'*Eres*, & *Freiul* est Nort, & Nort quart a l'Est 7 lieuës & demy, qui sont 30 lieues d'Italie.

Ces Isles sont situées oultre le Golphe, & sont la premiere terre qu'on voit, quand on passe le Golphe.

NOTA.

PLusieurs sont esté grandement esmerveillé, de ce que le Golphe aucunefois tellement s'enfle, que l'eau par fois si horriblement se trouble & debat, principalement quand il faict quelque vent, comme si au Golphe y eut aucunes secheresses, lesquelles par le rencontre de l'eau de la Mer romperoient les ondes de la Mer, de sorte que renversent les Navires: comme manifestement est advenu a Frederique fils de Frederique d'Enchuse, & au Marinier Corneille Opperson, desquels les Navires sont este renversees, en telle sorte, que personne n'a este sauvee des gens de Corneille Opperson, & seulement aucuns de la Navire de Frederique fils de Frederique, par un cas estrange de fortune: car ils furent sauvez par une autre Navire, survenant bien a propos. De maniere qu'ils ne sçauroient dire si ce fut par cause d'une secheresse de Mer, ce que

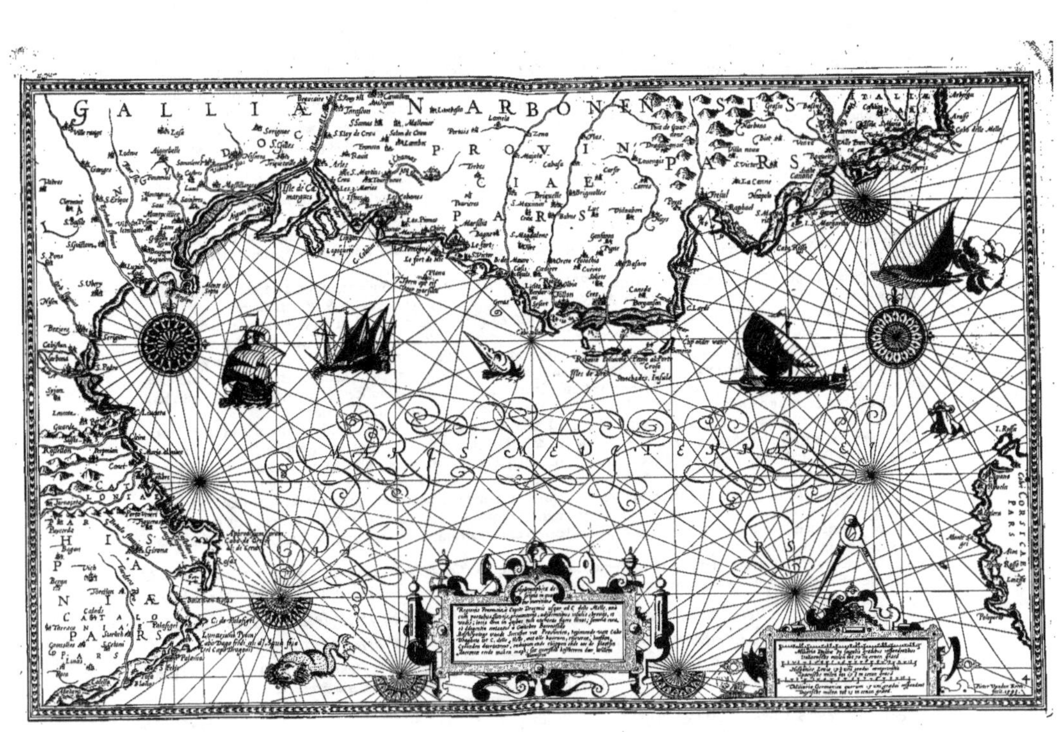
GALLIÆ NARBONENSIS
PROVINCIAE PARS
HISPANIÆ
CORSICAE PARS
Arles
Marsilia
Narbona
Perpignan
Girona
Rosas
Frejul
Pieter Vanden Keere

bien pourroit estre, qu'aucunes y seroient, veu qu'en les Cartes Marines d'Italie on trouve mises tant de croisettes au Golphe, lesquelles devroient signifier des Escueils, ou que le flot de l'eau l'auroit faict, lequel feroit enfler la Mer, comme journellement se voit en plusieurs lieux: comme est le Ras de Fontenay, ou la Mer, a cause de son flot tres-violent, qui faict l'eau tellement refuer, que par fois faict abysmer les Navires. Semblablement le Raz de Portlande, ou se peut eslever un violent flot d'eau, principalement en temps tempestueux, de maniere que les Navires y sont aucunefois en grand danger & peril. Pareillement le Raz d'Ornay, & en plusieurs autres divers lieux. Tellement qu'on ne pourroit proprement penser ou dire, la cause pourquoy la Mer ainsi s'enfle au Golphe de Narbonne. Quand a ce que moy-mesme j'ay veu, il m'est advenu, comme estions au Golphe, avec un vent de Levant, en temps doux & assez calme, navigans au Sud, que la Mer par un vent de l'Est commençoit de nuict a s'enfler, & par fois s'est eslevee si haute, comme si elle se deust desborder: tellement que moy-mesme estoy bien espouventé, comme il estoit de nuict, car il sembloit comme si nous eussions venu a une basse dicque: & ne faisant grand vent, je jettoy la sonde, toutesfois sans trouver fond. De jour aussi survrindrent aucunesfois enflures si grandes des ondes de Mer, que c'estoit merveille: tellement qu'a chaque fois que les ondes vindrent a s'enfler & eslever, je jettoy la sonde: toutesfois ne puis oncques sur 25 brassees, trouver fond, ce qu'est merveille. Peu de temps apres, nous est venu un vent de Levant: de maniere que je soustiens, que ce vent de Levant auroit souflé trois ou quatre jours par avant, qui avoit causé cette enflure & cours de Mer: comme aussi apparoist en aucuns lieux du destroict de Gibraltar: nommément a Malaga, ou la Mer annonce la venuë du vent de Levant, un jour ou deux avant qu'il vient. Semblablement a Livorne sur la Rade, quand le vent de Sud ou Sudouëst y doit souffler, le flot commence un jour par avant a s'enfler, tellement qu'on peut bien preparer & faire prest les ancres: car un vent de Sud, y est le plus dangereux & mauvais vent.

Des Isles d'*Eres*, a la Baye de *Freiul*, ou *Fregiàs*, le cours est Nort quart a l'Est, & Nort Nortest 10 lieuës de France, ou 7 lieues & demi d'Allemaigne.

Venant d'Ouëst, si on veult naviguer en *Freiul*, on navigera le long le costé d'Ouëst, tant qu'on vienne justement devant la Baye, & verra deux petites Isles a la terre de l'Est, desquelles l'une est tout tenant la terre; & l'autre est le traict d'une piece d'artellerie, ditte Basse, arriere de terre: mais la distance desdittes Isles, est le traict d'une arcquebuse. On naviguera entre ces deux petites Isles, au milieu: car il y faict profond 20 brassees, & le fond est dur sablon. Estant passé tout oultre, le cours sera un peu vers Nortouëst environ le traict d'une piece de fonte, ou on jettera ancre sur 12, 13 ou 14 brassees: Le fond y est mol, il y faut bien fermer & asseurer les ancres. Mais plus pres des Isles que vous estes, tant est le fond meilleur, & plus dur: mais il y faict profond 20, 21 ou 22 brassees. Et d'autant qu'on est plus pres de terre a l'Est, tant y est le fond plus dur, a tenir ferme. Et celluy qui veut naviger a l'Est, jettera ancre ou la petite Isle, laquelle est plus a Ouëst, luy sera a l'Est Sudest, afin de pouvoir parvenir mieulx par un vent d'Ouëst au dessus desdittes Isles. Mais cestuy qui veut naviger a Ouëst, il peut jetter ancre un peu plus pres du terroir de l'Est, afin qu'il puisse mieulx passer par un vent de l'Est entre les petites Isles: ce qui vault mieulx.

On peut aussi entrer entre les Isles, & la terre d'Ouëst: il y faict large assez: mais de la terre d'Ouëst descend une secheresse, & entre deux est un escueil caché souz l'eau, il les faut eviter. Il n'y faict pas bon d'entrer, si on n'y est connu: le meilleur passage est entre les deux petites Isles.

Ceulx de *Freiul*, a cause de la guerre, entre eulx & le Duc de Savoye, ont desmoli plus de la moitie de leur ville, afin d'estre plus forte, & mieulx gardable. Pareillement ont desmoli le village dit *S. Raphael*, qui est au rivage de la mer sur le terroir Oriental.

De *Freiul* jusques a Cap ou coing avec la tour d'Eschauguette est le cours a l'Est Sudest environ 2 lieues. De la, jusques a *Cap de Rosa*, qui est un coing crené, une lieuë. Au Nort de *Cap de Rosa* est la Baye de *Canano*, & est bon havre.

Si on veut naviguer en *Canano*, on tiendra le cours des *Cap de Rosa*, le long la terre, tant qu'on vienne lez les petites Isles: ou il faict profond 18 brassees, tout tenant la derniere Isle. De cette Isle descend une secheresse, laquelle s'estend le traict d'une piece de fonte, sur laquelle est situé un chastelet. Sur l'autre petite Isle sont trois tourelles: mais quand on y entre un peu plus dedans, la profondeur y est plus grãde, assavoir de 30 brassees. Naviguez dedans la Baye vers Nort, tant que vous venez au dedans le Chasteau, qui est sur la terre de l'Est, jettez y ancre sur 8 ou 9 brassees, & le coing Oriental vous sera Sud Sudest; & le coing d'Ouëst, vous sera Sudouëst, & le vent de Sud y entre droict a la bouche.

De *Canano* a *Villa Franca*, le cours est Nortest 6 lieuës. La Baye est grande. Le coing a l'Est du port, est nommé Cap de *S. Vesperis*: on entrera dedans entre le coing de *S. Vesperis*, & la terre du costé d'Ouëst: ou on jettera l'ancre devant le Chasteau qui est sur le rivage, a 6 ou 7 brassees d'eau. C'est un bon havre. Quand vous y estes ancré, lors vous est le coing de l'Est, au Sud Sudest, & le coing d'Ouest, au Sud Sudouëst. Le vent de Sud y entre a plat & ouvertement.

Passé le coing de *S. Vesperis*, est *Monoco*, ou il y a semblablement une excellente Baye, asseuree du vent d'Ouëst & Nort. Qui veut entrer en cest havre, il luy faut estre tout tenant la dique: lors apparoissant les bouches des ports: car le terroir est fort haut: il semble qu'on y est de bien pres, quand on est encores loing de la: car les terroirs interieurs sont bien hautes, de sorte qu'ils sont pour le plus souvent couverts de neige.

Le terroir s'estend principalement Nortest quart a l'Est, jusqués a *Cap de Melle*, mais entre deux sont situees aucunes villettes, assavoir *Menton, Vintimilia, Bordigura*, & *S. Remo*, mais toutes ces places n'ont nuls ports, que pour les barcques.

Courses & Estenduës des Costes Marines de Provence *&* Savoye, *le long la chaussee ou dique. Le tout mis par lieuës d'Espagne, 17 lieues & demy pour degré.*

DE Cap de Dragon, a la Baye de Rosas est le cours Nort quart a l'Est —	1	lieuës
de C. de Dragon, a C. de Creos, N. quart a l'Est	14	lieuës
de C. de Creos, ou Creus, a C. de Leucata, N.O.	15	lieuës
de C. de Leucata, a Marseille, est le cours entre Est Nortest, & a l'E. quart au N.	34	lieuës
des Isles devant Marseille, a C. de Tollon, est le cours Sudest quart a l'Est —	12	lieuës
de Cap de Tollon, aux Isles d'Eres, a l'E.S.E.	4	lieuës
Les Isles d'Eres s'estendent environ a l'Est, & Est quart au Nort — —	9	lieuës
des Isles d'Eres, a la Baye de Frejul, Nort quart a l'Est — — —	10	lieuës
des Isles d'Eres, a Cap de Rosa, Nortest —	12	lieuës
de C. de Rosa, a la Baye de Canano, N.N.E.	5	lieuës
de Canano, a Ville Franca, E.N.E. —	6	lieuës
de Ville Franca, a Cap de Vesperis, E.S.E. —	1	lieuës
de Cap de S. Vesperis, a Monaco, N.N.E. —	2	lieuës
de Monaco a Vintimilia, E.N.E. —	2	lieuës
de Vintimilia a Bordiguera, E.N.E. —	1	lieuës
de Bordiguera a C. de Melle, Est nortest —	3	lieuës

Courses traversantes de Provence.

DE Cap de Dragon, a Marseille, N.E. quart au Nort — —	42	lieuës
de Cap de Dragon, aux Isles d'Eres, Nortest quart a l'Est	44	lieuës
de Cap de Dragon, jusques au coing ou Cap de Revela en Corsica, est le cours a l'Est, quart au Nort — — —	72	lieuës
de Cap de Dragon, au Golphe d'Ajassa en Corsica, a l'Est — —	72	lieuës
de Cap de Dragon, a l'Isle d'Asinara, laquelle est tenant la Sardeigne, a l'Est quart au Sud	75	lieuës
des Isles d'Eres, au coing N.O. de Corsica, O. Nortouëst — — —	30	lieuës
de la Baye de Frejul, a l'Isle Rousse, joingnant Corsica. — — —	32	lieuës
de l'Isle Rousse, au coing de S. Vesperis, N.O. quart au Nort — — —	30	lieuës
de l'Isle Rousse, a C. de Melle, N. & N. quart a o.	28	lieuës

Apparence des Costes Marines de Provence & Italie, des le Cap de Tollon, le long des Costes iusques a Cap de Melle.

L'apparence de *Cap de Toullon*, estant Nort quart a l'Est de vous esloigné six ou sept lieuës. C'est la terre de Provence : & se decouvre premierement, quand on passe le Golphe de *Narbonne*.

L'apparence du terroir de *Toullon*, estant Ouëst quart au Nort de vous separé six ou sept lieuës.

L'apparence de cette terre, & de la soubmise, quand on est justement devant la Baye de *Fregias*, & que *Cap de Rossa* vous est Nort Nortest, & le coing d'Ouëst de la terre, vous est a Ouëst Sudouëst.

Cette partie appartient a la precedente, & a esté contrefaicte a un mesme temps.

Cette terre appartient a la precedente, & s'estend vers *Fregias*.

Cette partie appartient a la precedente ; le tout est pourtraict au vif.

C'est la partie la plus Orientale des Isles Françoises : & telle est l'apparence, quand elle vous est a Ouëst quart au Nort.

Cette partie ensuit la precedente, semblablement la terre ensuyvante, & s'estend vers *Fregias*.

Cette partie appartient a la precedente du costé de l'Est : & l'apparence est telle, quand le coing cy dessoubs mis est Nortouest quart au Nort, de vous esloigné quatre lieuës.

Cette partie appartient a la precedente.

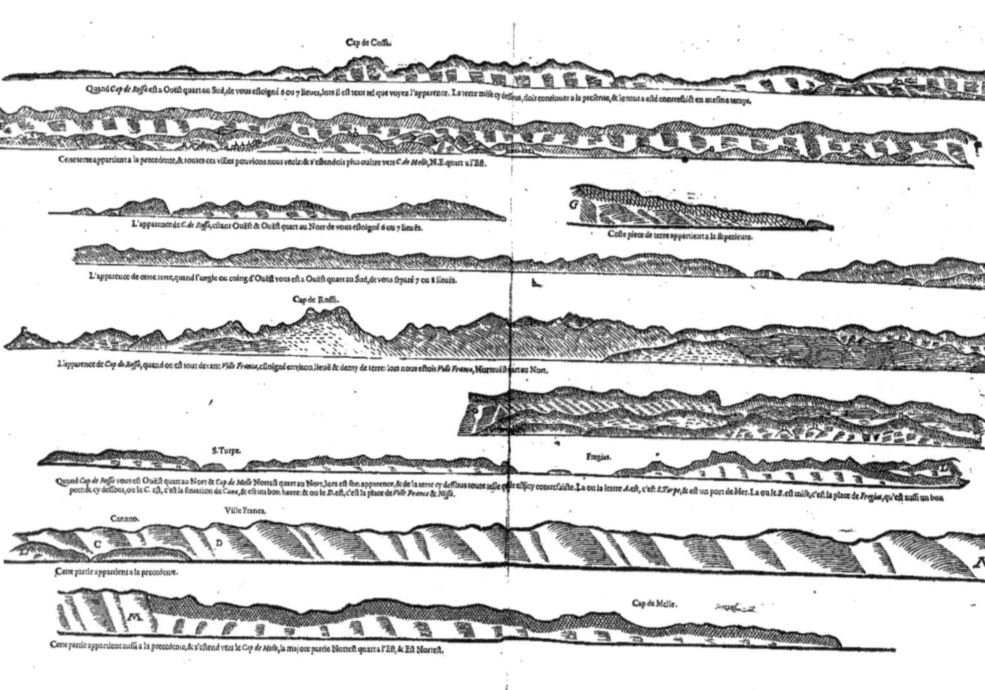

Quand *Cap de Roſſi* eſt a Oueſt quart au Sud, de vous eſloigné 6 ou 7 lieues, lors il eſt tout tel que voyez l'apparence. La terre miſe cy deſſus, doit continuer a la preſente, & le tout a eſté contrefaict en meſme temps.

Cette terre appartient a la precedente, & toutes ces villes pouvions nous veoir: & s'eſtendoit plus oultre vers *C. de Melle*, N.E. quart a l'Eſt.

L'apparence de *C. de Roſſi*, eſtant Oueſt & Oueſt quart au Nort de vous eſloigné 6 ou 7 lieues.

Ceſte piece de terre appartient a la ſuperieure.

L'apparence de cette terre, quand l'angle ou coing d'Oueſt vous eſt a Oueſt quart au Sud, de vous ſeparé 7 ou 8 lieues.

L'apparence de *Cap de Roſſi*, quand on eſt tout devant *Ville Franca*, eſloigné environ lieuë & demy de terre: lors nous eſtoit *Ville Franca*, Nortoueſt quart au Nort.

Quand *Cap de Roſſi* vous eſt Oueſt quart au Nort & *Cap de Melle* Norteſt quart au Nort, lors eſt ſon apparence, & de la terre cy deſſous toute telle qu'elle eſt icy contrefaicte. La ou la lettre *A.* eſt, c'eſt *S. Turpe*, & eſt un port de Mer. La ou le *B.* eſt miſe, c'eſt la place de *Fregias*, qu'eſt auſſi un bon port: & cy deſſous, ou le *C.* eſt, c'eſt la ſituation de *Cane*, & eſt un bon havre: & ou le *D.* eſt, c'eſt la place de *Ville Franca* & *Niſſa*.

Cette partie appartient a la precedente.

Cette partie appartient auſſi a la precedente, & s'eſtend vers le *Cap de Melle*, la majore partie Norteſt quart a l'Eſt, & Eſt Norteſt.

Cap de Roſſa.

L'apparence de la terre, quand *Cap de Roſſa* vous eſt a Oueſt, & Oueſt quart au Nort, de vous eſloigné 10 ou 11 lieuës : & que *Cap de Melle* eſt Nort en reſpect de vous.

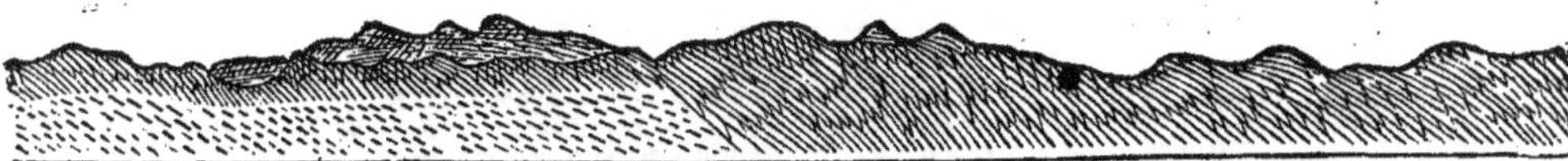

Cette partie appartient a la precedente, & s'eſtend vers *Cap de Melle*.

L'apparence de *Cap de Melle*, eſtant Nort en reſpect de vous : & cette partie appartient a la precedente : le tout a eſté contrefaict a un meſme temps.

L'apparence de *Cap de Roſſa*, eſtant Oueſt, & Oueſt quart au Sud, de vous eſloigné huict ou neuf lieuës.

Il eſt aſſavoir qu'en ceſdittes Provinces ſont Havres excellents & aſſes profonds : comme eſt en premier lieu le Port de *Tollon*, Havre treſ-excellent & aſſeuré de tous vents : on y peut jetter ancre par tout ou on veut. Auſſi peut on naviguer au dedans le Chaſteau, juſques devant la ville de *Tollon*.

Plus y ſont les Iſles d'*Eres*, leſquelles ſont cinq en nombre, & ſont diſtantes environ une lieuë de terre ferme : elles ſ'eſtendent la plus part de l'Eſt a l'Oueſt neuf lieuës. On peut naviguer au dedans de ces Iſles, & jetter ancre ou bon vous ſemble : le fond eſt par tout net. Le Chaſteau de *Berganſon* y eſt auſſi ſitué ſur un Eſcueil.

S'enſuit apres la Baye de *Fregias*, laquelle eſt auſſi un Havre bien beau & aſſeuré de tous vents : mais le fond y eſt mollet, plus pres qu'eſtes la terre ou bord de l'Eſt, & meillieur ſera le fond.

Cinq lieuës plus avant eſt *Canano*, auſsi treſ-bon Port, quaſi de tout vent aſſeuré. Ce ſont tous Ports ou les Navires Flamenges peuvent librement entrer, a cauſe qu'ils appartiennent a la Provence. Parquoy celluy qui entre *Corſica*, & envers ces Coſtes, eſt contrainct de obliquer le cours par un vent de Norteſt, & de Levant, ne peut faire aucun profit, car le flot y prend ſon cours a Oueſt.

DESCRIPTION DES COSTES MARINES D'ITALIE, DES LE CAP DE MELLE, IUSQUES AU Monte Argentato, & comme on doit naviger & entrer en tous les Havres, Rades & Bayes.

DE *Cap de Melle*, jusques a *Gennes*, le cours est Nortest environ 18 lieuës.

Environ une lieuë & demy de *Cap de Melle*, est un Escueil ou on peut caler voile, & jetter ancre; pour estre asseuré du vent d'Ouëst, Sudouëst, Nortouëst & Nort.

De *Cap de Melle*, a *Cap de Noli*, le cours est quasi Nort Nortest, dix lieuës: on peut jetter ancre sous le *Cap de Noli*, pour estre asseuré du võt Sudouëst. Il y a deux coings, & entre ces deux coings y a un petit seing, & un Escueil apparent: on entrera du Nort des deux coings, & l'ancre se jettera devant le Chasteau, car il y faict bien profond, gueres loing du bord. Parquoy pouvez ancrer tout tenant le bord, sur 3, 4, 5, 6 ou 7 brasses d'eau, car le fond y est dur.

De *Cap de Noli*, a *Gennes*, le cours est a l'Est Nortest, environ huict lieuës.

GENNES.

Celuy qui veut naviger en *Gennes*, doit naviger plus proche du Bastardeau, car le coing sur lequel est le Far ou Lanterne, n'est pas tout net d'Escueils cachez: parquoy on s'en gardera, en prenant le cours au milieu du Canal, ou plus proche du Bastardeau: & quant vous estes passé en dedans le Bastardeau, jettez l'ancre, & tirez deux chables de la poupe, & faictes les ferme au Bastardeau, & soient mis deux ancres vers la Mer.

De *Gennes* a *Portofin*, est le cours a l'Est Sudest 7 lieues.

Celuy qui veut entrer le Port de *Porto Fin*, entrera tenant le coing d'Ouëst: qui est un coing haut, portant le Far ou Lanterne, & declinera a Ouëst, en passant en dedans le coing d'Ouëst, ou il jettera l'ancre sur 7 ou 8 brasses d'eau. C'est un bon Port, & asseuré de tous vents, mais on ne doit pas naviger trop avant dedans, car il n'y fait gueres profond, & l'eau y est plane.

De *Porto Fin* jusques au Canal de *Spetia*, est le cours a l'Est Sudest 8 ou 9 lieuës.

SPETIA.

Celuy qui venant de l'Ouëst, veut entrer le Port de *Spetia*; doit sçavoir qu'il y a deux petites Isles, sur le coing d'Ouëst du Canal: & on ne peut passer entre ces deux Isles, & la terre ferme, car il n'y a pas plus de six pieds de profondeur. Aucuns ont cuidé entre deux passer; mais furent contraicts de retourner. On tiendra la petite Isle, avec la tourelle, a l'autre costé du voile, & on navigera dedã; entre la petite Isle, & la terre de l'Est, si avant qu'on veut, ou on jettera l'ancre au milieu du Canal, ou bon leur semble, sur 9 & 10 brasses. Ou on jettera ancre en dedans le premier coing, contre le bord Occidetal, pres du Chastelet, sur 6 ou 7 brasses: Ou bien en dedans le deuxiéme coing, qui est a l'autre costé du Chastelet, sur 8 brasses. Ce Chastelet est un peu bas, comme s'il estoit la maison d'un villagois. Il y faict bon estre, car on y est asseuré de tous vents.

On peut aussi laisser la petite Isle a l'autre costé de la navire, & naviger dedans entre les deux petites Isles; il y a quatre brasses d'eau, & naviger ainsi jusques dedans le Canal de *Spetia*, ou se jettera l'ancre, ou bon vous semble.

De *Spetia* a *Via Regio*, est le cours a l'Est Sudest, cinq lieuës. On jette l'ancre a *Via Regio*, en pleine Mer, cõtre la terre haute: aussi le fond y est mauvais: Toutes les fois que le vent se tourne Sud, il faut desloger & naviger vers *Spetia*.

De *Spetia* a *Livorne*, le cours est Sudest 12 lieuës.

LIVORNE.

Quant vous voulez naviger a *Livorne*, estant pres de l'Isle de *Gorgona*, prenez le cours a l'Est, & a l'Est quart au Nort, tãt que vous avez passé l'Escueil, nommé *Melora*: navigez hardiment bonne partie de chemin de la au Sud de l'Escueil, car au Nort d'iceluy il y faict estroict: aussi il y a tant du Sud, que du Nort, une sechteresse ou bancq, descendant de l'Escueil: en outre descend un autre bancq vers le Sud de ladite secheresse: quant vous la passez sur 12 brasses, vous estes assez loing au dehors de l'Escueil. Navigez adonc de droit fil vers *Livorne*, & vous aurez autrefois entre le bancq & la terre plus de profondeur: assavoir, de 16 & aussi de 20 brasses d'eau. Quand vous approchez la ville sur 5 ou 6 brasses, navigez adonc un peu au Nort de la ville, & jettez ancre le lez quatre tours anciennes, estans attourees de l'eau, sur 5, 6 ou 8 brasses, si pres que bon vous semble. On y est asseuré du vent de Nort, Nortest, Est, & Sudest: mais le vent de Sud, & Sudouest, y sont les plus dangereux.

Quand vous estes lez le *Cap de Rosa*, assavoir le Cap qui est si fort erené, & situé entre la Baye de *Freiul*, autrement ditte *Fregias*, & *Canano*, dressez vostre cours justement entre l'Est, & Est quart au Nort, lors descendrez environ deux lieues au Nort de l'Isle *Gorgona*, & sont distans l'un de l'autre environ 41 ou 42 lieues.

Quant vous estes pres du coing Septentrional de *Corsica*, dressez vostre cours Nortest quart a l'Est, & viendrez ainsi a *Livorne*, ce que sera environ 20 lieues de chemin.

Semblablement on peut bien naviger au Nort de l'Escueil *Melora*, mais on doit tresbien sçavoir le chemin, & connoistre les marques: a raison qu'il n'y faict pas trop large: Car la planure qui est devant *Pisa*, s'estend vers *Melora*, tellement qu'en ce Canal il y faict scabreux: parquoy quand on peut mieux, le meilleur est, & aussi le plus ordinaire, de naviger au Sud de l'Escueil.

S

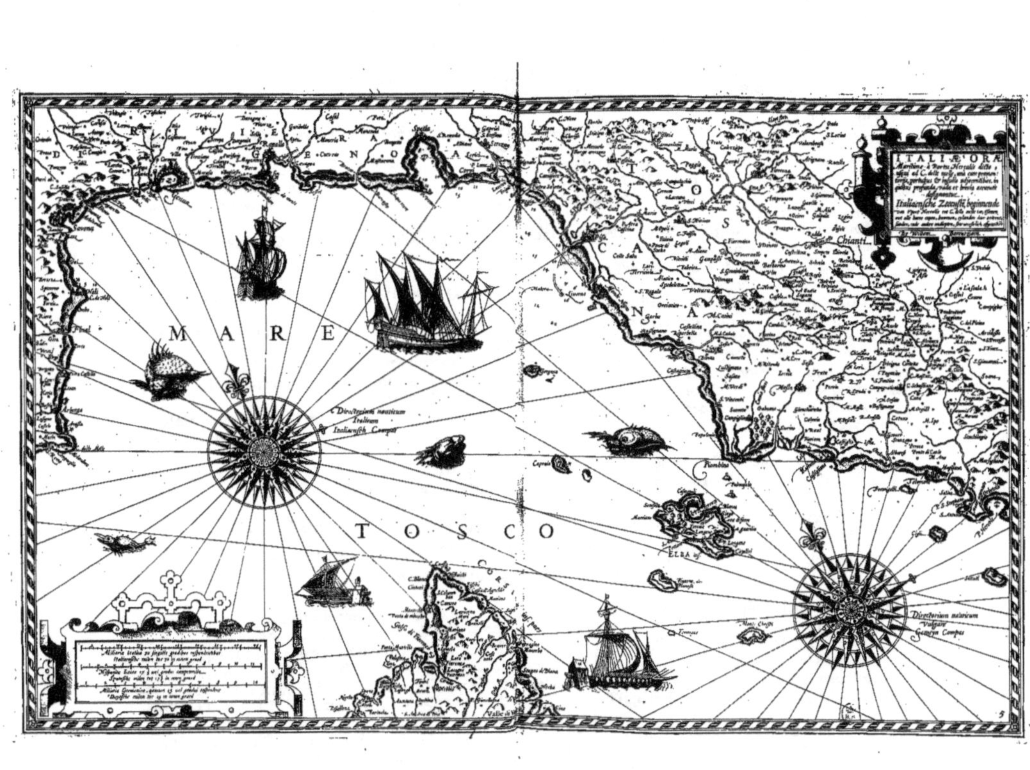
ITALIÆ ORÆ
Italiaensche Zeecuste beginnende
M A R E
T O S C O
Italicum
ELBA
Chianti
Piombino

Les moyens pour reconnoistre LIVORNO.

Quant on vient lez *Gorgona*, vous verrez une montaigne justement a l'Est de vous, laquelle est longuette, & rentreuse: mais le bout Meridional est un petit plus haut que le Septentrional, droictement a ce bout Septentrional de la montaigne, est située *Livorne*: & la montaigne est nommee *Monte Negro*. Au Nort de *Livorne* est le terroir si bas, qu'on n'y peut veoir aucune terre, quand on est d'icelle un peu esloigné: & au Nort de la Montaigne de *Livorne*, est une autre beaucoup plus haute montaigne, laquelle est le haut terroir entre *Spetia* & *Via Regio*, parquoy par cette montaigne, on peut facilement reconnoistre *Livorne*. Il y a eu autrefois des Mariniers & Pilotes, qui jamais n'avoyent faict le voyage de *Livorne*, lesquels cuiderent trouver *Livorno* au Sud de laditte montaigne, a cause que *Livorne* estoit mal mis en leur Cartes de *Lucas Ianzon*: aussi eussent ils prins cette course, s'ils eussent esté seuls, &c. Or quand vous aprochez *Livorne* de si pres, que commencez a veoir les tours, vous navigerez vers les tours: & la tour qui est au Sud de la ville, cest le Far, ou Lanterne, ou chaque nuict se faict le signe de feu, & est attouree d'eau, tellement qu'on y navigue & passe avec barcques. Sur les autres tours, bastis en l'eau au Nort costé de la ville, on n'y faict aucune garde, si non par fois sur la tour blanche, qui est la plus grande, assavoir la plus Septentrionale de toutes.

De *Livorne* a l'Isle d'Elba, le cours est Sud, & Sud quart a Ouëst 14 lieues.

A l'Isle d'*Elba* est un bon port, ou on peut estre sur ancre asseuré de tous vents, & est nommé *Porto Ferraro*, situé au costé Nortest de l'Isle. On y entre navigant entre le Chasteau, & l'autre terre, laissant en entrant le Chasteau du costé du voile: & quand on est en dedans le bastardeau, on naviguera un peu derriere le bastardeau, & on attachera les chables au bastardeau, & les ancres se jetteront vers la Mer.

A la mesme Isle est un autre port, nommé *Port Longon*, & est au costé Meridional de l'Isle.

L'Isle d'*Elba* est distante de la terre ferme du coing de *Piombino* environ deux lieues, & sont entre deux petites Isles, sur lesquelles est un tourelle d'Eschauguette.

L'Isle d'*Elbe* est parti en deux Seigneuries: l'une appartient au Ducq de *Florence*, asçavoir *Porto Ferraro*, & le Chasteau dict *Cosmopoli*: & l'autre appartient au Ducq de *Piombino*, asçavoir *Porto Longon*.

L'Isle *Planosa* est distante d'*Elba*, environ 3 lieues au S.O. & l'Isle *Monte Christo*, est distãte environ 5 lieues au S. d'*Elba*.

Du bout de Sudest de l'Isle d'*Elbe*, a *Mont Argentato*, le cours est a l'Est Sudest, un peu plus a l'Est 16 lieues.

Trois lieues de *Mont Argentato*, environ Sud quart a Ouëst, est une Isle, nommee *Zanuti*, & une autre Isle a Ouëst de *Mont Argentato*, appellee *Sigli*.

Environ trois lieues Nortouëst de *Mont Argentato*, sont trois petites Isles, dittes les *Formigas*, l'Occidentale est la plus grande, les autres deux sont fort petites.

Au coing Oriental de *Mont Argentato*, gist *Porto d'Hercules*, & est un beau Port. Celuy qui y veult entrer, naviguera le long la terre de *Mont Argentato*, tant qu'il vienne devant le Havre, lors il verra deux chastelets, ou il passera entre ces deux chastelets; & estant en dedans lesdits chasteaux, il jettera l'ancre.

Au costé Oriental de l'Isle *Capraia*, est une belle Baye a fond sablonnier, & un grand Golphe; il y faict bon jetter ancre; & le fond y est tresbon. On y est asseuré du vent Sudouëst, Ouëst & Nortouëst.

Au costé Oriental de *Corsica*, le long toute la coste, ne sont aucuns Ports ou Bayes, ou on peut faire Rade; excepté seulement au bout Meridional, ou est *Porto Vechio*, & *Bonifacio* deux bons Ports; aussi soubz le coing Septentrional de *Corsica*, asçavoir soubz *Cap de Corso*, est bonne Rade, & asseuree du vent d'Ouëst; le fond y est net.

Mais a la coste Occidentale de *Corsica* sont plusieurs havres & bayes; comme est le Golphe de S. *Fiorenso*, & puis le long toute la coste, sont Rades & Havres; on n'y peult faire mal; mais ou on voit un coing, on y peult naviguer derriere, & jetter ancre.

Quinze lieues a Ouëst de Cap de *Corso*, est *Galui*, l'une des villes plus renommees de *Corsica*, & est distante de Cap de *Corso* 60 lieues d'Italie; C'est un bon Port. On peult aussi faire Rade derriere l'Isle *Rossa*.

Courses & Estenduës des Costes Marines d'Italie, des le Cap de Melle, *jusques a* Porto Hercole, *le long du terroir. Le tout ordonné par lieuës d'Espagne, 17 lieuës & demy pour degré.*

De C. de Melle, jusques a C. de Noli Nort Nort Est — —	9	lieuës
de Cap de Noli, a Savone, N. quart a l'Est —	5	lieuës
de Savone a Gennes a l'Est —	7	lieuës
de Gennes a Porto Fin, a l'Est S. E. —	6	lieuës
de Porto Fin, jusques au Cannal de Spetia, a l'E. Sudest — — —	9	lieuës
du Canal de Spetia a Via Regia, a l'E.S.E. —	6	lieuës
de Via Regio a Livorne, S. quart a l'Est —	7	lieuës
de Livorno a Piombino, Sud quart a l'Est —	13	lieuës
de Piombino, a Mont Argentato, Sudest quart a l'Est — — —	15	lieuës
de Cap de Melle, a Gennes, Nortest —	18	lieuës
de Cap de Melle a Porto Fin, N.E. quart a l'Est, un peu plus a l'Est — —	20	lieuës
de Cap de Melle, a Porto Spetia, a l'E. quart au Nort, un petit plus au Nort —	27	lieuës
de Cap de Melle a Livorne; entre l'Est, & Est quart au Sud — —	34	lieuës
de Cap de Melle, a Piombino, a l'E.S.E. —	39	lieuës

Courses traversantes d'Italie.

De Cap de Melle, a Cap de Corso en Corsica, le cours est S. E. un peu plus a l'Est	23	lieuës
de Cap de Corso, a Piombino, a l'Est —	21	lieuës
de Cap de Corso a Livorne, N.E. quart a l'Est	20	lieuës
de Cap de Corso, a Porto Spetia, N.N.E. —	23	lieuës
de Cap de Corso a Gennes, N. quart a Ouëst	29	lieuës
de Gennes a Livorne, Sudest quart a l'Est —	28	lieuës
de Spetia a Livorne, S.E. quart au Sud —	12	lieuës
de Livorne a l'Isle Gorgona, O. S. O. —	5	lieuës
de Livorne a l'Isle Capraja, Sudouëst quart au Sud, & Sudouëst — —	9	lieuës
de Livorne a l'Isle d'Elba, S. & S. quart a Ouëst	13	lieuës
de l'Isle d'Elba, a l'Isle Gorgona, S.S.E. —	11	lieuës
de l'Isle d'Elba, a l'Isle Capraja, N.E. quart a O.	6	lieuës
du bout de S. E. d'Elba, a Monte Christo, Sud quart a Ouëst — —	5	lieuës
de l'Isle d'Elba, a C. de Corso, a l'Est quart au Sud — — —	15	lieuës
de l'Isle d'Elba, a Mont Argentato, Est S. E.	15	lieuës

Apparences & decouvremens d'Italie, des Cap de Melle, *iusques au coing de* Piombino, *& l'Isle de* Corsica, *ensemble les autres petites Isles circonvoisins.*

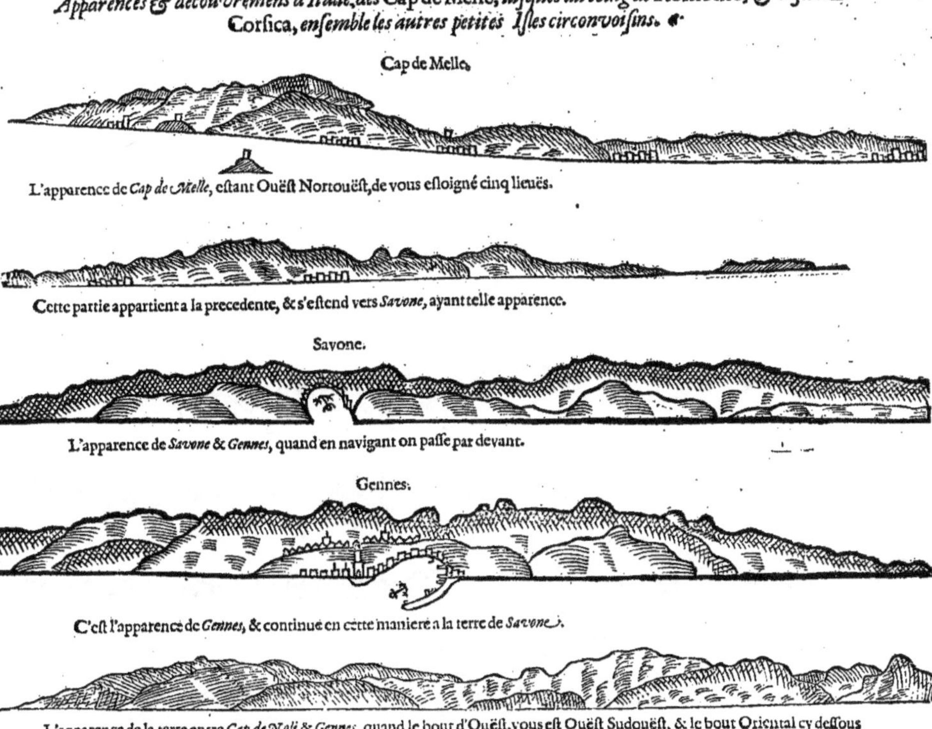

L'apparence de *Cap de Melle*, estant Ouëst Nortouëst, de vous esloigné cinq lieuës.

Cette partie appartient a la precedente, & s'estend vers *Savone*, ayant telle apparence.

L'apparence de *Savone* & *Gennes*, quand en navigant on passe par devant.

C'est l'apparence de *Gennes*, & continue en cette maniere a la terre de *Savone*.

L'apparence de la terre entre *Cap de Noli* & *Gennes*, quand le bout d'Ouëst, vous est Ouëst Sudouëst, & le bout Oriental cy dessous contrefaict, a l'Est quart au Nort.

Cette partie appartient a la precedente, & est telle son apparence quand on en est esloigné 4 lieuës, en navigant le long la chaussee.

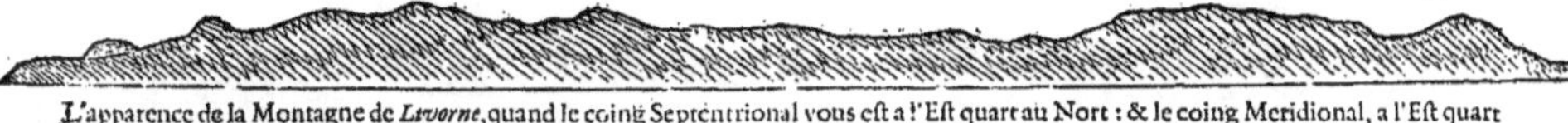

L'apparence de la Montagne de *Livorne*, quand le coing Septentrional vous est a l'Est quart au Nort : & le coing Meridional, a l'Est quart au Sud : & que le bas terroir en dessous contrefaict vous est Sudest quart a l'Est : lors on est justement au Nort de l'Isle de *Gorgone*. La Montagne est nommee *Monte Negro*, & la ville de *Livorne* est située au bout Septentrional de cette Montagne.

Ce bas terroir continue vers Sud a *Monte Negro*, & s'estend Sud quart a l'Est, vers le coing de *Piombino*.

Cette terre est au Nort de la Montagne de *Livorne*, & son apparence est telle, quand on est lez l'Isle *Gorgone*.

S

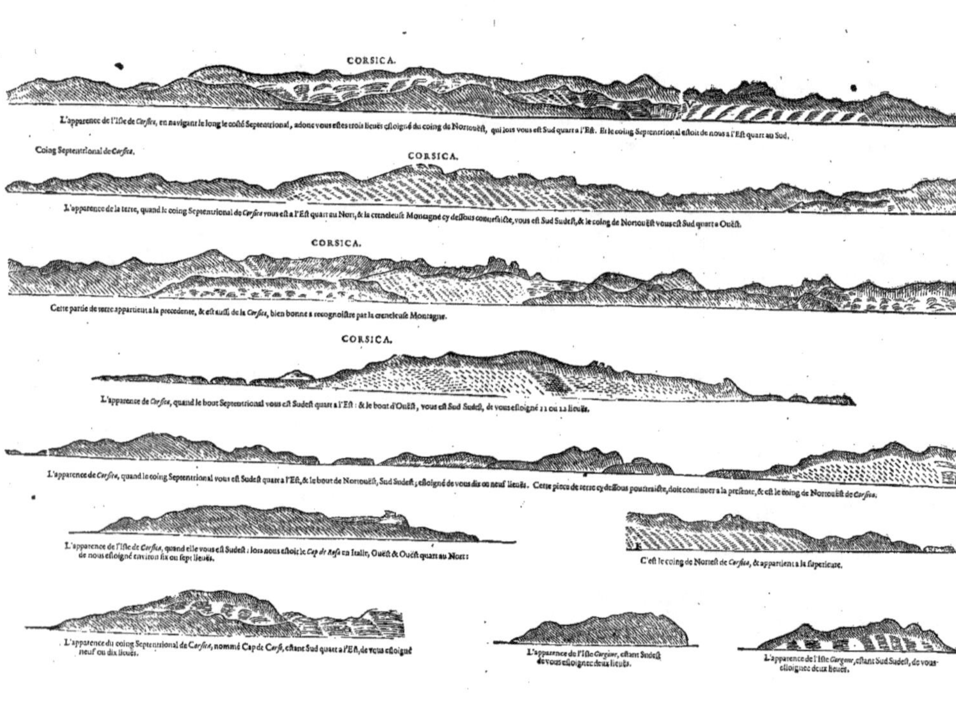

L'apparence de l'Isle de *Corsica*, en navigant le long le costé Septentrional, adonc vous estes trois lieuës esloigné du coing de Nortouëst, qui lors vous est Sud quart a l'Est. Et le coing Septentrional estoit de nous a l'Est quart au Sud.

L'apparence de la terre, quand le coing Septentrional de *Corsica* vous est a l'Est quart au Nort, & la creneleuse Montagne cy dessous contrefaicte, vous est Sud Sudest, & le coing de Nortouëst vous est Sud quart a Ouëst.

Cette partie de terre appartient a la precedente, & est aussi de la *Corsica*, bien bonne a recognoistre par la creneleuse Montagne.

L'apparence de *Corsica*, quand le bout Septentrional vous est Sudest quart a l'Est : & le bout d'Ouëst, vous est Sud Sudest, de vous esloigné 11 ou 12 lieuës.

L'apparence de *Corsica*, quand le coing Septentrional vous est Sudest quart a l'Est, & le bout de Nortouëst, Sud Sudest ; esloigné de vous dix ou neuf lieuës. Cette piece de terre cy dessous pourtraicte, doit continuer a la presente, & est le coing de Nortouëst de *Corsica*.

L'apparence de l'Isle de *Corsica*, quand elle vous est Sudest : lors nous estoit le *Cap de Rosa* en Italie, Ouëst & Ouëst quart au Nort : de nous esloigné environ six ou sept lieuës.

C'est le coing de Nortest de *Corsica*, & appartient a la superieure.

L'apparence du coing Septentrional de *Corsica*, nommé Cap de *Corso*, estant Sud quart a l'Est, de vous esloigné neuf ou dix lieuës.

L'apparence de l'Isle *Gorgone*, estant Sudest de vous esloignee deux lieuës.

L'apparence de l'Isle *Gorgone*, estant Sud Sudest, de vous esloignee deux lieues.

L'apparence de *Cap Mortel* en *Corsica*, estant a l'Est, de vous esloigné dix lieuës.

L'apparence du coing de Nortouëst de *Corsica*, nommé *Revela*, estant Nortest, de vous separé 9 ou 10 lieuës.

L'apparence de l'Isle *Gorgone*, estant a l'Est quart au Sud, de vous esloigné trois lieuës.

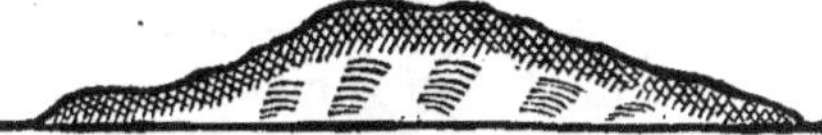

L'apparence de l'Isle d'*Elba*, estant Sudest quart au Sud de vous separee neuf lieuës.

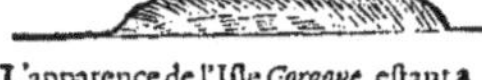

L'apparence de l'Isle *Gorgone*, estant a l'Est, de vous separee 4 lieuës.

L'apparence de l'Isle *Gorgone*, estant Nort, de vous esloignee une ou deux lieuës.

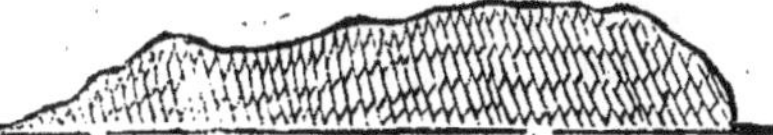

L'apparence de l'Isle *Gorgone*, estant Sud Sudest, de vous esloignee deux lieuës. *Gorgone* & l'Isle *Capraia*, s'entre-distant Sud quart a Ouëst, & Nort quart a l'Est.

L'apparence de l'Isle *Gorgone*, estant Sudest de vous esloignee deux lieuës.

L'apparence de l'Isle *Capraia*, quand elle vient au dehors de *Corsica*, lors vous est elle a l'Est, & Est quart au Nort: & on est esloigné 3 ou 4 lieuës de *Cap de Corso*.

L'apparence de l'Isle *Capraia*, estant Sud quart a l'Est, de vous separee cinq ou six lieuës.

L'apparence de l'Isle de *Capraia*, estant Sudest de vous separee six ou sept lieuës.

L'apparence de *Capraia*, estant Sud quart a l'Est, de vous esloignee cinq ou six lieuës. Lors gist l'Isle d'*Elba* derriere *Capraia*.

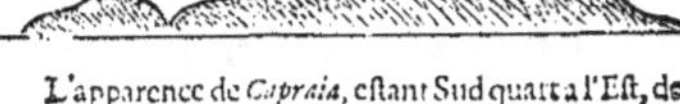

L'apparence de *Capraia*, estant Sud quart a l'Est, de vous esloignee six ou sept lieuës.

L'apparence de *Capraia*, vous estant au Sud, quant vous estes lez l'Isle *Gorgone*.

COMME ON ENTRERA EN TOUS LES HAVRES ET BAYES D'ITALIE, SITUEES entre Porto Hercole & Naples.

CIVITA VECHIA.

E *Porto Hercole* a *Civita Vechia*, le cours eſt a l'Eſt Sudeſt huict ou neuf lieuës.

A *Civita Vechia* eſt une ancienne muraille en l'eau, apparente environ demy braſſee hors de l'eau; Sur le bout Occidental de laditte muraille eſt une tour eſchanguette. Derriere cette muraille eſt le Port de *Civita Vechia*: on y peut entrer a l'Eſt, & Ouëſt de cette muraille, ou on veut: mais a l'Eſt de la muraille eſt l'eau plus profonde, aſſavoir cinq braſſees: & a Ouëſt de la muraille, en la bouche, n'eſt que trois braſſees; mais au dedans la muraille faict il profond cinq & ſix braſſees: on jette les ancres derriere la muraille, vers la Mer, & on attache des chables a la muraille.

De *Civita Vechia* juſques a *Oſtia*, la riviere de Rome, le cours eſt a l'Eſt Sudeſt, environ huict lieuës.

En la bouche de la Riviere de Rome eſt un Iſle, ou le Tybre a deux coſtez decoule en la Mer. A l'Eſt de cette Iſle eſt *Oſtia*, & eſt pour le temps preſent le port de Rome, ſeulement pour petites navires. A ouëſt de l'Iſle eſt *Porto*, qui eſtoit jadis quand Rome floriſſoit, un excellent Port, edifié a grand fraiz, & merveilleuſement faict, comme encore on peut voir és antiquitez Romaines; mais maintenant eſt le Havre tout deſtruict, tellement qu'au lieu ou eſtoit jadis le Port, eſt baſty une ville, nommee *Porto*.

De la Riviere de Rome a Cap de *Antio*, le cours eſt Nortouëſt environ 7 lieuës. A ce Cap fuſt jadis un beau Port & Ville, ditte *Neptuno*, & eſt demy lieuë a l'Eſt de Cap d'*Antio*.

De Cap d'*Antio*, juſques a *Mont Cercelli*, le cours eſt Sudeſt quart au Sud, environ ſept lieuës. Entre deux giſt *Aſturi*, ou jadis eſtoit un Port, & eſt ſitué deux lieuës a l'Eſt de Cap d'*Antio*.

De *Mont Cercelli* a *Gaiette*, le cours eſt a l'Eſt quart au Sud, environ neuf lieuës.

Mont Cercelli eſt un coing venant en Mer: & ſemble eſtre de loing un Iſle: le terroir au dedans eſt mareſcageux. Sur *Mont Cercelli* tout a l'entour ſont quatre ou cinq tourelles d'eſchanguette.

De *Monte Cercelli* a *Terracina* ſont deux lieuës & demy, il y a aſſez de Golphe. *Terracina* eut jadis un Port, mais maintenant eſt tout deſtruict.

Gaiette eſt ornee d'une Baye grand & belle, en laquelle beaucoup de navires peuvent eſtre logees, & eſt aſſeuree de tous vents, hors mis le vent de Sudeſt, qui tout a plein y entre dedans.

Au Golphe de *Gaiette*, eſt ſituee *Mola*, ou jadis eſtoit un Baſtardeau, derriere lequel les navires eſtoient a l'ancre. *Gaiette* eſt ſituee ſur une Montagne, & eſt une poincte ou coing ſaillant dehors en la Mer: & la Montagne eſt nommee *Mont de la Trinité*.

De *Gaiette* juſques au bout Occidental de l'Iſle *Iſchia*, le cours eſt Sudeſt quart au Sud, & Sudſudeſt, environ neuf ou dix lieuës.

Du bout Oriental de l'Iſle *Iſchia*, juſques a *Naples*, le cours eſt Norteſt environ cinq ou ſix lieuës.

Parte di Abbruzzo
C A M P A G N A D I R O M A
Directorium nauticum Italicum
ISCHIA
Piloot Willem Barentsoen.1595.

Si on veut naviguer d'*Ischia* a *Naples*, on dressera le cours Nortest, & le Mont de *Greco* vous viendra a la veuë, par lequel on reconnoit *Naples*: Cette Montagne se decouure comme deux pains de Sucre, & le laissez du costé de la voile, quant naviger voulez a *Naples*. Navigez lors outre, tant que vous voyez la ville de *Naples*, & entrez entre le Bastardeau & la terre, ou vous jetterez l'ancre, sur cinq ou six brassees d'eau.

Derriere la petite Isle *Nisita*, ou le Chastelet est assis, est la rade pour navires qui ont a partir : il y faut naviger a Ouëst, & entrer, & ancrer sur trois ou quatre brassees. A l'Est de *Nisita* on n'y peut passer qu'avecques petites Barcques, a cause des Escueils cachez.

En l'Isle d'*Ischia* est bon fond pour y ancrer, pres le Chasteau, qui est sur la Montagne attouré d'eau : ou on va par un Pont, de la grande Isle au Chasteau.

Devant *Castellamar* se jettera ancre, contre la ville, au bout du Bastardeau.

L'Isle *Capri* est au Sud de *Naples*, environ quatre ou cinq lieuës.

Courses & estendues d'Italie, des Porto Hercole, *jusques a* Naples *le long de la terre : le tout ordonnee par lieues d'Espaigne, 17 lieues & demy pour degré.*

DE Porto Hercole, a Civita Vechia, le cours est a l'E.S.E.	8	lieues
de Civita Vechia, a Ostia Port de Rome, a l'Est S. E. — —	8	lieues
d'Ostia a Cap d'Antio, est le cours Sud E.	7	lieues
de Cap d'Antio, a Mont Cercelli, Sudest quart au Sud — —	7	lieues
de Mont Cercelli, a Gaiette, a l'Est quart au Sud — —	9	lieues
de Gaiette a l'Isle d'Ischia, Sudest quart au Sud — —	10	lieues
du bout Oriental d'Ischia, a Naples, N. E.	6	lieues
d'Ischia, a Castellamar, a l'Est N.E. —	8	lieues
de l'Isle Capri, au coing Sudouëst de Sardeigne, Sudouest quart a Ouëst —	80	lieues
de Capri a Vstica, S.S.O.	34	lieues
de Capri a C. de Licossa, a l'Est quart au S.	12	lieues
de Cap de Licosse, a Cap Baticano, Sudest quart au Sud — —	36	lieues
de C. Baticano, jusques au coing de Messine, Sud quart a Ouest —	7	lieues

Courses traversantes d'Italie.

D'Vstica, jusques au coing Sudest de Sardeigne, Ouest quart au Sud	52	lieues
d'Ischia, jusques a Vstica, Sud quart a O.	32	lieues
de Monte Christo, a l'Isle de Palmarola, S.E. quart a l'Est — —	42	lieues
de Palmarola a Pontia, a l'Est quart au S.	5	lieues
de Pontia a l'Isle d'Ischia, a l'Est —	10	lieues
d'Ischia en Palerme en Sicile, sud —	52	lieues
d'Ischia a Stromboli, sudest —	44	lieues
de Stromboli jusques au coing de Messine, S. E. — —	11	lieues
du coing de Melasso, jusques au coing de Messine, E. N. E. — —	9	lieues
du coing de Melasso, au coing de Solanto Ouest quart au sud —	28	lieues
de Solanto a Palermo — —	3	lieues
du coing de Palerme, au coing de S. Vito, a l'Est — — —	9	lieues
du coing de S. Vito a Trapani, Nortest quart a l'Est — —	5	lieues
de l'Isle Maretimo au coing Occidental de Sicile, a Ouest — —	3	lieues
de l'Isle Maretimo, au coing S. E. de Sardeigne, Ouest quart au Nort —	36	lieues
de l'Isle Maretimo jusques a l'Isle d'Elba, Nort Nortouest — —	90	lieues
de l'Isle Maretimo, a Cap de Bon en Barbarie, sud sudouest —	20	lieues
de l'Isle Maretimo, a l'Isle d'Vstica, N. E.	25	lieues
d'Vstria, a Alicur, a l'Est quart au sud —	15	lieues
d'Alicur a Felicur, a l'Est quart au Nort	5	lieues
de Felicur a Lisalini, a l'Est quart au Nort	5	lieues
de Lisalini, a Strombili, a l'Est quart au Nort — — —	9	lieues

Apparences & Decouvremens de Sardeigne, & des Isles de Vulcan.

Sardeigne.

L'apparence de l'Isle de *Sardeigne*, quand on y vient vers terre, contre le milieu de la terre, & que le coing Septentrional, est Nortest quart a l'Est, de vous esloigné environ 4 lieues: & lors y trouvez deux bayes a fond sablonnier : celle au Sud est la plus grande, & est adonc Sudest quart a l'Est de vous. Il y faict bien haut, mais au Nort est il plus bas ; & nous ne pouvions plus veoir aucune terre au Nort: Au Sud estoit aussi un Golphe, tellement qu'en aucuns lieux on pouvoit justement veoir la terre : & la terre plus au Sud, nous estoit Sudest quart au Sud.

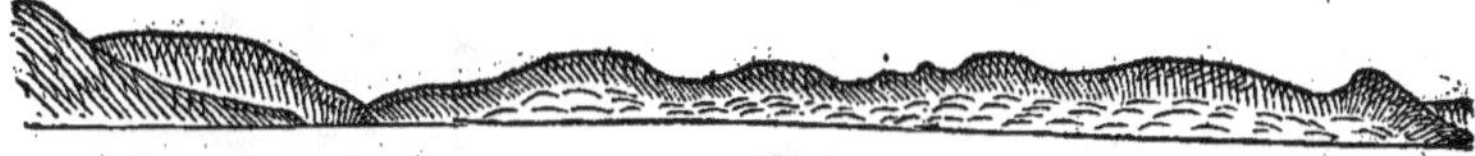

Cette partie est la continuation de *Sardeigne*, & appartient a la precedente.

Si on veult naviguer de l'Isle de *S. Pierre*, situee au costé d'Ouëst de *Sardeigne*, vers Nort, on dressera le cours vers Nort, jusques au coing de *S. Marc*, & sont distantes l'une de l'autre 10 lieues : Mais de *S. Marc* jusques au coing de *Salinis* sont 3 lieues.

De *Cota di Dona*, jusques au coing Nortouëst de *Sardeigne*, nommé *Pene*, le cours est Nort, un bien peu tirant a Ouëst 13 lieues. Du coing de *Pene*, a l'Isle *Asinara*, Nort Nortest 6 lieues. D'*Asinara* a *Bonifacio* le bout Austral de *Corsica*, Nortest quart a l'Est 13 lieues. Il faict large entre *Corsica* & *Sardeigne*, environ 2 lieues. A *Bonifacio* sur le coing, est un grand Chasteau, & a un bon Port. Pres du port sont deux Escueils, nommez *Lavegi*.

L'apparence de *Sardeigne*, quand le coing Oriental, est Nort Nortouëst de vous separé 5 ou 6 lieues.

L'apparence de *Sardeigne*, quand le coing Occidental est a l'Est quart au Nort de vous, & que le pouvez bien veoir d'embas.

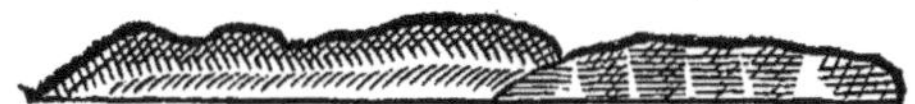

L'apparence du coing Meridional de *Sardeigne*, estant Nortest quart au Nort de vous.

L'apparence de l'Isle de *Lipari*, quand on navigue le long d'icelle.

L'apparence de l'Isle *Strongoli*, qui tousiours rend fumee, & gist N.O. du coing de *Messine*.

L'apparence de l'Isle *Vstica*, estant Nortest de vous: lors voit on les 3 tertres de *Sicile*.

De l'Isle de *Lipari*, a Cap de *Solanto*, le cours est Nortest quart a l'Est 22 lieues, & gist a Ouëst quart au Nort, du coing de *Messine*. C'est une des Isles de *Vulcan*, lesquelles sont 5 en nombre: a Ouëst est *Felicur* & *Alicur*.

Quand on veult naviguer du Far de *Messine*, *a Naples* ou *Gaiette*, on dressera le cours au Nortouëst, vous passerez par devant l'Isle de *Strongoli*, & declinerez vers l'Isle d'*Ischia* : la distance est 39 lieues.

L'apparence de l'Isle d'*Alicur*, estant Nortest de vous.

La petite Isle de *Felicur*, telle est son apparence.

L'apparence de l'Isle de *Capri*, quand on entre la Baye de *Naples*.

De la petite Isle d'*Alicur*, jusques a la ville de *Palerme*, le cours est Sudouëst quart au Sud 13 lieues. L'Isle d'*Vstica* est distante de *Palerme*, 13 lieues au Nort quart a Ouëst: ou est une Eglise sur le terroir du païs, & une autre a la Rade : tout tenant l'Eglise se jettera l'ancre; il y faict bon estre. De l'Isle d'*Vstica* a l'Isle *Maritimo*, le cours est Sudouëst 18 lieues. De *Maritimo* a *Tripoli* de Barbarie, le cours est Sud Sudest 87 lieues.

L'apparence de l'Isle *Nixita*, quand premierement on s'en apperçoit en navigant vers Naples.

L'apparence de Monte *Greco*, lequel se decouvre, en apparence de deux pains de Sucre.

DECLARATION COMME ON NAVIGVERA EN TOVS LES HAVRES DE SICILE, ENSEMble aussi en aucunes places de Calabrie.

De la ville de *Naples*, a l'Isle de *Capri*, le cours est comme dessus est dict, Sud & Nort quattre ou cinq lieuës.

En l'Isle de *Capri* croist tres-excellent Huile, & la plus fine Soye de toute l'Italie.

De l'Isle de *Capri* a *Amalfi* sont environ 6 lieuës, il n'y a aucun Port: mais on est sur l'ancre en pleine Mer; contre la haute terre. On dict que l'usage du pierre d'*Aimant*, a faire les Compas de Mer, seroit premierement inventé en cette Isle d'*Amalfi*. Le corps de *S. Andrea* repose aussi a *Amalfi*.

D'*Amalfi* a *Salerne* sont 3 lieuës. Devant *Salerne* est un beau rivage sablonneux, devant lequel on peut jetter ancre asseuré du vent de Nort, Nortest & Est. Mais puis de *Salerne* a *Cap de Licossa*, cet par tout bas rivage. De la en avant est la terre montagneuse, sans aucuns Ports, jusques au Golphe de *Policastre*.

De Cap *de Licossa* jusques au coing de *Policastre*, dit *Palinuro*, le cours est a l'Est quart au Sud, & Est Sudest, neuf ou dix lieuës. Il faict bon estre sur ancre, en aucunes places soubs les coings, au Golphe de *Policastre*: ou on trouue beaucoup d'Huiles & Vins.

A quatre lieuës de *Policastro*, est une place sur le bord de la Mer, ditte *Cierella*, ou croist a foison de cet excellent Vin, nommé *Cierella*, du nom de la place.

Puis de la jusques au destroict de *Messine*, ne sont aucuns Ports, que derriere aucuns coings.

Description des Ports de Sicile.

TRAPANO.

Trapano gist au coing Occidental de Sicile: celuy qui y veut entrer, estant au Nort des Isles, partant d'icelles, navigera a l'Est Sudest, tant qu'il vienne pres d'vne petite Isle, avec un Chasteau, ditte la *Colombiere*, & naviguera au Sud de ladite Isle, le long d'icelle; & jettera ancre entre l'Isle, & la ville de *Trapano*, sur cinq ou six brassees: On y est asseuré quasi de tous vents. En ce lieu se faict beaucoup de Sel.

La ville de *Trapano* est situee sur un coing s'estendant en la Mer, qui s'estend du bout Occidental de *Sicile*.

PALERMO.

De *Trapano* a *Cap de S. Gallo*, Nortest quart a l'Est 10 ou 11 lieuës.

De *Cap de S. Gallo* a *Palerme*, sont environ quatre ou cinq lieuës.

Celuy qui veut naviger a Palerme, dressera le cours droict vers *Palerme*, & entrera jusques derriere le bastardeau vers Ouëst, ou il jettera ancre derriere le bastardeau, mettant les ancres sur 3 brassées devant la Prove, & attachant de la poupe les chables au Bastardeau: lors sera la navire sur environ six brassees: ou vous serez asseuré de tous vents. La ville de *Palerme* gist sur un Golphe, grand trois lieuës: & le coing Oriental dudit Golphe, est le coing de *Solanto*. Aupres de ce coing est un grand Escueil, sur lequel est un grand Far ou Lanterne: & a l'Est ce Far est la Baye de *Solanto*, ou il y a bonne rade pour un vent de Sud.

MESSINA.

Du coing de *Solanto* jusques au coing de *Melasso*, le cours est a l'Est, quart au Nort 23 lieuës: dessous le coing de *Melasso* est bonne Rade.

Du coing de *Melasso* jusques au coing de *Messine*, le cours est a l'Est quart au Nort huict lieuës: Ce coing de *Messine* est un bas coing: assavoir, un rivage sablonneux, sur lequel est un Far ou Lanterne; Environ 3 lieuës du coing vers Sud, est la ville de *Messine*, le meilleur Port de toute la *Sicile*: celuy qui y veut entrer, n'a rien a eviter; mais peut librement naviguer le long la terre ou bord, & jetter ancre dedans le Port devant la ville. On peut aussi attacher les chables au bastardeau, & mettre les ancres vers la Mer. On peut aussi jetter l'ancre dehors, devant le Port; car le fond y est par tout net.

Quand vous voulez passer tout le destroict de *Messine* vers le Sud: vous devez sçavoir, que le flot est du costé de *Sicile* si violent & rude, qu'il toupie quasi comme le flot d'un Molin; tellement que celuy qui entre en ce flot d'eau, est en grãd peril de n'en pouvoir sortir: parquoy il s'en faut bien garder.

De *Messine* a Saragoçe, le cours est quasi Sud quart a Ouëst 20 lieuës.

De *Saragoça* a *Cap de Passaro*, est le cours vers Sud 7 lieuës, & est un bas coing; sur le coing qui s'estend en Mer, est un Far ou Lanterne, & pres du coing sont trois ou quatre Escueils.

De *Cap de Passaro* a l'Isle de *Malta*, le cours est Sudouëst 13 lieuës.

Celuy qui veut naviguer & entrer au Port de *Malta*: doit sçavoir que la ville est situee au Nort costé de l'Isle, & est un bon Port: on naviguera entre deux Villettes, & lors on declinera incontinent vers Sudest, & se jettera l'ancre en dedans la ville de *Borgo*. Le Havre se serre par une chaine traversante. Le costé Septentrional de l'Isle de *Malta*, s'estend Ouëst quart au Nort, & Ouëst Nortouëst, jusques a l'Isle de *Gozo* 10 ou 11 lieuës.

De *Gosa* a *Pantalaria*, Ouëst Nortouëst 22 lieuës.

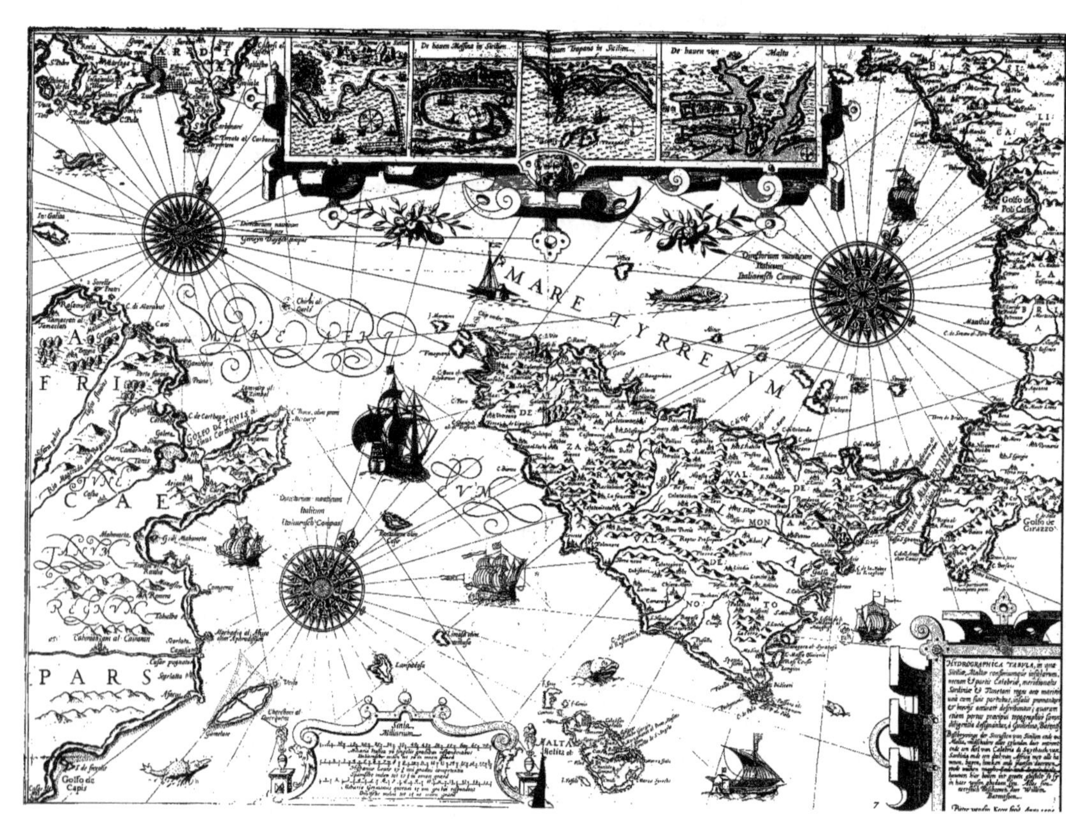

De hauen Messina in Sicilien
De hauen Trepano in Sicilien
De hauen van Malta
MARE TYRRENVM
Directorium nauticum Italicum Italiaensch Campas
Golfo de Poli Castro
Golfo de Girazzo
Golfo de Tunis
AFRICAE PARS
Lampedosa
Scala Miliarium
Golfo de Capis
HYDROGRAPHICA TABULA

De *Gosa* a *Limosa*, Ouëst 12 lieuës. De *Gosa* a *Lampidosa*, Ouëst Sudouëst 6 lieuës. A *Lampidosa* est belle Rade : aussi on y trouve de l'eau fresche.

L'Isle petite de *Cortelaso* est situee au coing Meridional de *Sardeigne*, & derriere icelle est la rade : mais le coing Occidental de cette petite Isle est brouillé, il est a fuyr.

De *Cortelaso* a la ville de *Gallari*, le cours est environ Nortouëst, quart a Ouëst 7 lieuës : icy se faict beaucoup de Sel.

Entre Cap de *Pola* & Cap de *Tolar*, est une petite Isle, ditte Isle *Rousse*.

Trois lieuës ou environ a Ouëst Sudouëst de Cap de *Tolar*, est un Escueil apparent hors de l'eau, nommé *Toro* : & entre le Cap de *Tolar* & l'Isle de *Palma de Sol*, est une autre un peu plus grande, dicte *Vaca*.

L'Escueil dit *Toro*, est separé de l'Isle *S. Pierre*, environ S.E. 5 lieuës : & dessous l'Isle de *S. Pierre*, est aussi bonne Rade.

Semblablement au costé Oriental de *Sardeigne*, est en aucuns lieux bonne rade : mais mal asseuree des Mores.

De Cap de *Pola* en *Sardeigne* a l'Isle de *Galita*, le cours est Sud 12 lieuës. Touchant la Barbarie, nous n'avons gueres de certain a escrire, sinon qu'on peut au Golphe de *Tunes*, assavoir dessous *Cartago* faire Rade ; & estre asseuré du vent de Sudouëst : & gist Sudouëst quart a Ouëst 10 lieuës de Cap de *Bon*. Sur Cap de *Bon* est un Far ou Lanterne.

Courses & estenduës de Sicile, Calabre & Barbarie.

De Naples a Capri, le cours est Sud	5	lieues
de Capri, a C. de Licossa, a l'Est quart au Sud	11	lieues
de Cap de Licossa, a Cap de Foresta, a l'Est Sudest	9	lieues
de Cap Dalicosa, a C. de Lamanthia, S.E.	21	lieues
de Cap de Lamanthia, a Strongoli, S. O. quart au Sud	11	lieues
Les Isles de Vulcan, s'estendent du Nort, Ouëst quart au Sud		
de l'Isle d'Vstica, a l'Isle Maritimo, S. O.	19	lieues
L'Isle Maritimo est distãte du coing Occidental de Sicile a Ouëst	5	lieues
de Trapano, a C. de S. Vito, Nortest quart a l'Est	5	lieues
de Cap de S. Vito, a Cap de S. Gallo, a l'Est Nortest	6	lieues
de Cap de S. Gallo, a la ville de Palerme	3	lieues
de C. S. Gallo, a C. de Bõgerbino, ou coing de Solanto, a l'Est quart au Sud	6	lieues
De Cap de Bongerbino, jusques au coing de Melasso, a l'Est, quart au Nort	23	lieues
de Melasso, au coing de Messina, a l'E. quart au Nort	8	lieues
Le destroict de Messine, s'estend environ Sud quart a l'Est	7	lieues
de Messine a Saragose, Sud quart a Ouëst	20	lieues
de Saragose a Cap de Passaro, Sud	7	lieues
de C. de Passaro, a C. de Scaramis, a Ouëst	15	lieues
de C. de Scaramis, a C. de Leucata, O.N.O.	12	lieues
de C. de Leucata, jusques au coing de Masara, N.O. quart a Ouëst	21	lieues
de Masara jusques au coing de Trapano, N.	5	lieues
de Trapano, jusques au coing S. E. de Sardeigne, nõmé Cap de Carbonara, Ouëst quart au Nort	55	lieues
de Cap de Carbonaro, a C. de Pola, Ouëst quart au Sud	9	lieues
de Cap de Pola, a l'Escueil ou Isle de Toro Ouëst Sudouëst	5	lieues
de Toro a l'Isle S. Pierre, Nortouëst	5	lieues
de Toro a l'Isle de Galita, Sud Sudest	11	lieues
de Galita, a Cap de Marabut en Barbarie, Est Sudest	9	lieues
Trois lieuës a l'Est de Cap de Marabut, sont deux petites Isles, tout tenant la terre, dittes Cani		
de Cani jusques au coing de Guardia, a l'Est quart au Sud	3	lieues
de Guardia a Gamelora, une petite Isle, N. ouëst quart a Ouëst	2	lieues
de Gamelora a Zombaro, a l'Est	6	lieuës
de Zombaro au Golphe de Tunes, ou Golette, S.S.O.	8	lieuës
de Zombaro, a Cap de Bon, a l'Est quart au Nort	5	lieuës
de C. de Bon, au coing de Cupia, S. S.E.	5	lieuës
du coing de Cupia, a Susa, Sud quart a O.	15	lieuës
de Susa, a Comigeras, le cours est Sudest	3	lieuës
de Comigeras, a la ville d'Africa, S.E.	5	lieuës
du coing d'Africa, au coing d'Afacus, Sud S. E.	6	lieuës
L'Isle Chercheni ou Querqueni, est separee de la terre ferme environ une lieuë & demy, ou deux lieuës, & cõtient environ 8 lieuës de longueur : elle est tout a l'entour brouillee d'Escueils. Aussi en descend une grande secheresse, laquelle cõmence du bout Austral & Septẽtrional, & s'estend N.O. en Mer bien trois lieuës vers la ville d'Africa.		

Courses traversantes de Sicile en Barbarie.

De l'Isle Favagiana, a C. de Bon, S.O.	18	lieuës
de Favagiana, aux Escueils de Chirbi, O. quart au Sud	17	lieuës
de Cap de Bon, a Chirbi, N.N.O.	10	lieuës
de Favagiana, a l'Isle Pantalaria, Sud quart a l'Est	18	lieuës
de C. de Bon a Pantalaria, O. quart au N. & O.N.O.	15	lieuës
de Pantalaria a Lampidosa, S.S.E.	13	lieuës
de Pantalaria a Africa en Barbarie, S. O. quart au Sud	22	lieuës
de Lampidosa a Limosa, N. E.	5	lieuës
de Cap de Passaro, a l'Isle de Malta, Sudouëst	12	lieuës
de Cap de Passaro a l'Isle de Gosa, Sudouëst quart a Ouëst	20	lieuës
de Cap de Passaro a Pantelaria a Ouëst	40	lieuës
de Cap de Passaro, a Cap de Spartivento, Nortest quart a l'Est, un peu plus au N.	24	lieuës
de Malta a Tripoli de Barbarie, Sud quart a Ouëst	44	lieuës
de l'Isle Capri, a l'Isle d'Vstica, Sud Sudouëst	30	lieuës
de Capri a Alicur, le cours est Sud	30	lieuës
de Cap Dalicosa, a Strongoli, Sud Sudest	26	lieuës
Dessoubs Strongoli est bonne Rade, & asseuree du vent d'Ouëst		
de Palerme a Ischia, le cours est Nort	44	lieuës
de Palerme a l'Isle d'Vstica, Sud Sudest	11	lieuës
de Palerme a Alicur, N. E. quart au Nort	12	lieuës

Apparences & decouvremens des Isles de Sicile *&* Malta *, emsemble de toutes autres petites Isles circonvoisines.*

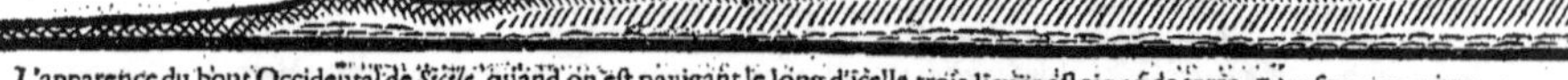

L'apparence du bout Occidental de *Sicile*, quand on est navigant le long d'icelle, trois lieuës esloigné de terre, L'ensuyvante terre doit estre joincte a la presente.

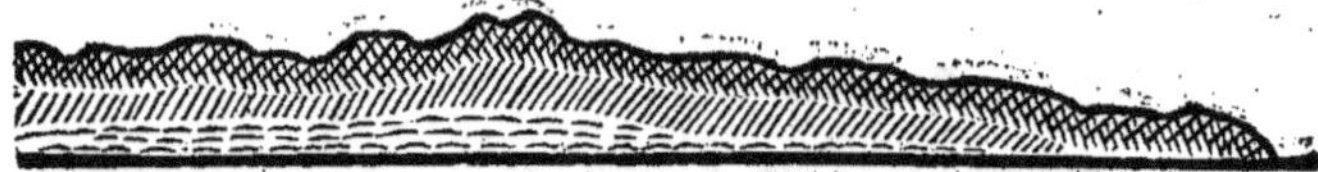

Cette partie appartient a la precedente : & s'estend principalement Nortouëst & Sudest.

Cest la continuation de *Sicile*, & appartient aux precedentes : Le tout a esté pourtraict en un mesme temps.

Cette partie appartient aussi aux precedentes, & s'estend vers *Cap de Passaro.*

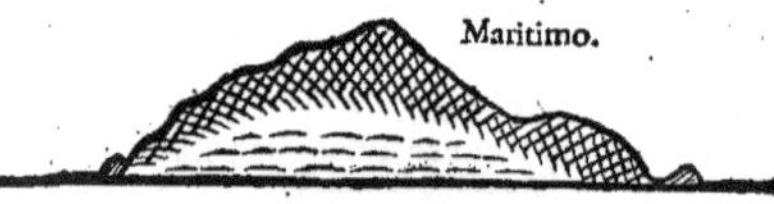

L'apparence de l'Isle *Maritimo*, laquelle gist cincq lieuës du coing Occidental de *Sicile.*

L'apparence de l'Isle *Maritimo*, estant a l'Est, de vous separee quatre lieuës.

Cecy est l'Isle *Favagiana*, qui est a Ouëst de *Sicile*. Cest la plus grande des trois petites Isles, & a beaucoup de bas Païsages a l'entour. Au costé Meridional sur le haut, est un Chasteau : & en bas est une maison, comme icy se voit.

C'est le bout Nortouëst de *Sicile*, & semble estre de loing une Isle, a cause qu'il est si bas.

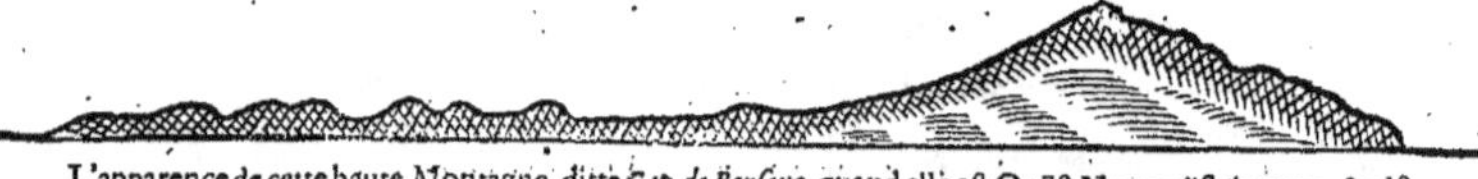

L'apparence de cette haute Montagne, ditte *Cap de Borsano*, quand elle est Ouëst Nortouëst de vous : & gist a la terre de *Calabre.*

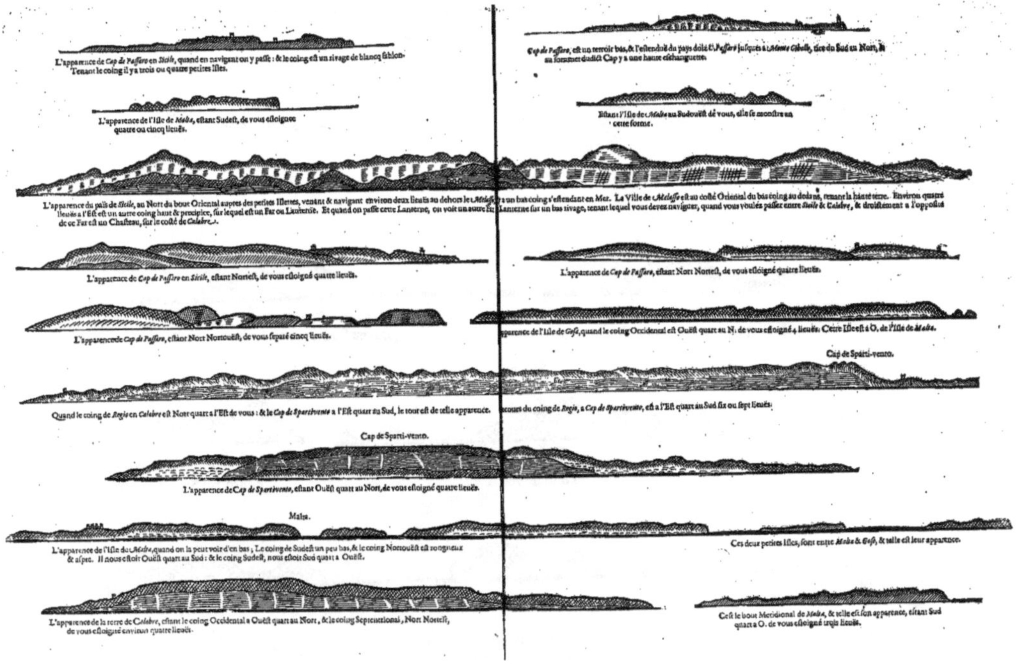

L'apparence de *Cap de Passaro* en *Sicile*, quand en navigant on y passe : & le coing est un rivage de blancq sablon. Tenant le coing il y a trois ou quatre petites Isles.

Cap de Passaro, est un terroir bas, & l'estendue du pays dois *C. Passaro* jusques a *Monte Gibello*, tire du Sud au Nort, & au sommet dudict Cap y a une haute eschanguette.

L'apparence de l'Isle de *Malta*, estant Sudest, de vous esloignee quatre ou cincq lieuës.

Estant l'Isle de *Malta* au Sudouëst de vous, elle se monstre en cette forme.

L'apparence du païs de *Sicile*, au Nort du bout Oriental aupres des petites Illettes, venant & navigant environ deux lieuës au dehors le *Melasso* a un bas coing s'estendant en Mer. La Ville de *Melasso* est au costé Oriental du bas coing au dedans, tenant la haute terre. Environ quatre lieuës a l'Est est un autre coing haut & precipice, sur lequel est un Far ou Lanterne. Et quand on passe cette Lanterne, on voit un autre fu Lanterne sur un bas rivage, tenant lequel vous devez naviguer, quand vous voulez passer entre *Sicile* & *Calabre*, & droictement a l'opposite de ce Far est un Chasteau, sur le costé de *Calabre*.

L'apparence de *Cap de Passaro* en *Sicile*, estant Nortest, de vous esloigné quatre lieuës.

L'apparence de *Cap de Passaro*, estant Nort Nortest, de vous esloigné quatre lieuës.

L'apparence de *Cap de Passaro*, estant Nort Nortouëst, de vous separé cincq lieuës.

[L'a]pparence de l'Isle de *Goso*, quand le coing Occidental est Ouëst quart au N. de vous esloigné 4 lieuës. Cette Isle est a O. de l'Isle de *Malta*.

Cap de Sparti-vento.

Quand le coing de *Regio* en *Calabre* est Nort quart a l'Est de vous : & le *Cap de Spartivento* a l'Est quart au Sud, le tout est de telle apparence. [Le] cours du coing de *Regio*, a *Cap de Spartivento*, est a l'Est quart au Sud six ou sept lieuës.

Cap de Sparti-vento.

L'apparence de *Cap de Spartivento*, estant Ouëst quart au Nort, de vous esloigné quatre lieuës.

Malta.

L'apparence de l'Isle du *Malta*, quand on la peut voir d'en bas ; Le coing de Sudest un peu bas, & le coing Nortouëst est rongneux & aspre. Il nous estoit Ouëst quart au Sud : & le coing Sudest, nous estoit Sud quart a Ouëst.

Ces deux petites Isles, sont entre *Malta* & *Goso*, & telle est leur apparence.

L'apparence de la terre de *Calabre*, estant le coing Occidental a Ouëst quart au Nort, & le coing Septentrional, Nort Nortest, de vous esloigné environ quatre lieuës.

C'est le bout Meridional de *Malta*, & telle est son apparence, estant Sud quart a O. de vous esloigné trois lieuës.

L'apparence de l'Isle de *Malta*, estant Sudouëst de vous. C'est terre basse, & est separee de *Sicile* dix lieuës : & on les peut toutes deux voir tout outre.

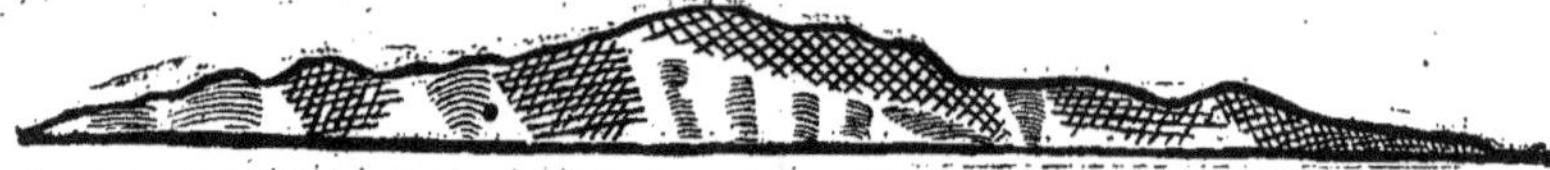

L'apparence de *Mont-Gibel*, quand on navigue du costé de l'Est, le long l'Isle de *Sicile*.

L'apparence de *Cap de Sparti-vento*, quand on navigue le long d'iceluy.

Entre ces deux Villes faut il entrer au Port de *Malta*.

L'apparence de l'Isle *Pantalari*, estant Ouëst quart au Sud de vous.

L'apparence de l'Isle *Pantalari*, estant Sudest quart au Sud de vous.

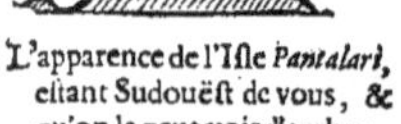

L'apparence de l'Isle *Pantalari*, estant Sudouëst de vous, & qu'on la peut voir d'embas.

L'apparence de l'Isle *Galita*, estant a l'Est quart au Sud de vous.

L'apparence de *Cap de Bon* en Barbarie, estant Est Sudest de vous.

Petit Sõbino

L'apparence de *Sombino*, estant S.S.E. de vous.

L'apparence de *Sombino*, estant Sud Sudouëst de vous : & est a Ouëst de *Cap de Bon* en Barbarie.

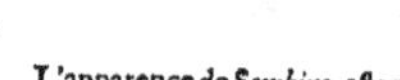

L'apparence de *Sombino*, estant Sudouëst de vous.

L'apparence de *Cap de Bon*, estant Sudouëst de vous.

L'apparence de la terre a l'Est du *Cap de Bon*, quand on la passe en navigant.

DESCRIPTION DES COSTES MARINES D'ITALIE, DES LE CAP DE SPARTI-VENTO, PAR LA BOVCHE DV GOLPHE DE VENISE, LE LONG DES Costes d'*Apulie*, *Venise*, *Istria*, *Dalmace*, & *Grece*, jusques aux Isles de *Corfu* & *Cephalonie*, le tout diligemment escrit, & ordonné sur nostre ordinaire Compas Flaman, & mis par lieuës d'Allemagne.

PRemierement de *Cap de Sparti-vento*, a *Cap de Borsano*, le cours est Nortest quart au Nort 2 ou 3 lieuës. De *C. de Borsano*, a *C. de Stilo*, Nort N.E. 8 ou 9 lieuës: & entre deux est quelque peu de Golphe. De *C. de Stilo*, a *C. de Colonne*, a l'E. Nortest, un peu plus au N. 15 ou 16 lieues. De *C. de Sparti-vento*, a *C. de Colonne* N.E. un peu plus au N. 23 ou 24 lieues. Le *C. de Colonne* est un coing s'estendant en Mer; sur lequel est un Far ou Lanterne, & semble de loing estre un voile.

De Cap de *Colonne* au Golphe de *Taranto*, le cours est Nort quart a Ouëst 22 lieues. La ville de *Taranto* est situee dedans le Golphe, sur une petite Isle. De Cap de *Colonne* a *Galipoli*, le cours est Nortest quart au Nort 14 lieuës. Celuy qui veut naviger devant *Galipoli* en la Rade, y peut jetter ancre en la Baye, mettant la Navire, ou la petite Isle avec la tour luy sera S.O. & jettera ancre sur 10 ou 12 brasses; neantmoins non pas trop pres de la ville: car il y a un escueil caché sous l'eau, environ le traict d'une petite piece de fonte. *Gallipoli* gist sur un coing, qui s'estéd en Mer, & une Isle. De *Gallipoli* jusques au coing Meridional du Golphe de Venise, dict C. de *S. Maria*, le cours est a l'Est 6 ou 7 lieuës. De Cap de *S. Maria*, a Cap de *Ottranto*, le cours est Nort 7 lieuës; & passé le coing, est situee la ville d'*Ottranto*, laquelle a un bon Port, asseuré du vent de Sud, Sudouëst & Ouëst; mais le vent de Nort y entre entierement.

De *C. d'Ottranto*, a *Brundusi*, le cours est N.O. quart a O. 10 lieuës, le rivage entre deux est sablonneux, le long duquel on peut naviger de pres, & jetter ancre ou bon semble. Qui veut entrer le Port de *Brundise*, il faut qu'il soit sur ces gardes; car sur le costé Occidental du Port est un grand Chasteau; on entrera tout tenant le Chasteau; car le bord ou dicque Orientale est brouillée & pleine de Rochers; aussi y sont 2 ou 3 Escueils sortans de l'eau; parquoy il faut eviter cette dicque Orientale, naviger le long la dicque Occidétale jusques dedans le Port, & y jetter ancre. Dessous le coing Oriental de *Brundisi*, fait il bon estre a l'ancre, & asseuré du vent de O.S.O. & Sud. De *Brundisi* a *Monopoli*, le cours est O.N.O. 8 lieuës, ou la dicque, qui est entre deux est un peu rade. De *Monopoli* a *Cap de Vestice*, ou *Mont S. Angelo*, le cours est N.O. quart a O. 19 lieuës. Mont *S. Angelo* est une longue & platte montagne, & est la premiere terre haute qu'on voit quand on entre au Golphe. Et quand ladite terre haute vous est au Sud quart a Ouëst, lors pouvez vous aussi voir *Pelagose*, & le haut terroir de *Raguze*, en temps clair & serein. Dessous le *C. de Vestice* fait il bon estre sur ancre: ou on est asseuré du vent d'Ouëst, O.N.O. & N.O. Le fond y est dur, & vous y avez au Sud de vous un grand Golphe, de sorte qu'on n'y peut veoir la terre. Au mesme Golphe gisent *Manfredonie*, *Siponto* & *Spalpe*. De *C. de Vestice* a *Ortonne*, le cours est O.N.O. un peu plus a O. 20 lieuës. De *C. de Vestice*, aux Isles de *S. Maria Triniti*, est le cours N.O. quart a O. 8 lieuës: & sont 4 petites Isles, desquelles les deux sont grandelettes, & les autres deux petites. L'une des grádelettes est nommee *S. Maria*, l'autre *S. Iaques*. Des deux petites, l'une est appellee *Caprara*, & l'autre *Galitio*. De *C. de Vestice*, jusques a la petite Isle *Gymnasi*, le cours est environ N. Ouëst, & N.O. quart au Nort 6 lieuës. C'est une bien petite Isle & basse, aussi doit on bien se garder, quád on y approche.

D'*Ortonne* a *Ancone*, le cours est Nortouëst 23 lieuës. *Ancone* a un bon Port, assavoir derriere un grand Bastardeau: on y est asseuré de tout vent. D'*Ancone* a *Sinagaya*, le cours est Ouëst quart au N. 6 lieuës. A *Synagaya* est aussi un Bastardeau, derriere lequel les Navires peuvent estre sur ancre. D'*Ancone*, a la bouche de Venise, le cours est Nort Nortouëst, & Nortouëst quart au Nort 34 lieuës.

VENISE.

QVand vous voulez entrer la bouche Australe de Venise, assavoir la bouche de *Malamoco*, par lequel entrent les gráds Navires, prenez le cours vers la dicque, & tenez le Bollevart, qui est au dedans la secheresse, justement par dessus le coing Meridional de *Malamoco*, sur lequel sont les arbres, lors entrerez sans toucher la secheresse ou bancq, qui descend du coing Austral de *Malamoco*: dressez adonc le cours vers le terroir Meridional, tout tenant les bastardeaux le long du bord Austral: lors ne pouvez vous faire mal, il s'estend la pluspart a Ouëst quart au Nort, & Ouëst Nortouëst, & au plus secq de la bouche, fait il profond 3 brasses. Quant on est au dedans de l'Isle de *Malamoco*, on navigue un peu au Nort, jusques a ce qu'on vient pres des estaches, ausquelles on attache les Navires. Or quát vous voulez naviger & sortir par la bouche de *Venise*, & jetter ancre dehors sur la Rade, vous sortirez tout tenant la dicque Australe, & naviguerez si longuement, jusques a ce que la tour de *S. Marc* a *Venise*, & la tour de *Malamoco*, couvrent l'un l'autre. Navigez lors vers l'Isle de *Malamoco*, & jettez ancre sur 7 brasses: la Rade y est entre le village, & la bouche de *Malamoco*. La terre de *Malamoco* s'estend Nort Nortest, & Sud Sudouëst, & contient 5 lieuës d'Italie, ou une grande lieuë d'Allemagne de longeur. Qui veut naviger & partir de *Venise*, qu'il dresse son cours vers Sudest, & viendra a decheoir sur la petite Isle, ou Escueil, nommé *Pomo*: & est a Ouëst de l'Isle *Lissa* 6 lieuës: tenez le cours Sudest, lequel vous coduira outre, entre *Pelagosa* & *Lagosta*: mais de nuict fuyez un petit *Pelogosa*, car il y fait aspre & rongneux au costé de Sudest: & cestuy cours de Sudest vous menera par le milieu du Golphe. De *Venise* a *Parenso*, le cours est Ouëst quart au Nort, & Ouëst Nortouëst 18 lieuës. On trouve a *Parenso* Pilotes de sonde, qui conduisent les Navires jusques a *Venise*: il y a aussi bonne rade. De *Venise* a *Rovigno*, ou *S. Iean* in *Pelago*, le cours est Est Sudest 19 lieuës. Devant *Rovigno* est un bon Port: celuy qui y veut entrer, qu'il navigue, & entre entre deux petites Isles, desquelles la plus a Ouëst est la moindre; sur laquelle est un petit arbre: tout tenant icelle on entrera, & on jettera ancre entre la ville de *Rovigno*, & ladite petite Isle sur 15 ou 16 brasses. Le fond y est dur. Icy prend on Pilotes de sonde, qui conduisent les navires jusques a *Venise*. De *Rovigno* vers la terre, est une haute montagne, nommee *Mont Caldero*, laquelle est bonne a reconnoistre par les deux tertres qui y sont dessus.

De *Rovigno* aux Polmontoires, le cours est Sudest 4 ou 5 lieuës. Les Polmontoires sont deux Escueils, situez joinct le Cap de *Pola*: & entre deux est une secheresse ou bácq: parquoy on navigera a la longeur d'une demy chable pres le long de la plus grande Polmontoire, car illec est la profondité plus gráde. Des Polmontoires S. Sudest en Mer une demy lieuë, est une plate ou secheresse de deux brasses d'eau. De Cap de *Pola* ou Polmontoires, a *Insola longa* le cours est S.E. & N.O. un peu plus a l'Est, & Ouëst 17 lieuës. A Ouëst d'Insola *Longa*, est un excellent Havre, ditte *Porto de Molata S. Pedro*, & s'estend par dehors premierement a l'Est & Ouëst, apres quand on entre un peu dedans, il s'estend vers Nortest, & l'ancre se jette sur 33 & 34 brasses. Cette *Insola Longa* se nomme autrement *Litempi de Zara*, & contient de longeur, environ 8 lieuës: & s'estend S.E. & N.O. On peut passer entre *Insola Longa* & la terre ferme, & naviger a la ville de *Zara*. D'*Insola Longa*, a Cap de *Cesto*, est le cours S.E. 8 lieuës. Trois lieuës plus a l'Est, est une autre Isle longue, ditte Insola de *Bua*, & en-

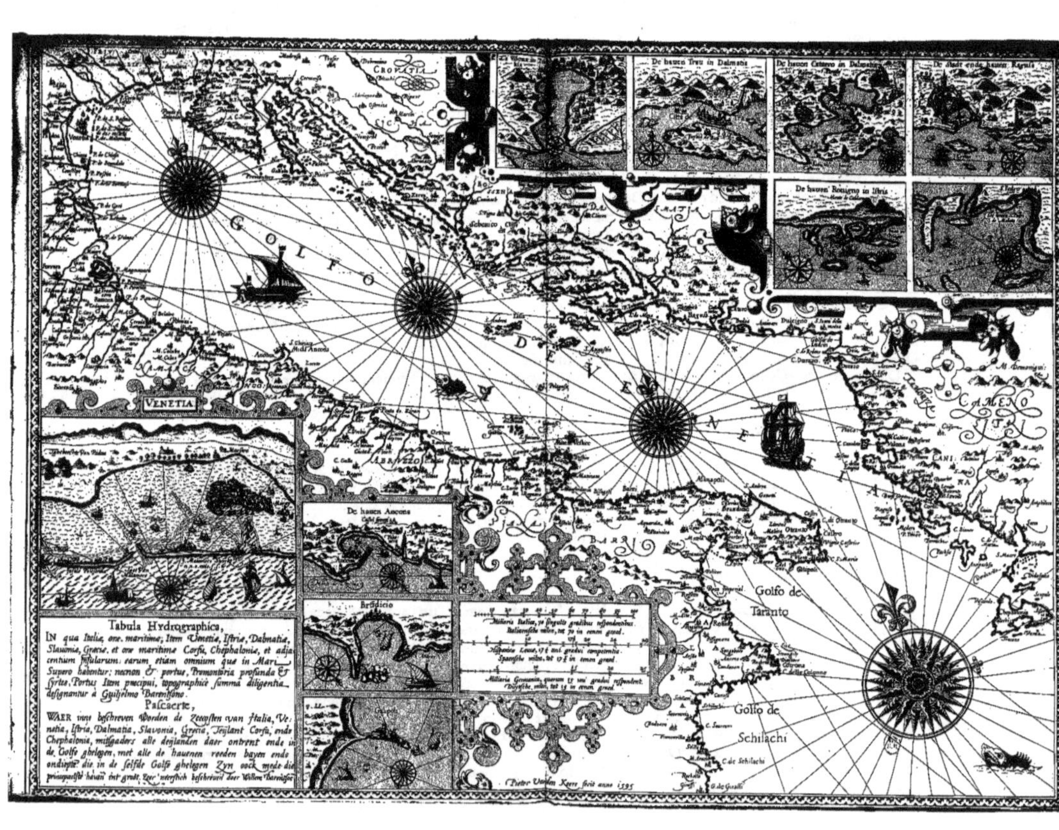
CROVATIA
GOLFO DE VENETIA
VENETIA
De hauen Treu in Dalmatie
De hauen Cattaro in Dalmatie
De hauen Rouigno in Istria
De hauen Ancona
Brindicio
Golfo de Taranto
Golfo de Schilachi
C. de Schilachi
ABRVZZO
BARRI
Tabula Hydrographica,
IN qua Italiæ oræ maritimæ; Item Venetiæ, Istriæ, Dalmatiæ, Slauoniæ, Græciæ, et oræ maritimæ Corfu, Chephaloniæ, et adjacentium insularum: earum etiam omnium quæ in Mari Supero habentur; necnon & portus, Promontoria profunda & syrtes, Portus Item præcipui, topographicè summa diligentia designantur à Guiljelmo Barentsono.
Pascaerte,
WAER inne beschreven worden de Zeecusten van Italia, Venetia, Istria, Dalmatia, Slavonia, Grecia, Teijlant Corfu, ende Chephalonia, mitsgaders alle deijlanden daer ontrent ende in de Golfe ghelegen, met alle de hauenen reeden bayen ende ondiepte die in de selfde Golfe ghelegen Zyn oock mede die principaelste hauen int groot. Zeer neerstich beschreuen door Willem Barentsoe
Pieter Vanden Keere fecit anno 1595

…e deux est une autre bien petite Isle, en laquelle est la ville de *Trau* : on passe par un pont de pierres de la terre ferme, & on entre en la ville. Il y a un bon Port.

Le long de ces costes sont par tout Havres & Rades a plaisir, pour ceux qui les connoissent. De *Trau* a l'Isle de *Lissa*, le cours est Sud 6 ou 7 lieuës. Dessous la mesme Isle de *Lissa* ou costé Occidental, est une Baye, ou on peut jetter ancre, & estre asseuré du vent d'O. quart au Nort. Aussi est bonne rade au coing de N.E. & S.E. L'Isle de *S. André*, autrement ditte *Hassa*, est a O. de *Lissa*, environ une lieuë. L'Isle *Melonelle*, est a O. quart au Sud 4 lieuës de *Lissa*, ou tout a l'entour sont plusieurs blancs Escueils. La petite Isle *Pomo*, qui est un petit rond Escueil, est a Ouëst de *Lissa* 6 lieuës.

De *Lissa* a *Lagosta*, le cours est S.E. 8 lieuës. A Ouëst de *Lagosta* sont deux petites Isles. La plus prochaine est ditte *Catsola* : & l'autre la plus distante, est nommee *Cassa*. Derriere *Lagosta* est une grande Isle, ditte *Corciola*, & cõtient 7 lieuës de longeur. On peut naviger entre l'Isle *Lagosta* & *Corciola* : mais joinct a *Corciola* sont 4 ou 5 Escueils : derriere lesquels est bonne rade, & bon fond pour ancrer. Semblablement joinct l'Isle de *Catsola*, est le fond bon pour ancrer, mais il y faict profond 40 brasses.

De *Lagosta* a *Melida*, le cours est a l'Est & Ouëst 5 lieuës : entre deux est situee l'Isle *Augustini*. L'Isle de *Melida* est longue 5 lieues : & a l'Est de *Melida*, vers la ville de *Ragusa*, sont encores 4 autres petites Isles, desquelles l'une est nõmee *Ioppana*, ornee d'un bon Port. L'autre est ditte *Demeso*; La tierce *Calamata*; & la derniere qui est justemẽt devant *Ragusa*, est nommee *Croma*. De *Melida* a *Ragusa*, le cours est a l'Est quart au Nort 5 lieuës : & le Port de *Raguse* se serre avecques une chaine traversante. Environ deux lieuës a l'Est Sudest de *Ragusa*, gist *Ragusa Vechia*, ou aussi est une Baye a fond sablonnier; On y peut jetter ancre, & faire Rade.

CATARO.

DE Melida a Cataro, le cours est entre l'Est quart au Sud, & Est Sudest 9 lieuës. La bouche de Cataro s'estend au dedans, premierement N.N.E. jusques a Castel Novo : & du coste de la voile vous passez en navigant une Eglise ruinee, nommee S. Maria de Rose, ou il y a bõne rade, ditte le Port de la Rose. De Castel Novo s'estend le Canal a l'Est, tant que vous approchez une petite Isle, avec une Eglise : de la s'estend le cours N.E. jusques a Peralto, & de la Est Nortest, a la ville de Cataro. Iustement au dehors du coing de Cataro, est a l'Est un Escueil sur lequel est une maisonnette : & justement derriere l'Isle, ou l'Escueil, est la Baye ditte Ianisso, ou il y a bon fond pour ancrer.

De Cataro a Budoa, est le cours Sudest quart a l'Est 4 lieuës. Budoa est un Chasteau, situé sur un coing, qui s'estend en Mer : pres duquel est une haute Isle : on y entrera au Nort, & ancre se jettera derriere cette Isle, ou il y a bonne rade. Deux lieuës plus outre, est la ville d'Antenari, ou il y a aussi bonne Baye, pour jetter l'ancre. Deux lieuës d'Antenari, est la ville de Dulcigno, qui a aussi un Golphe, ou on peut jetter ancre : & entre deux est Valdenoci : le long cette coste faict il par tout bon de jetter ancre. De Melida a Durasso, le cours est Sudest quart a l'Est 26 lieuës. De Durasso a Lavelona, le cours est Sud 14 lieuës. La Velona est un bon Port. L'Isle de Soasena, est justement devant le Port : derriere l'Isle est le fond bon pour ancrer. De Lavelona, a l'Isle de Corfu, le cours est Sudest quart au Sud, & Sud Sudest 9 lieuës : joinct le coing Occidental de Corfu sont petites Isles, dittes Fanu & Merlere, on ne peut passer a voile entre ces petites Isles, car il y faict scabreux & aspre : mais on peut bien naviger entre l'Isle de Corfu & la terre ferme de Grece; & en aucuns lieux faire Rade, moyennant qu'on y est connu : car il y a entre deux lieux aspres, lesquels il faut eviter.

Courses & Estenduës du Golphe de Venise : *des le Cap de* Sparti-vento, *le long* l'Apulie, Venise, Istrie, Slavonie, Dalmace, *jusques aux Isles de* Corfu *&* Cephalonie.

DE Cap de Sparti-vento, a Cap de Colonne, le cours est N. E. quart au Nort	24	lieues
de Cap de Colonne, a C. de S. Maria, Nortest quart au Nort, un peu plus a l'Est	16	lieues
de C. de S. Maria, au C. d'Ottrato, le cours est N.	7	lieues
de Cap d'Ottranto a Brundisi, N.O. quart a O.	10	lieues
de Brundisi a Monopoli, O.N.O.	8	lieues
de Brundisi a Mont S. Angelo, ou Cap de Vestice, O. N.O.	24	lieues
de Mont S. Angelo, a Ortona, O.N.O.	19	lieues
de Cap de Vestice, aux Isles de S. Maria de Triniti, N.O. quart a O.	7	lieues
des Isles de S. Maria, a Ancone, N.O. quart a O.	32	lieues
d'Ancone a Venise, N. N.O.	36	lieues
de Venise a Rovigno, ou S. Iean in Pelago en Istrie, est le cours a l'E.S.E.	19	lieues
A S. Iean trouve on des Pilotes de sonde, pour conduire les navires devant Venise.		
de Rovigno a Pola, le cours est Sudest	3	lieues
de Rovigno aux Polmontoires, Sudest	5	lieues
des Polmõtoires a l'Isle longue, Sudest, un peu plus a l'Est	17	lieues
Isle longue a de longeur 7 ou 8 lieuës, & s'estẽd N.O. & S.E.		
de l'Isle longue, a Cap de Cesto, Sudest	8	lieues
de l'Isle longue, a Lissa, S.S.E. un peu plus a l'E.	15	lieues
de Lissa, a la petite Isle Pomo, Ouëst	5	lieues
de Lissa, a Cassa, Sudest	4	lieues
de Cassa a Lagosta, a l'Est quart au Sud	3	lieues
Lagosta contient de longeur	3	lieues
de Lagosta a Melida, est le cours a l'Est	5	lieues
Entre deux gist l'Isle de S. Augustin, mais est plus prochaine a Lagosta		
Melida contient de longeur	6	lieues
de Melida a Ragusa, a l'Est quart au Nort	5	lieues
de Ragusa a Cataro, Sudest quart a l'Est	5	lieues
de Cataro a Budoa, S.E. quart a l'E.	4	lieues
de Cataro a Dolcigno, Sudest quart a l'Est	7	lieues
de Dolcigno a Durasso, S.E. quart au Sud	7	lieues
de durasso a Lavelona ou Soasena, Sud	14	lieues
de Soasena a l'Isle de Corfu, Sud Sudest	9	lieues

Au bout Occidental de Corfu, sont deux petites Isles dittes Fanu & Merlere.		
de Fanu a l'Isle de Paeso, Sudest quart au Sud	10	lieuës
de Paeso a Cap S. Sidaro en Cephalonie, Sud	11	lieuës

Courses traversantes au Golphe de Venise.

DE Cap de Colomne, a C. de S. Sydaro en Cephalonie, est le cours a l'E. quart au S.	28	lieuës
de C. de S. Maria, a C. de S. Sidaro, Sudest	23	lieues
de C. de S. Maria a Fanu, a l'Est quart au N.	10	lieuës
de Cap d'Ottranto a Fanu, a l'Est Sudest	9	lieues
de Cap d'Ottranto, a Soasena, Nortest	9	lieuës
de C. d'Ottranto, a Cap de Pali, N. N. E.	21	lieuës
de Brundisi a Cap de Pali, N.E.	20	lieuës
de Brundisi a Raguse, Nort quart a l'Est, un peu plus a l'Est	25	lieuës
de Brundisi a l'Isle Lagosta, N.O. quart au N.	30	lieuës
de Mõt S. Angelo, a l'Isle de Melida n.e. qu. a l'e.	36	lieuës
de Mont S. Angelo, ou C. de Vestice, a Catara, a l'Est N.E.	25	lieues
de Mont S. Angelo, a l'Isle de Melida, Nortest quart a l'Est	17	lieuës
de Cap de Vestice a Lagosta, N.N.E.	13	lieues
de Cap de Vestice a Pelagosa, le cours est N.	8	lieues
de Cap de Vestice a la petite Isle de Gymnasi, N. O. quart au Nort	5	lieues
de Cap de Vestice, a Ancone, entre O.N.O. & N.O. quart a O.	44	lieuës
d'Ancone a Venise, N.N.O.	37	lieues
d'Ancone a Parenso, le cours est N.	27	lieues
d'Ancone a les Polmontoires, entre N. & N. quart a l'Est	24	lieues
d'Ancone a Sansego, N.N.E.	22	lieues
d'Ancone a Scerda, N. E.	21	lieues
d'Ancone a Littempi, ou Isle lõgue a l'E.N.E.	23	lieues
d'Ancone a Cap de Cesto, a l'Est	27	lieues
d'Ancone a la petite Isle Pomo, estant au bout Occidental de Lissa, a l'Est Sudest	25	lieues
d'Ancone a Pelagosa, N.O. quart a O.	33	lieues
de Pelagosa a Cassa, N. quart a l'Est	5	lieues
de Pelagosa a Lissa, le cours est Nort	8	lieues
de Pelagosa a Brundisi Sudest	30	lieues

Apparences & decouvremens des Costes d'Italie: des le Cap de Sparti-vento, a Cap de Ottranto: Et de la en avant le long des Costes d'*Apulie*, *Abruzzo*, *Marche* d'*Ancone*, *Romaine*, *Dalmace* & *Istrie*, jusques a *Venise*.

Quand cette terre est Ouëst quart au Nort, lors est l'apparence de Cap de *Colonne*, telle que cy dessous est pourtraicte. La terre ensuyvante doibt continuer a la presente. Et sur le Cap de *Colonne* est un haut Far, ou Lanterne.

C. de Colonne.

Cette partie doibt continuer a la precedente. De Cap de *Sparti-vento*, a Cap de *Colonne*, le cours est Nortest quart au Nort, un peu plus a l'Est 23 ou 24 lieues.

L'apparence de cette haulte montaigne, estant Ouëst Nortouëst de vous.

Quand cette Cape est Ouëst Nortouëst de vous, lors vous voyez quelque peu de terroir doublé.

L'apparence de Cap *S. Maria* au Golphe, estant Sud quart a Ouëst de vous: & la terre s'estend de Cap *S. Maria*, jusques a Cap d'*Ottrante*, Sud & Nort, environ 8 lieues.

Ce coing bas & plat nous estoit a l'Est quart au Nort, quand nous estions environ lieuë & demy d'*Apulie*, & gist sur le costé Oriental du Golphe.

L'apparence de Cap *S. Maria*, estant Ouëst quart au Sud, de vous esloigné 3 lieues.

L'apparence de Cap *S. Maria*, estant au Sud, de vous separé une petite lieuë.

Cette Cape estoit Sudouëst de nous, & telle estoit son apparence.

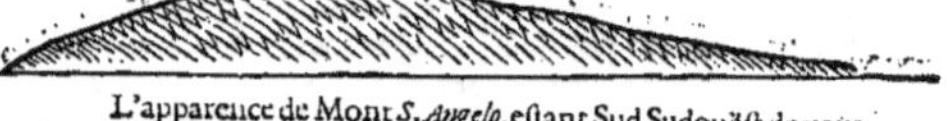

L'apparence de Mont *S. Angelo*, estant Sud Sudouëst de vous.

L'apparence de Mont *S. Angelo*, estant Sud quart a Ouëst de vous: & est sur le costé d'*Apulie*. C'est une longue & platte montaigne, & est le premier haut terroir, qui est au Golphe. Lors pouvez vous aussi veoir la petite Isle *Pelagose*, laquelle est au milieu du Golphe: & aussi la haute Dune de *Raguse*, en temps clair & serein.

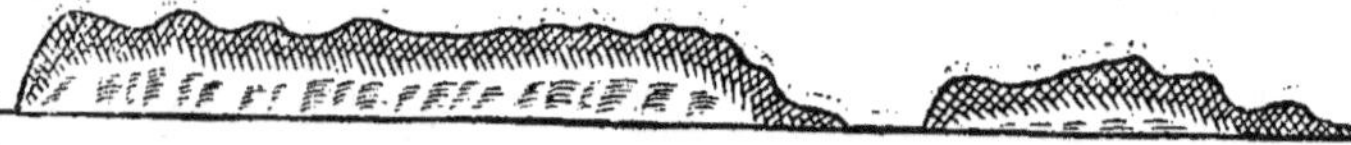

L'apparence du haut terroir d'*Ancone*, & gist bien long dedans le païs.

C'est la terre de *Piccouvre*, & est un coing s'estendant en Mer, entre ce coing, & le costé de Sclavonie, au Cannal, faict il profond 32 brasses, on peut veoir oultre toutes les deux.

L'apparence du haut terroir d'*Ancone*, y navigant en passant.

L'apparence du haut terroir d'*Ancone*: & gist environ 25 lieues de Venise, entre *Apulie* & *Sclavonie* au Canal.

L'apparence de la terre d'*Istrie*, au Nort de *Parenso*, le bout Austral est alors joinct aux tertres: & quand vous en approchez un peu plus pres, tout est adonc terre ferme, & quand on approche de bien pres, lors peut on mieulx veoir les petites Isles: La tour de *Parenso*, est sur le bas terroir, la aupres vous faut y entrer, quand vous voulez estre a *Parenso* en la rade.

L'apparence de l'Isle *Vnica*, quand on commence a veoir le Mont *Caldera*.

L'apparence du Mont *Caldera*, estant a l'Est quart au Nort de vous. Icy prennent les Mariniers Pilotes de sonde, pour les conduire a Venise.

L'apparence de l'Isle *Sanson*, estant Nort Nortouëst de vous: & est distante quasi Nortouëst quart a Ouëst 6 lieues du port de *Molata*, *S. Pedro* a Ouëst de cest havre, sont plusieurs Rochers blancs.

L'apparence de l'Isle *Galliola*, estant Nortest quart a l'Est de vous: & gist a Ouëst de l'Isle *Vadagosta*.

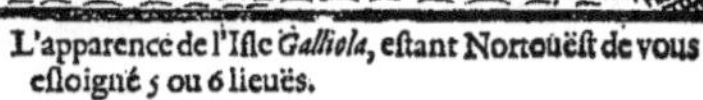

L'apparence de l'Isle *Galliola*, estant Nortouëst de vous esloigné 5 ou 6 lieuës.

L'apparence de l'Isle *Vadagosta*, en passant par devant, & en estant esloigné 8 ou 9 lieues, & gist alors comme des ronds tertres, en forme d'escueils.

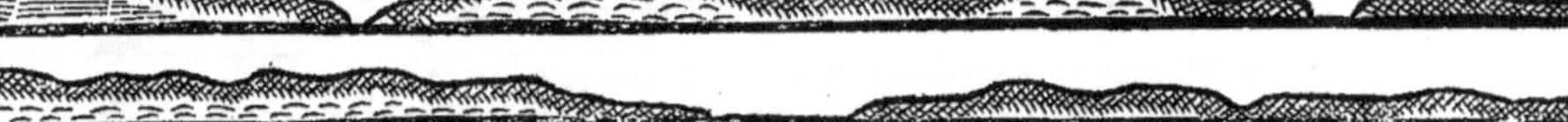

Cette partie appartient aussi a l'Isle de *Vadagosta*, & doibt continuer a la precedente: car les deux croisettes se doibuent joindre ensemble.

L'apparence de l'Isle *Permola*, estant Nortest quart au Nort de vous, & gist entre la grande Isle *Vadagosta*, & l'Isle de *Scerda*.

L'apparence de l'Isle de *Scerda*, estant a l'Est Nortest de vous: sont deux bien petites Isles, situees l'un pres de l'autre, entre *Molata*, & la grand' Isle de *Vadagosta*.

L'apparence de l'Isle *Zampontella*, estant a l'Est, quart au Nort de vous.

L'apparence de l'Isle d'*Agusta*, estant Nort, de vous esloignee environ 4 lieues. Elle est distante de l'Isle de *Melido*, Ouëst quart au Nort, & a l'Est quart au Sud, environ 4 lieues. L'Isle de *Pelagosa* est Sudouëst & Nortest d'*Agusta*, environ 5 lieues. Tenant l'Isle d'*Agusta* gisent plusieurs escueils s'estendans en Mer, & est prochaine a plusieurs petites Isles : vous pouvez bien passer & naviguer entre aucunes : & sur une haute montaigne est un Chasteau : mais vous y devez estre au dedans vers la grand Isle. Cette grande Isle est nommee *Corciola*, & est si grande, qu'on la cuideroit estre terre ferme. Elle a bien 10 lieues de longeur : vous y pouvez naviger par derriere. Le bout Austral descend de la terre ferme, & tenant le bout Septentrional, faict il ample & large : Mais la largeur entre le bout Austral & la terre ferme n'est que le quart d'une lieuë. Les navires de pardeça n'y viennent guères : neantmois les Isles qui sont tout pres de la terre ferme , vous ne les pouvez si facile-ment connoistre en la Carte marine, car elles y sont en trop grand nombre, & toutes joinctes l'une pres de l'autre.

L'apparence de l'Isle de *Corciola*, estant a l'Est quart au Sud, de vous esloigné environ 7 lieues : lors le bord Septentrional se monstre haut, mais vous ne le pouvez veoir a cause Isles petites. Car vous ne pouvez veoir les petites Isles, sans y estre de bien pres. Mais la fente blanche pouvez vous veoir, en estant separé 4 ou 5 lieues. Les Isles sont si entremeslees, que bien mal on les peut reconnoistre en la Carte Marine, a cause quelles sont si pres l'une de l'autre.

L'apparence de l'Isle de *Corciola*, estant N. E. quart au Nort, de vous separee environ deux lieues, laquelle est situee derriere l'Isle d'*Agusta*, le bout Austral est hault, & le Septentrional est un peu plus bas : & au milieu court une blanche trace du haut jusques en bas : Tout tenant la terre sont 4 ou 5 escueils, & derrierè ces escueils est bon fond pour ancrer. Ces escueils sortent hors de l'eau si haut qu'une navire. Au bout Oriental est aussi bon fond a ancrer, & l'Isle s'estend environ a l'Est & Ouëst. Tout tenant le bout Septentrional est une petite Isle, ou le fond est bon pour ancrer. Ceste Isle a de longeur 8 lieues : & au bout Occidental est *Cassola*, distante d'icelle environ 2 lieues, laquelle est habitee, aussi est en icelle une ville, & le fond y est bon pour ancrer, mais il y faict profond 40 brasses.

L'apparence de deux Isles *Katsola* & *Cassa*, estant *Katsola* Sudest de vous esloignée environ 8 lieues, & *Cassa* Sudest quart a l'Est, environ 7 lieues. Lors est *Cassa* plus haute que *Katsola*, mais *Katsola* est plus longue que *Cassa*, & se monstre en montaignes & terres, comme icy se peut veoir.

L'apparence de l'Isle *Soasena*, estant Nort Nortest de vous : & l'Isle qui est au coing de *Lavelona* du costé de Grece, est a l'entree du Golphe.

Pelagosa Ouëst Nortouëst. Pelagosa Nortouëst. Pelagosa Ouëst Sudouëst.

Ces 3 apparences ne sont que d'une seule Isle, situee au milieu du Golphe de Venise, & est ditte *Pelagosa*.

L'apparence de l'Isle de *Corfu*, estant le bout Occidental, a l'Est quart au Nort : & le bout Oriental, Sudest de vous.

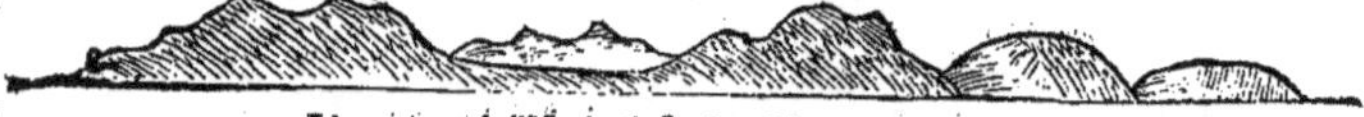

L'apparence de l'Isle de *Corfu*, estant Nort Nortest de vous.

L'apparence de l'Isle de *Corfu*, estant Nort Nortouëst de vous.

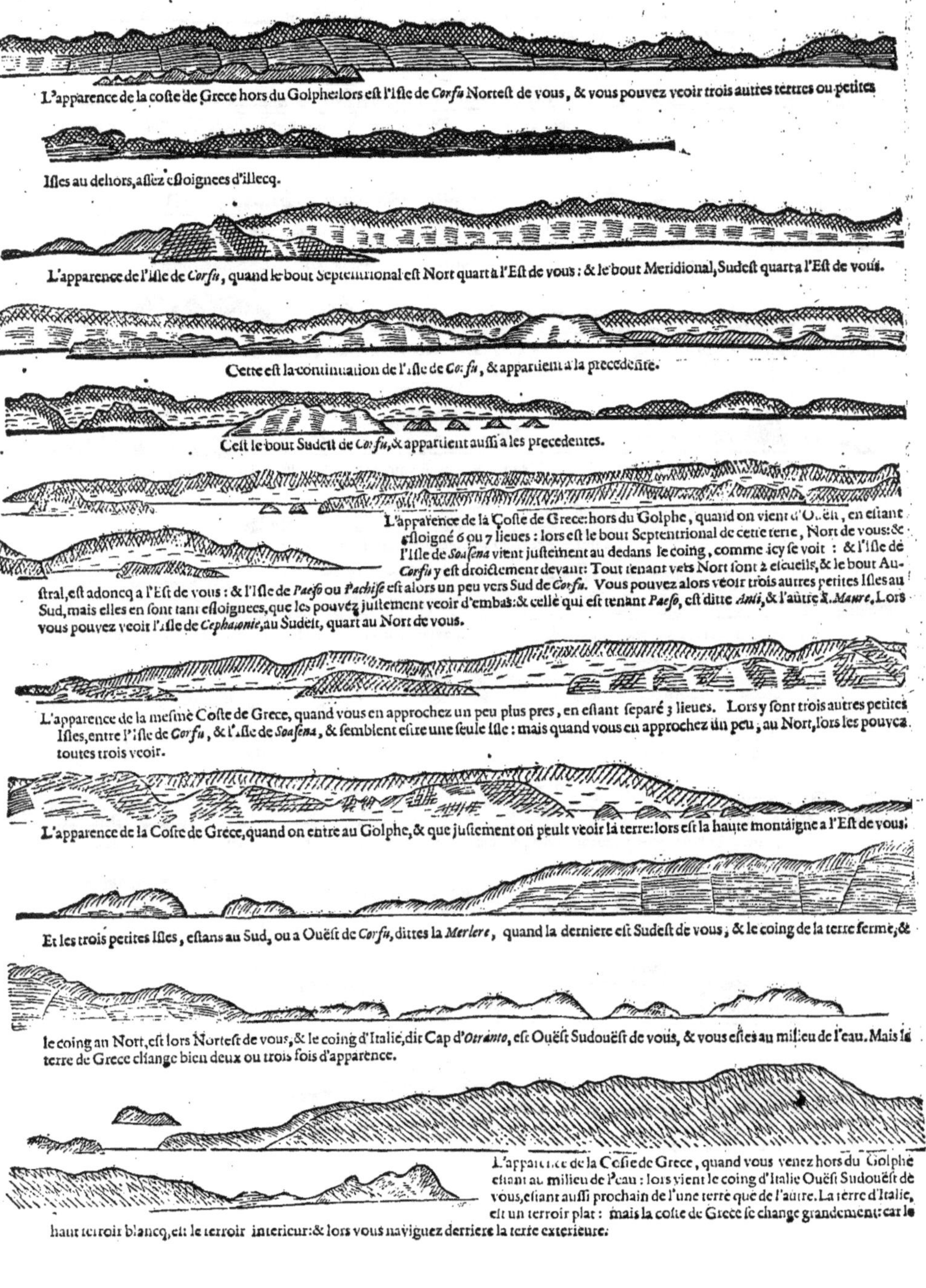

L'apparence de la coste de Grece hors du Golphe: lors est l'Isle de *Corfu* Nortest de vous, & vous pouvez veoir trois autres terres ou petites

Isles au dehors, assez esloignees d'illecq.

L'apparence de l'Isle de *Corfu*, quand le bout Septentrional est Nort quart à l'Est de vous: & le bout Meridional, Sudest quart a l'Est de vous.

Cette est la continuation de l'Isle de *Corfu*, & appartient a la precedente.

Cest le bout Sudest de *Corfu*, & appartient aussi a les precedentes.

L'apparence de la Coste de Grece hors du Golphe, quand on vient d'Ouest, en estant esloigné 6 ou 7 lieues: lors est le bout Septentrional de cette terre, Nort de vous: & l'Isle de *Soasena* vient justement au dedans le coing, comme icy se voit: & l'Isle de *Corfu* y est droictement devant: Tout tenant vers Nort sont 2 escueils, & le bout Austral, est adoncq a l'Est de vous: & l'Isle de *Paeso* ou *Pachise* est alors un peu vers Sud de *Corfu*. Vous pouvez alors veoir trois autres petites Isles au Sud, mais elles en sont tant esloignees, que les pouvez justement veoir d'embas: & celle qui est tenant *Paeso*, est ditte *Anti*, & l'autre S. *Maure*. Lors vous pouvez veoir l'Isle de *Cephalonie*, au Sudest, quart au Nort de vous.

L'apparence de la mesme Coste de Grece, quand vous en approchez un peu plus pres, en estant separé 3 lieues. Lors y sont trois autres petites Isles, entre l'Isle de *Corfu*, & l'Isle de *Soasena*, & semblent estre une seule Isle: mais quand vous en approchez un peu, au Nort, lors les pouvez toutes trois veoir.

L'apparence de la Coste de Grece, quand on entre au Golphe, & que justement on peult veoir la terre: lors est la haute montaigne a l'Est de vous:

Et les trois petites Isles, estans au Sud, ou a Ouest de *Corfu*, dittes la *Merlere*, quand la derniere est Sudest de vous; & le coing de la terre ferme, &

le coing au Nort, est lors Nortest de vous, & le coing d'Italie, dit Cap d'*Otranto*, est Ouest Sudouest de vous, & vous estes au milieu de l'eau. Mais la terre de Grece change bien deux ou trois fois d'apparence.

L'apparence de la Coste de Grece, quand vous venez hors du Golphe estant au milieu de l'eau: lors vient le coing d'Italie Ouest Sudouest de vous, estant aussi prochain de l'une terre que de l'autre. La terre d'Italie, est un terroir plat: mais la coste de Grece se change grandement: car le haut terroir blancq, est le terroir interieur: & lors vous naviguez derriere la terre exterieure.

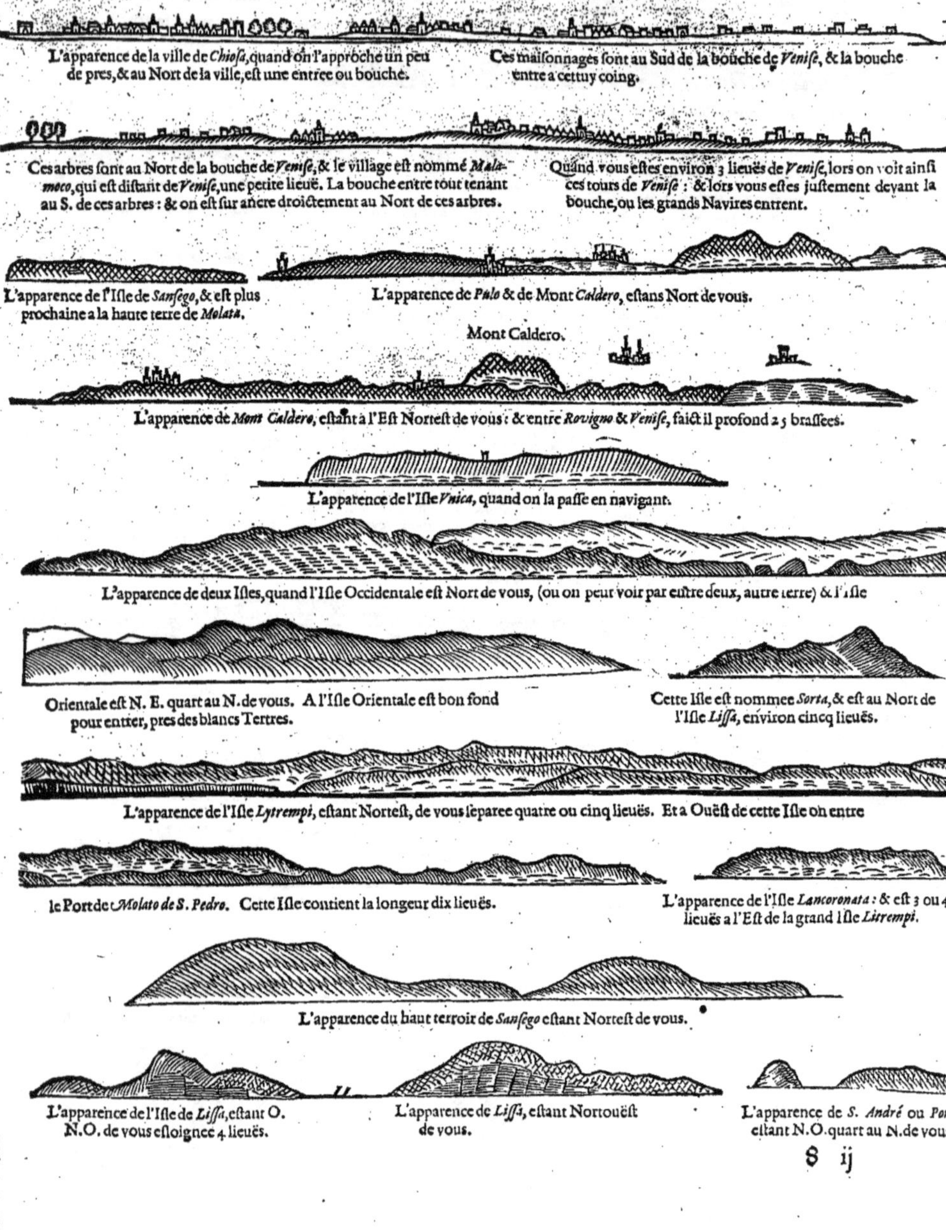

L'apparence de la ville de *Chiosa*, en estant separé environ quatre lieuës : & gist cinq lieuës au Sud de *Venise*.

Ainsi pouvez vous voir les tours de *Venise*, & aussi le bas terroir, quand vous en estes separé environ quatre lieuës.

L'apparence de la ville de *Chiosa*, quand on l'approche un peu de pres, & au Nort de la ville, est une entree ou bouche.

Ces maisonnages sont au Sud de la bouche de *Venise*, & la bouche entre a cettuy coing.

Ces arbres sont au Nort de la bouche de *Venise*, & le village est nommé *Malamoco*, qui est distant de *Venise*, une petite lieuë. La bouche entre tout tenant au S. de ces arbres : & on est sur ancre droictement au Nort de ces arbres.

Quand vous estes environ 3 lieuës de *Venise*, lors on voit ainsi ces tours de *Venise* : & lors vous estes justement devant la bouche, ou les grands Navires entrent.

L'apparence de l'Isle de *Sansego*, & est plus prochaine a la haute terre de *Molata*.

L'apparence de *Pulo* & de Mont *Caldero*, estans Nort de vous.

Mont Caldero.

L'apparence de *Mont Caldero*, estant a l'Est Nortest de vous : & entre *Rovigno* & *Venise*, faict il profond 25 brasses.

L'apparence de l'Isle *Unica*, quand on la passe en navigant.

L'apparence de deux Isles, quand l'Isle Occidentale est Nort de vous, (ou on peut voir par entre deux, autre terre) & l'Isle Orientale est N. E. quart au N. de vous. A l'Isle Orientale est bon fond pour entrer, pres des blancs Tertres.

Cette Isle est nommee *Sorta*, & est au Nort de l'Isle *Lissa*, environ cinq lieuës.

L'apparence de l'Isle *Lytrempi*, estant Nortest, de vous separee quatre ou cinq lieuës. Et a Ouëst de cette Isle on entre le Port de *Molato de S. Pedro*. Cette Isle contient la longeur dix lieuës.

L'apparence de l'Isle *Lancoronata* : & est 3 ou 4 lieuës a l'Est de la grand Isle *Litrempi*.

L'apparence du haut terroir de *Sansego* estant Nortest de vous.

L'apparence de l'Isle de *Lissa*, estant O. N.O. de vous esloignee 4 lieuës.

L'apparence de *Lissa*, estant Nortouëst de vous.

L'apparence de *S. André* ou *Pomo*, estant N.O. quart au N. de vous.

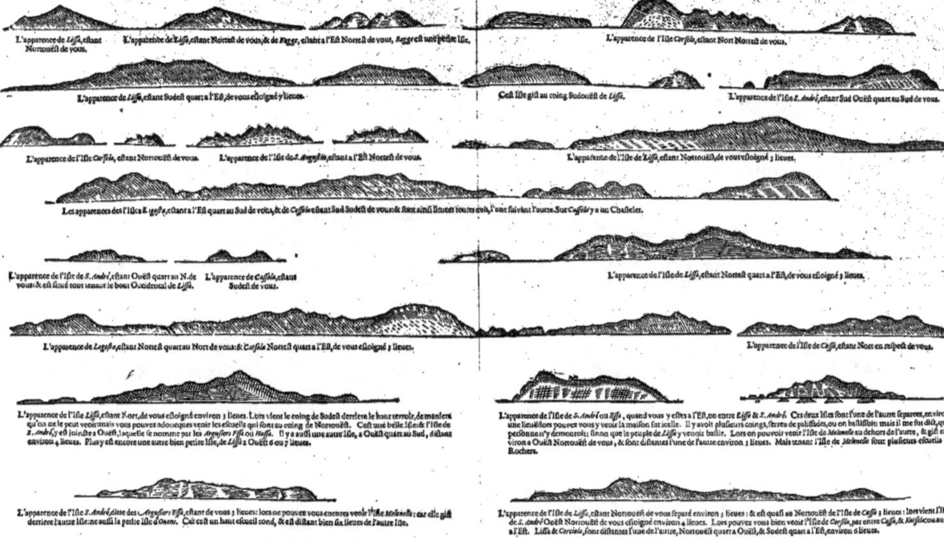

L'apparence de *Lissa*, estant Nortouëst de vous.

L'apparence de *Lissa*, estant Nortest de vous, & de *Bagge*, estant a l'Est Nortest de vous, *Bagge* est une petite Isle.

L'apparence de l'Isle *Corsilo*, estant Nort Nortest de vous.

L'apparence de *Lissa*, estant Sudest quart a l'Est, de vous esloigné 7 lieues.

Cest Isle gist au coing Sudouëst de *Lissa*.

L'apparence de l'Isle *S. André*, estant Sud Ouëst quart au Sud de vous.

L'apparence de l'Isle *Corsola*, estant Nortouëst de vous.

L'apparence de l'Isle de *S. Augustin*, estant a l'Est Nortest de vous.

L'apparence de l'Isle de *Lissa*, estant Nortouëst, de vous esloigné 3 lieues.

Les apparences des Isles *Lagosta*, estant a l'Est quart au Sud de vous, & de *Cassola* estant Sud Sudest de vous: & sont ainsi situees toutes trois, l'une suivant l'autre. Sur *Cassola* y a un Chasteler.

L'apparence de l'Isle de *S. André*, estant Ouëst quart au N. de vous: & est situé tout tenant le bout Occidental de *Lissa*.

L'apparence de *Cassola*, estant Sudest de vous.

L'apparence de l'Isle de *Lissa*, estant Nortest quart a l'Est, de vous esloigné 3 lieues.

L'apparence de *Lagosta*, estant Nortest quart au Nort de vous: & *Cassola* Nortest quart a l'Est, de vous esloigné 3 lieues.

L'apparence de l'Isle de *Cassa*, estant Nort en respect de vous.

L'apparence de l'Isle *Lissa*, estant Nort, de vous esloigné environ 3 lieues. Lors vient le coing de Sudest derriere le haut terroir, de maniere qu'on ne le peut veoir: mais vous pouvez adoncques veoir les escueils qui sont au coing de Nortouëst. Cest une belle Isle: & l'Isle de *S. André*, y est joincte a Ouëst, laquelle se nomme par les *Argusiers Fissa* ou *Hassa*. Il y a aussi une autre Isle, a Ouëst quart au Sud, distant environ 4 lieues. Plus y est encore une autre bien petite Isle, de *Lissa* a Ouëst 6 ou 7 lieues.

L'apparence de l'Isle de *S. André* ou *Fissa*, quand vous y estes a l'Est, ou entre *Lissa* & *S. André*. Ces deux Isles sont l'une de l'autre separees, environ une lieue: lors pouvez vous y veoir la maison sur icelle. Il y avoit plusieurs coings, serres de palissades, ou on bastissoit: mais il me fut dict, que personne n'y demouroit: sinon que le peuple de *Lissa* y venoit bastir. Lors on pouvoit veoir l'Isle de *Melonelle* au dehors de l'autre, & gist environ a Ouëst Nortouëst de vous, & sont distantes l'une de l'autre environ 3 lieues. Mais tenant l'Isle de *Melonelle* sont plusieurs escueils & Rochers.

L'apparence de l'Isle *S. André*, ditte des *Argusiers Fissa*, estant de vous 3 lieues: lors ne pouvez vous encores veoir l'Isle *Melonelle*: car elle gist derriere l'autre Isle: ne aussi la petite Isle d'*Onens*. Car cest un haut escueil rond, & est distant bien six lieues de l'autre Isle.

L'apparence de l'Isle de *Lissa*, estant Nortouëst de vous separé environ 3 lieues: & est quasi au Nortouëst de l'Isle de *Cassa* 3 lieues: lors vient l'Isle de *S. André* Ouëst Nortouëst de vous esloigné environ 4 lieues. Lors pouvez vous bien veoir l'Isle de *Corsilo*, par entre *Cassa*, & *Kursola* ou aussi a l'Est. Lissa & *Corciola*, sont distantes l'une de l'autre, Nortouëst quart a Ouëst, & Sudest quart a l'Est, environ 6 lieues.

L'apparence de l'Isle *Lissa*, estant Nortest quart a l'Est de vous, & que vous en estes bien pres: lors pouvez bien veoir cette Baye, qui est au costé d'Ouëst. Mais il vous faut estre bien avant au Golphe, devant que pouvez veoir la Rade, en laquelle vous estes sur ancre, asseuré des vents d'Ouëst quart au Nort. Mais le vent Ouëst Sudouëst est le pire qui y peut venir: car il y entre pleinement. Il y a aussi rade au coing de Nortest & de Sudest. Cette Isle a le meilleur fond a ancrer, qui soit en tout le Golphe de *Venise*, & est de la jurisdiction de *Venise*.

L'apparence de l'Isle de *Lissa*, estant Sudest quart a l'Est, de vous separé environ 8 lieues. Lors sont les autres petites Isles, l'une Sudest & l'autre Sud Sudest, & adoncques est illecq une petite Isle, Sud quart a Ouëst de vous: laquelle est un rond escueil: qui est nommé *Kock-broot*, & les Italiens l'appellent aussi un Oeuf, a cause qu'il est si rond.

L'apparence de ces 3 petites Isles, situees au Golphe de *Venise*, celle qui est plus de là, se nomme *S. André*, qui lors est Sudest de vous esloigné environ 7 lieuës. L'autre Isle attouree des rochers, est ditte *Mellifello*, laquelle est adonc Sud Sudest de vous, separee environ 6 lieuës. Lors est la petite Isle ronde, nommee *Kocks-broot*, Sud quart a Ouëst, environ 2 lieuës. Cette est l'Isle la plus prochaine de *Venise*, de celles qui sont au milieu du Golphe.

L'apparence de l'Isle de *Meleda*, estant Nortest, de vous esloignee environ 3 lieuës : & est la plus grande Isle, de celles qui sont au milieu du Golphe. Plus avant au dehors de cette, sont 4 autres petites Isles, situees devant la ville de *Raguze* : & cette cy est en la Carte Marine, une Isle azuree : au bout de laquelle au Nort est une petite Isle, nommee l'Isle de *S. Augustijn*, mais je ne l'ay pas contrefaicte. Or celle qui s'ensuit, se nomme *Angusta*, & est Ouëst quart au Nort de cettuy bout. Lors s'ensuit un autre Isle, qui est a Ouëst quart au Sud de *Meleda*, & a l'Est quart au Nort, environ dix lieuës, & est nommee *Pelagosa* : situee au milieu du Golphe.

L'apparence de l'Isle *Pelagosa*, quant on la passe en navigant : & est semblable a deux costez : elle est situee au milieu du Golphe, tout uny a les deux fermes chaussées ou dicques, environ 88 lieuës de *Venise*. Mais la petite Isle Australe, est distante des autres une demy lieuë : & est au coing de Sudest ; elle est basse, tellement qu'il y faut estre de bien pres, avant qu'on la peut voir.

L'apparence de l'Isle de *Katsela*, estant Nortest quart a l'Est, de vous separee environ 3 lieuës. Cette Isle est raisonnablement haute, en laquelle est une ville, & sous icelle est bon fond pour ancrer, mais il y fait profond 40 ou 50 brasses. Il n'y fait pas bon d'y faire rade. Cette Isle est Sudouëst du coing ou bout Occidental de *Curzola*. Lors est l'Isle de *Cassa* Sudouëst quart a Ouëst de l'Isle *Catzola*, & gisent l'une de l'autre environ 2 lieuës.

L'apparence de l'Isle de *Cassa*, estant Nort de vous, separee 3 lieuës : & est aussi raisonnablement haute. Elle est environ Sudouëst quart a Ouëst, & N.E. quart a l'Est, de l'Isle de *Katsela*, mais il m'est incognu qu'il y ait bon fond a ancrer : car cest une Isle haute & ronde, quant on l'approche de pres.

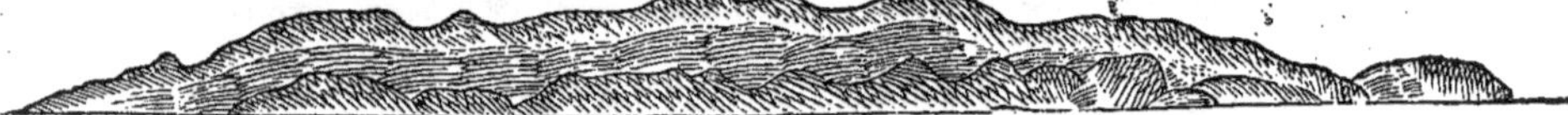

L'apparence de *Cap de Lingua* en Turcquie, estant Nort de vous : & le coing Oriental, Est Nortest de vous. Cest le premier coing ou Cap au Golphe, a la Coste de Grece.

L'apparence de l'Isle *Saseno*, situee pres du coing de *Lavilona*, quand le coing est Sudest de vous.

L'apparence de l'Isle *Saseno*, & gist au coing de *Lavilona*. L'apparence du haut terroir de *Lavilona*, quand on entre au Golphe.

L'apparence de l'Isle de *Corfu*, quand le coing Septentrional est N. N. E. & la petite Isle *Fano* est N. N. O. de vous.

L'apparence de l'Isle de *Zante*, estant a l'E. S. E. de vous. Icy croissent tous les Corintes. Cette Isle est a l'Est de l'Isle de *Cephalonie*.

LA GVIDE DES PORTS DE LA MER MEDITERRANEE : C'EST A DIRE : SPECIALE DECLARATION DE TOVS LES HAVRES DE LA MER MEDITERRANEE : ENSEMBLE DES Golphes, Bastardeaux, Promontoires, Isles, Escueils, Secheresses, Bancqs & Plates, avec leur courses & estenduës; des le *C. de S. Vincent*, par le destroict de *Gibraltar*, le long les Costes Marines d'Espagne, France, & Italie, jusques a Venise : & de la en avant le long la Dalmace & Grece, jusques a Constantinople : Plus, le long des Costes de la Natolie, Candie, Caramanie, Cypre & Surie, jusques a Tripoli, Baruti & Iaffa : & retournant vers Occident, le long des Costes Marines d'Egypte, Barca & Barbarie, passant devant la ville de Damiette, Roseti, Alexandrie, & les Royaumes de Tripoli, Tunes, Alger, Tremise & Fez.

IE vous declareray maintenãt la maniere de pouvoir connoistre les Ports, rivages, & les Isles de Mer, situees entre le coing ou *Cap de S. Vincẽt*, & a la bouche de la riviere de Sivilie, jusques a la bouche de la Mer Mediterranee, appellee Mer de Levant.

De *C. de S. Vincent*, jusques a la bouche de la riviere de Sivilie, le cours est a l'Est 180 lieues. De laditte bouche a la ville de Sivilie, on compte 60 lieues. Du mesme coing jusques au *Cap Salmedina*, le cours est Sud Sudouëst 10 lieues. Mais 5 lieues de cette bouche, au Sudouëst, est une secheresse, ditte *Pozaro*, ou *Picato*, & sort hors de l'eau. Si vous voulez entrer en cette riviere, garde vous de la secheresse, nommee *Zizare*, situee vers Ouëst. A l'Est est une autre secheresse, ditte *Cantara*, laquelle est droictement contre le coing de Sudest, nommé *Sirocco*. Si vous voulez entrer en cette riviere, & monter vers Nortest : premieremẽt sondez le fond, & ordonnez les signes & marcques, & considerez l'accroissement & flux des eauës, & comme le flux entre : entrez lors sur les signes & marcques, & vous naviguerez bien & seurement. Salmedina fut jadis une ville : or quand vous venez pour naviguer dedans, vous declinerez du coing de *Salmedina* environ une lieuë, quand il ne faict pas haute maree. De *Salmedina*, a l'Isle de *Cales Malis*, le cours est Sudest 20 lieues. Cette Isle a un bon port, lequel est justement devant une ville ruinee du mesme nom, assavoir au costé Septentrional, ou il faict profond, environ 6 brassees d'eau : mais du mesme havre, jusques au coing poinctu de la mesme Isle, vers N. est la profondeur d'envirõ 6 brassees d'eau : & du mesme port, jusques au coing Occidental du mesme havre par le Canal, il y faict profond 8 brassees.

De *Cales* jusques au Cap de *Trafalgar*, le cours est Sudest 30 lieues.

A Sudouëst de *Trafalgar* 7 lieues en Mer, est une secheresse. On peut naviguer entre secheresse, & la terre ferme, lieuë & demy de la terre. De Cap de *Trafalgar*, jusques a *Tariffa*, le cours est Sudest quart a l'Est 30 lieues. De *Tariffa* jusques au coing de *Salzedara*, est le cours a l'Est Sudest 10 lieues. Du mesme coing, jusques a l'Isle *Salzedara*, a l'Est Nortest 5 lieues. Au costé Oriental de laditte Isle, au dessus de *Vilani*, environ demy lieuë en Mer, est bonne profondeur, & bon port a *Barsazza di Villa*, ou il faict profond 8 brassees. Au coing Oriental de la mesme Isle vers Nortest, est une secheresse, longue environ 3 chables, & faict un havre a laditte Isle. De cette Isle au mõt de *Gibraltar*, est le cours Sudest quart a l'Est, 8 lieues. Cette montaigne a un bon port devant le Chasteau, profond environ de 8 brassees d'eau. Cinq lieues de cette montaigne, vers la terre ferme, & vers *Salzedara*, est un Golphe ayant le fond bien plat, & profondeur de 7 brassees : la rade y est bonne & asseuree de tout vent. De cedit *Mont de Gibraltar*, jusques au coing de *Ceuta*, qui s'estend en Mer vers Espaigne, le cours est Sud quart a l'Est 15 lieues. De *Gibraltar* a *Estepone*, Nortest quart au N. 22 lieues. D'*Estepone* a *Marvelle*, Nortest quart au Nort 18 lieues. De *Marvelle* a *Fuengirola* a l'Est Nortest 18 lieues, la Rade y est bonne & asseuree de tous les vents d'Ouëst. De *Fuengirola*, jusques au coing de *Molinos*, a l'Est Nortest 9 lieues. Du coing de *Molinos*, jusques a la Ville de *Malaga*, Nort Nortest 14 lieues. Gardez vous de la secheresse, situee par dessus le gué de la ville, vers Sud Ouëst 4 lieues en Mer, & esloignee de la mesme ville 6 lieues : au dessus de la ville est bonne rade, & fond a plané, & profondeur de 12 brassees. De *Malaga* a *Velez Malaga*, a l'Est quart au Nort 23 lieues : il y faict bon estre sur ancre. De *Velez Malaga* a *Almunecar*, est le cours a l'Est 54 lieues : on peut aussi jetter ancre le lõg de ces costes Marines, derriere les coings. Neuf lieues a Ouëst d'*Almunecar*, est le *cap de Negrelis*, sur lequel est un far ou Lanterne : derriere ce Cap est bonne Rade, & asseuree du vent d'Ouëst. D'*Almunecar* a *Salobrenna*, le cours est a l'Est 14 lieues. Justement devant *Salobrenna* est une petite Isle : Il y faict bon jetter ancre, car on y est asseuré du vent de l'Est Nortest, & d'Ouëst. *Motril* est au mesme Golphe 9 lieues a l'Est de *Salobrenna*, & est situee du rivage 2 lieues, vers la terre. Il y faict bon jetter ancre, lez la tour quarree, qui est sur le bort de l'eau, sur 12 & 13 brassees. Du coing Oriental de *Motril*, jusques a Castel de *Fierro*, le cours est a l'Est Nortest 14 lieues. A l'Est de *Castel de Fierro* 27 lieues est *Adra*, aux environs est la coste marine, basse & platte terre. D'*Adra*, jusques a la ville d'*Almeria*, le cours est Nortest 18 lieues. Au coing Sudouëst d'*Almeria*, est bon port pour hyverner. D'*Almeria*, jusques au coing de *Gata*, le cours est Sudest 27 lieues. Oultre ledit coing, vers Sudest 2 lieues en Mer, est une secheresse cachee soubs l'eau. A l'opposite de la pierre blanche, estãt a l'opposite du Cap, nommé le *Linceul*. De *cap de Gata*, jusques au port de *Genoim*, le cours est Nort Nortest 15 lieues. C'est un bon port, & asseuré du vent d'ouëst & Sudouëst. De ce port, jusques a *Frates*, le cours est Nortest 5 lieues. Il faict bon jetter ancre devant *Frates*, on y est asseuré du vent d'Ouëst & Sudouëst. De *Frates* a *Rabbia*, est le cours Nortest 10 lieues. De *Rabbia* a *Messa de Roldan*, Nortest 10 lieues. De *Messa* jusques a l'Isle *Carbanarola*, le cours est Nortest 5 lieues : il y faict bon estre sur ancre, & asseuré des vents de Levant : mais declinez du coing de l'Isle environ la longeur de deux chables. De *Carbanarola*, jusques a *Vera*, le cours est Nort Nortest 20 lieues. De *Vera* a *Aquiles*, Nortest quart a l'Est 40 lieues. *Aquiles* sont 3 petites Isles, au milieu d'icelles faict il bon jetter ancre. D'*Aquiles* a *Copo*, est le cours Est Nortest 10 lieues : un peu a l'Est du Chasteau, est un Escueil, tenant lequel on peut jetter l'ancre, car le fond y est net. D'*Almazaron* a *Cartagene* le cours est a l'Est Nortest 30 lieues. *Cartagene* a un bon port, devant le port une lieuë de la ville, est une petite Isle. On peut de tout costé aborder a cette petite Isle, excepté au bout de Sudouëst. Car de la descẽd un bãc ou secheresse de la lõgeur d'un chable, cachee soubz l'eau 7 & 9 pieds profond : & quãd on est entre dedans le port, on naviguera le long le costé Oriental ou Occidental : car au milieu du port est un escueil, qui parfois n'est que deux pieds caché soubz l'eau. On jettera l'ancre entre l'escueil, & le costé d'O. sur 4 ou 5 brassees d'eau. De *Cartagene* a *Porto grande*, ou *grand Port*, sont a l'Est 5 lieues. A *Porto grande* sont deux bonnes Rades : L'une au costé Oriental, a *Zibanun*, & l'autre au Sudouëst, a *Sarchinor*, a Ouëst *du cap*. Tenant *Sarchinor* est un Escueil, declinez du coing la longeur de deux chables. De *Porto grande* a *cap de Palos*, le cours est a l'Est quart au Nort 20 lieues. De ce coing vers Sudouëst, deux lieues en Mer, faict il profond 15 brassees. Au costé Sudouëst dudit coing, est bon fond pour ancrer. De *cap de Palos*, a l'Isle *Grosse*, le cours est Nort 5 lieues, & de la vers Ouëst, est un bon port. Au Sudouëst de l'Isle *Camerata* est un fond plat de deux brassees d'eau: mais le susdit port a la profondeur de 6 brassees. Le *cap de Palos*, & le *cap de Salsadara*, qui est au coing du mont de *Gibraltar*, ont la distance l'un de l'autre a O.S.O. 400 lieues. De cette Isle Grosse a Isle de *S.Pola* est le cours Nort Nortest 50 lieues. L'entree de cette Isle est *Camerata*, longue trois chables: Cincq lieues Nortouëst de *S.Pola*, est le Cap ou coing de *Pac*, lequel a vers Ouëst un Golphe, qui a bon fond & plat: on y peut jetter ancre, asseuré de tout vent, & est comme un havre. De Cap de *Pac* a *Alicante* le cours est Nort quart a l'Est 10 lieues. Il y a un Chasteau, nommé *Alicante*. Dessoubz le Chasteau est un lieu ou il faict bon jetter l'ancre. d'*Alicante* a *Cap de S.Martin* est le cours Nortest quart a l'Est 60 lieues. Au milieu entre *Alicante*, & le *Cap de S.Martin*, est une Isle, nommee *Benidorme*, ou il y a bonne Rade. De *Cap de S.Martin* a *Denia*, le cours est Nortouëst 13 lieues. De *Denia* a la riviere de *Valence*, le cours est Nortouëst quart au Nort 60 lieues. De *Valence* a *Peniscola*, Nort Nortest 80 lieues. Au dessus de *Peniscola*, environ 30 lieues en Mer, au Sudest, est une Isle, ditte *Moncolobre*. De *Peniscola* jusques a *Lena* de *Tortosa*, le cours est Nortest 60 lieues. De *Lena* de *Tortosa* a *Salon*, Nort Nortest 60 lieues: illecq gist *Porto di Capo*, ou il y a vers Sudouëst une tour ronde. Derriere le Cap, assavoir vers Sudouëst est un coing blanc: Vers Sudest est un autre coing: au milieu entre le coing est la profondeur, est bon fond pour ancrer, mais ayez bonne garde, car il n'y a point de port. De *Salon* jusques a la ville de *Tarragon*, le cours est Nortest 10 lieues. De *Tarragon* a la ville de *Barselone*, est le cours Nortest quart a l'Est 60 lieues. De *Barcelone* a *S.Felicio*, Nortest quart a l'Est 60 lieues : il y a bon fond pour ancrer. Le signe de marcque est une platte montagne, laquelle est vers Nortouëst dedans le païs. De S.*Felio* a *Palamos*, est le cours Nortest quart a l'Est 12 lieues. A *Palamos* est bonne rade; asseuré de tous vents, reservé le vent de Sudouëst. Au costé Sudouëst est une secheresse, a 3 lieues de la; & aussi au costé Sudouëst, un coing ou Cap. Environ 3 lieues plus avant est une Isle, ditte *Formiche*. De *Palamos* jusques au Cap d'*Eaufroide*, est le cours Nortest quart a l'Est 10 lieues. De ce Cap jusques a l'Isle de *Medas*, le cours est Nort 10 lieues: tenant cette Isle est bonne Rade. De *Cap de Medas* jusques au coing Septentrional du Golphe de *Rosas*; le cours est Nort quart a l'Est 8 lieues. Dudit coing de *Medas* jusques au coing, situé environ au milieu dudit Golphe, a Ouëst, sont environ 8 lieues. Derechef du coing de *Medas* jusques au port de *Rosas*, le cours est Nort 10 lieues. *Medas* est le Cap Austral de la Baye, & *Rosas* est le Cap Septentrional d'icelle: lequel s'estend a Ouëst dedans le Golphe, environ 7 lieues. Au costé Septentrional de *Cap de Rosas*, est un bon port, ou on peut estre ferme, attaché avec des chables: il y a profondeur de 3 brassees d'eau. De *Rosas* a *Cap de Creos*, le cours est N. quart a l'Est 17 lieues. Au dessus dudit Cap vers Nort, sont 3 petites Isles. La marcque en est une montaigne au dessus de *Tarragon*, ditte *Monte Serrado*, laquelle s'estend au dessus de *Barcelone*, & est par fois couverte de neige. De *Cap de Creos* a *Colibre*, le cours est Nortouëst 30 lieues.

Courses & Estenduës des Costes Marines de France, des l'Espagne, jusques a Italie: Ordonnez sur le Compas Italien, qui differe du Compas vulgaire une demy ligne, par lieuës d'Italie 80 pour degré.

De Colibre a Narbonne, le cours est Nort	40	lieuës
de Narbõne a Mont de Septa, a l'E.N.E.	45	lieuës
de Mont de Septa, a Aigues mortes, N.E. quart a l'Est	30	lieuës
d'Aigues mortes a Marseille, a l'Est	65	lieues
de Marseille a Tolon, a l'Est quart au Sud	50	lieuës
de Tollon a les Isles d'Eres, S.E.	15	lieuës
des Isles d'Eres a Frejul, N.E.	65	lieuës
de Frejul a Cap de Rossi, S.E.	25	lieuës
de Cap de Rossi a Canano, N.E.	15	lieuës
de Canano a Antibe, N.E.	15	lieues

Courses & Estenduës des Costes Marines d'Italie, des la France, jusques de la Secile.

D'Antibe a Niza, Nortest quart a l'Est	10	lieuës
de Niza a Villa Franca, a l'E. quart au N.	5	lieuës
de Niza a Cap de S. Vesperis, Sudest	5	lieuës
de Cap de S. Vesperis, a Monaco, N.N.E.	5	lieues
de Monaco a Menton, a l'Est nortest	5	lieues
de Menton a Vintimilia, a l'Est nortest	3	lieues
de Vintimilia a Bordiguera, a l'Est nortest	3	lieues
de Bordiguera a S.Remo, a l'Est nortest	2	lieues
de S.Remo a S.Stephano, a l'Est nortest	5	lieues
de S.Stephano a Porto Mauritio, a l'E. N.E.	5	lieues
de Porto Mauritio a C.de Melle, a l'E. N.E.	15	lieues
de Cap de Melle a Arase, ou est bon fond pour jetter ancre, le cours est Nort	5	lieues
d'Arase a Arbenga, nort nortest	5	lieues
d'Arbenga a Petra-castello, nort nortest	10	lieues
de Petra-castello a Cap de Noli, nort nortest	15	lieues
de Cap de Noli a Savone, Nort	15	lieues
de Savona a Gennes, a l'Est	30	lieues
de Gennes a Portofin, a l'E.S.E.	26	lieuës
de Portofin au Golphe de Spetia, a l'E.S.E.	40	lieues
du Golphe de Specia a Via Regio, a l'Est quart au Sud	25	lieuës
de Via Regio a Livorne ou Liorne, Sud quart a l'Est	35	lieues
de Livorne a Piombino, Sud quart a l'Est	60	lieues
de Piombino a Mont Argentato, S. E. un peu plus a l'Est	67	lieues
de Mont Argẽtato a Porto Hercole, nort quart a l'Est	8	lieuës
de Porto Hercole, a Civita vechia, a l'Est S. E.	40	lieues
de Civita vechia a Ostia, Port de Rome, a l'Est Sudest	40	lieues
d'Ostia a Cap d'Antio, Sudest	30	lieues
de C. d'Antio a Mont Cercelli, S.E. quart a l'E.	35	lieues
de Mont Cercelli a Gajette, a l'Est quart au S.	30	lieues
de Gajette a l'Isle d'Ischia, S.E. quart au Sud	40	lieues
d'Ischia a Naples, nortest	30	lieues
de Naples a l'Isle de Capri, Sud	25	lieues
de l'Isle de Capri a Salerne, a l'E. quart au nort	35	lieues
de Salerne a Piesto, S.E. quart a l'Est	20	lieues
de Piesto a C.de Licoza, Sudest quart a l'Est	17	lieues
de Cap de Licoza a Policastro, a l'Est quart au Sud, un peu plus a l'Est	45	lieues
de Policastro a Diamante, Sudest	45	lieues
de Diamante a C. de Baticano, S. quart a l'Est	80	lieues
de Cap de Baticano au coing de Siglio, autrement dit Coda del Volpe, Sud	35	lieues
du coing de Siglio a Rhezo, ou Regio, S. quart a l'Est	20	lieues
de Regio a Cap de Sparti-vento, a l'Est S.E.	30	lieues

De C.de Spartivento, a C.de Borsano Nort 12 lieues. De C.de Borsano, a C.de Sulo, Nort Nortest 58 lieues. De C.de Sparti-vento, a Cap de Colonne, Nortest quart au Nort, un peu plus a l'Est 133 lieues. De Cap de Colonne est un plat coing s'estendant en Mer, sur lequel est une haute tour. De C.de Colonne, a C.de S. Maria, le cours est Nortest quart au Nort 92 lieues. Et entre ces deux Capes est le Golphe de Taranto, qui est grand bien 90 lieues. A Ouëst du Cap S. Maria 35 lieues, est Galipoli, ou il y a bonne Rade entre la terre ferme, & les petites Isles, pour un vent de Levant 35 lieues. De Cap S. Maria, a Cap d'Ottranto, le cours est Nort 30 lieues. Devant Ottranto est une belle Baye a fond sablonnier, ou on peut jetter ancre, bien asseuré du vent de Sud & Sudouëst. d'Ottranto a Brundusi, Nortouëst quart a Ouëst 50 lieues. Devant le port de Brundisi est un escueil, pres duquel on entrera au port. De Brundisi a Cap de Vestice, Ouëst Nortouëst, un peu plus au Nort 130 lieues. Tenant le Cap de Vestice, faict il bon estre sur ancre, & bien asseuré du vent d'Ouëst &

Nortouëst

Nortouëst, lors avés vous au Sud de vous un grãd Golphe de 35 lieuës, de sorte qu'õ n'y peut veoir terre. Au mesme Golphe gisent Manfredonia, Siponto & Salpe. De Cap de Vestice a Ortonna Ouëst Nortouëst 110 lieues. D'Ortonna a Ancone, N.O. 140 lieues. A Ancone est un bõ port, & un bastardeau, derriere lequel les navieres peuvent estre sur ancre. D'Ancone a la bouche de Venise, est le cours nortouëst quart au nort 220 lieues. Si vous voulez naviguer dedans le port de Venise, tenez le Bollevart justement par dessus le coing Austral de Malamoco, sur lequel sont les arbres, lors naviguerez sans toucher le banc ou sechereſſe, laquelle descend du bout Austral de Malamoco, vers Ouëst. La bouche est profonde 3 brasses: & quand on est au dedans de l'Isle de Malomoco, on navigue un peu vers nort, tant qu'on vienne pres des estaches, la ou on attache les navires. L'Isle de Malamoco contient 5 lieues d'Italie.

Guide des Ports, cest a dire: Particuliere declaration de tous les Havres, Escueils, Profondeurs, Guez & Courses, des le Golphe de Venise, le long les Costes de Slavonie ou Dalmace, & de la avant, par devant la Grece ou Romanie, iusques a Constantinople & les païs de la Natolie, ou Asie la petite.

DE *Venise* a *S.Ian in Pelago*, le cours est à l'Est Sudest 100 lieues d'Italie. De *Cita nova* a *Parenzo* sont 6 lieues. Tout tenant *Parenzo* y a 3 escueils. Il y faut entrer le long du rivage du Sud, tout tenant le coing, laissant lesdits escueils Sudouëst de vous: car a la bouche du havre est une sechereſſe, couverte de 4 pieds d'eau: & ainsi vous entrerez au port, sans empeschemẽt, ou il y a profondeur de 5 a 8 brasses. Dedans ledit port de *Parenzo* est encor un autre petit port, n'ayant que 12 pieds de profondeur, mais cestuy ne sert point pour grands navires. Il fault laisser les grands escueils, au costé Nort Ouëst. Environ 6 lieues plus avant, le long du rivage, est un grand escueil. Au dedans duquel est une rade pour toutes navires, ayant profondeur de 3 a 5 brasses. Environ 3 lieues plus oultre, est situee *Orsara*, ou il y a rade pour toutes navires, il y faut entrer du Sud, il y faict profond trois brasses. Au dehors de tous les escueils a l'ouest est un lieu dit *S.Fragilitate*, ou se trouve une sechereſſe, large 3 lieues d'Italie, ayant profondeur de 5 pieds. On y peut entrer entre la sechereſſe & l'escueil, evitant l'escueil la longeur d'environ 2 chables, on y peut aussi entrer d'entre le rivage & l'escueil. Environ une lieuë plus avant, le lõg du rivage, est un Golphe, dit *Lieme*, a la bouche duquel est une sechereſſe: vous y entrerez par le costé droict d'icelle, il y faict profond de 10 a 12 brasses. Ce Golphe s'estendant dedans 12 lieues d'Italie. Environ le tiers d'une lieuë plus avant est un escueil, nommé *Figarola*, au dedans duquel est bonne rade pour grands navires: car il faict profond 5 ou 6 brasses. On peut tenant iceluy jetter ancre environ au Nortouëst de vous. Environ 4 lieues plus oultre est une petite villette, ditte *Rovigno*, devant icelle est un escueil, nommé *S.Catherine*. Il le faut laisser au Sudouëst, on y peut naviguer a l'entour, quand on se garde du coing Oriental. Ce port est profond de 5 & 6 brasses. Plus outre y a un escueil, nommé *S.André de Sera*, au Nort duquel y a un moindre, lequel il faut laisser au costé droict vers Nort, & le havre est profond de 3 brasses. Au dehors de l'escueil de *S.André*, vers Sudouëst est un autre petit escueil. Ce lieu est appellé *S.Ian in Pelago*. Cestuy rivage s'estend Sud & Nort. Navigant de *S.André de Sera*, le long du rivage vers Pola, vous trouverez aucuns petits escueils, & deux sechereſſes. Environ demi lieuë, au dehors d'icelles est une sechereſſe, il la faut eviter du Norrest & Sudouëst, & est couverte de 5 pieds d'eau: On y peut entrer le long du rivage, & tenant les escueils, est le fond bõ pour y ancrer. On y trouve aussi aucunes Isles basses, habitees, lesquelles on laisse vers Sud & sont nommees *Brioni*. Au dedans desquelles au costé au Nort, gist la pleine de Pola, ou il y a bonne Rade pour toutes navires. Desdittes Isles grandes sortent deux escueils, il faut naviguer entre les deux, laissant l'un au costé de Norrest, & l'autre au costé Sudouëst. Cette place est nommee *Marcodena*. Environ demy lieu plus avant, sur un coing, est situee l'Eglise, ditte *S.Pelegrin*, au dedans d'iceluy, est un petite Golphe, lequel entre environ 2 ou 3 lieues d'Italie, & plus au dedans est la ville de Pola. Voulant naviguer de *S.Pelegrin* a *Pola* par le Canal, il faut laisser l'escueil au costé senestre de la ville sur la montaigne. Mais navigant d'illec a l'Est on voit un grand Cap, au dedans plein d'escueils, & se nomme *Brancorso*. Environ 3 lieues plus avant, est le port de *Veruda*. En y entrant il faut que la Cape demeure a l'Ouëst, & l'entree d'icelle gist au Nortest. La profondeur y est bonne pour tous navires, & pouvez jetter ancre, tant au costé d'Est que Ouëst du port, il faict profond de 4 & 5 brasses, Cest havre a 2 escueils, & les bouches sont seiches, n'ayants que deux pieds d'eau, & servent seulement pour barcques: puis navigant le long du rivage environ 2 lieues d'Italie, trouverez le port d'*Olmo*. La bouche de cest havre s'estend au Nortest, entrez y par la bouche, ou il faict profond 10 brasses. La marcque de cest havre, est un aspre precipice. Lieuë & demi plus avãt le long du rivage, est un autre Port, dict *Olmisello*, fort idoine pour petites navires. Cincq lieues plus outre le long du rivage, est un Cap & deux escueils, nommez les *Pulmontoires*, lesquels se voyent du Est & Sudouëst, & grande *Pulmontoire* gist au dedãs le Cap, laquelle est seiche, elles sont idoines pour les barques. Laissez cest escueil au costé du rivage, prenãt vostre cours le long d'icelluy, a la distãce d'une perche: & naviguez ainsi en 12 pieds d'eau, sçachant qu'il faict secq, entre le grand & petit escueil: mais du petit escueil vers le Sud environ 5 lieues d'Italie en Mer, il y a 5 pieds d'eau. Prenez vostre cours le long du petit escueil. Le mesme escueil avec la sechereſſe, se voit du costé du Sud & du Nort. Le mesme rivage se voit des *S.Iean* en Mer, jusques audits escueils, assavoir les *Pulmontoires*. Au costé de Sudest & Nortouëst, faict il bon entrer & sortir, car vous avez le long du rivage, environ 5 ou 6 lieues d'Italie en Mer, 15 ou 20 brasses d'eau, aussi bon fond a jetter l'ancre. Des *Pulmontoires* le long du rivage est un Golphe, avecques aucuns escueils, & plus au dedans sont aucunes grandes maisons. Ceste place est nommee *Medoli*, & l'entree d'icelle est un escueil: mais le rivage est au costé senestre, ou est une vallee, ditte *S.Maria*. Cest escueil a bõ fond pour ancrer, lequel demeure entre N.E. & l'E. & faict le havre de ladite vallee. Vous pouvez aussi jetter ancre a l'opposite dudit Cap, ou vous aurez bon fond pour ancrer, & aussi y serez bien asseuré, quand vous jetterez l'ancre au costé N.E. Car cedit Escueil a une sechereſſe au costé du S. de la longeur d'un ject de pierre. Quand vous voulez naviger au mesme Havre, vous prendrez le cours le long du rivage. Au dehors de cet escueil vers S.E. est un autre bas escueil tout a l'entour duquel est bõ fond pour ancrer. Ces lieux susdits sont idoines pour naviger vers Levant, & vous y estes asseuré de tout obstacles. Les *Pulmontoires* & *Nia* sont distantes a l'E. & O. 30 lieuës. Mais icelles & *Sansego* sont separees S.E. & N.O. 47 lieuës d'Italie, *Sansego* est au N. du Cap, ou il y a une sechereſſe, & cest une Isle habitee, & au bout d'O. d'icelle est une Escole & Eglise, & y est on asseuré & couvert des vẽts traversants. Du N. jusques a l'Est, est le fond bõ pour ancrer, & de 10 brasses d'eau. *Nia* est une Isle bien edifiee, laquelle a vers dehors du costé d'O. un coing bas, ou par tout faict bon entrer & sortir, & sert a naviger a travers. Mais je vous declare que le coing du costé d'O. est un escueil, & que au dedans de cest escueil est une grande vallee, de laquelle l'entree qui est a l'Est, est habitee, laissant ledit escueil vers S.O. & gist couvert des le N. jusques au S.O. Navigant lors plus avant le long du rivage de *Canevoli* vers Levãt, on y trouve une petite Isle & une sechereſſe. On n'y peut pas naviger entre l'escueil & la sechereſſe, car au milieu entre *Canevoli* & *Nia*, est une sechereſſe, haute seulemẽt de deux ou trois pieds d'eau. Parquoy je vous en adverti, si vous voulez entrer par cette bouche, que navigez lez le coing de la bouche, qui

est dessous

est dessous la montagne d'*Orsaro*, navigant de l'Est vers Nortest, vous trouverez un escueil. Suyvez le rivage, & laissez l'escueil au Sudouëst, vous verrez une Masiere sur une montaigne: l'entree y est nette, & le port y'est bon en tout temps a naviger vers Ouëst, aussi faict il profond 5 ou 6 brasses. Ce lieu est appellé *Porto longo*. Environ 8 lieues plus avant, navigant a l'Est le long du rivage, trouverez un escueil, qui vous sera pour defension du vent de Sudest, où aussi sera raisonnable profondeur, & bon fond pour ancrer: & bien asseuré tenant l'escueil. Environ deux lieues plus outre, le long du rivage, est un grand port. On peut entrer cest havre a toute heure soit de l'Est ou d'Ouëst, car il y faict profond de 12 a 15 brasses: & est nommé vallee d'*Agosta*. Sortant de ce port vers sud, vous y trouvez un escueil: mais vous ne sortirez par la bouche du rivage, car il y a peu d'eau : ains naviguez si avant, que vous laissez l'escueil au Nortest vers la vallee, ou est la place des navires, laquelle a bonne entree & sortie: vous y pouvez jetter ancre a l'un ou l'autre costé, & est ditte le *Port des Moines*. Environ deux lieues plus avant, vous trouverez deux coings blanc faillants dehors, serrez au costé du sud, ce qui est la marcque du havre. On ne peut passer entre ces deux coings, mais bien a l'Est, où il faict profond assez, & bon fond pour ancrer. Ce mesme Cap est aussi bon pour naviguer vers Ouëst, & est nommé *Zigala*. Environ 4 lieues de la navigant a l'Est, trouverez 2 vallees, & est bonne rade. La vallee d'Ouëst est profond de 6 brasses d'eau, & l'entree gist Nortest, cette place est nõmee *Forneli*. Cinq lieues plus avãt a l'Est, au bout du mesme rivage, trouverez un Canal & un escueil, s'estendant Nortest & Sudouëst vers *Segna*. Quand vous serez passé ce Canal, vous trouverez au costé d'Est 2 grandes Isles, ou on voit le Canal, nõmé *Nieme*, & on prend le cours a l'Est & Ouëst, le lõg de l'Isle du Nort. Sur le bout d'Ouëst est une Eglise ou il y a de l'eau fresche. Ces Isles sont habitees. L'entree desdittes Isles semble de vouloir partir le Canal sur le costé d'Ouëst, & est un Canal bien net, il y faict profond, & bon entrer & sortir a toute heure. Ce lieu est appellé *S. Pierre de Nieme*. *Nieme* & *Selva* gisent l'un de l'autre a l'Est quart au Sud, un peu plus a l'Est. *Selva* est une basse Isle, habitee & boscageuse, le port est vers le Sud, & son entré est du Nortest.

La marcque de cest Havre, est une chose blanche, basse & ruinee, estant a l'entree, en entrant au costé gauche. Sur le costé de Ponent est un bas coing, mais navigant a la longeur d'un chable dudit coing, vous entrerez sans empeschemẽt: car il y faict profond cinq brasses. Quand vous navigez hors dudit Havre, vous y verrez un bas coing blanc & plat, declinez dudit coing le traict d'Arbaleste, & navigez si avant que vous trouvez un semblable bas coing, distant dudit Port 3 lieuës d'Italie : lequel coing gist vers Sudest. Mais sur-passant ce coing entre Nortest & Nort 6 lieuës d'Italie, vous y trouvez une grande & basse Isle : dressez vostre cours vers le Port de cette Isle. Quand vous partirez de l'Isle de *Selva*, dressez vostre cours vers le Port, entre N. O. & N. Le signe ou marcque de cest Havre est un petit & bas coing rougeastre, & roscheux, par dessus lequel se mõstre de loing une petite Eglise blanche. L'entree de cest Havre gist N. E. & N. ou il faict profond de 4 a 5 brasses d'eau. Mais navigãt dudit Port le lõg du rivage, le traict d'un Arbaleste arriere, lors pouvez vous naviger sans empeschement, jusques a la mesme Isle, ditte *Buda*. De cette Isle a *Ponta Dora*, le cours est a l'Est 20 lieuës d'Italie. La marcque est un haut coing, qui est tout a l'entour excavé, lequel est nommé *Ponta Dora*. Au dedans de ce coing est un grand Golphe, assavoir au costé Septentrional : mais navigant au dedans le long le rivage, environ 13 lieues d'Italie, vous trouvez un bas petit terroir, semblable a un marescage, & est nommé *Nona*. Mais entrãt du mesme coing de *Ponta Dora*, par le costé Septentrional, vous y verrez une longue Isle blanche, & bruslee. L'entree de cette Isle est au bout Oriental, & navigant le long le rivage de cette Isle, laissant l'Isle vers Sud, environ 12 lieuës d'Italie, vous trouverez une villette, ou sont plusieurs salines, & un bon Port. L'entree de cest Havre est au S. O. Cette place est ditte *Pagé*. Mais quand vous navigez de *Ponta Dora*, assavoir du costé de S. Ouest le long le rivage, environ 20 lieuës d'Italie, vous y trouverez une grande vallee : & sur le mesme coing est une grande & haute Eglise. Cette vallee se nomme S. *Clavine*, dont la profondeur est bonne, & le fond bon pour ancrer. On entre en cette vallee du costé de Levant.

Navigant plus avant le long du rivage, on y trouve un coing, & une grande ville close, ayant un port qui se ferme avec chaines. L'entree de ce port gist entre l'Est & Sudest, & est grãd & ample, avec profondeur de 8 a 10 brasses d'eau. Cette ville est nommee *Zara*. Environ 18 lieues d'Italie plus avant le long du rivage, sur le Nort costé trouverez trois petits escueils: Mais environ une lieuë de la trouverez des bas escueils, estans entre l'Est & Sudest, sur lesquels sont les *Salines*. Il faut laisser ces escueils au costé gauche, asçavoir vers Sudest, & naviguer par le Canal: mais je vous dis, que declinerez desdittes Isles la longeur d'une picque ou perche a pousser, car au rivage Septentrional faict il peu profond. Ces escueils sont nommez *Levrosi*. Cinq lieues plus outre trouverez un bas coing, sur lequel est un petit Chasteau ruiné ou ville, l'entree de cest havre est biẽ basse, assavoir au costé d'Ouëst: il en faut demeurer separé, le traict d'un Arbaleste, car la profondeur y est petite, tant seulement a l'entrer & sortir, que de 4 brasses d'eau. Cette place est ditte, *Vieu Zara*. Navigant en avant environ 2 lieues de cette ville, vous y trouverez un petit bas escueil, ayant au costé Septentrional de l'entree une secheresse: vous laisserez cest escueil au costé Nort, & en declinerez autãt que bon vous semble, car il y faict secq. Sur le mesme est une Eglise, ditte S. *Chimento*. Navigant par le Canal encores six lieues ou environ vers Sudest, vous trouverez un haut escueil, dont la terre est labourable: sur lequel est une place, nommee *Vergada*. Navigant & partãt de cest Isle environ une lieuë vers Nortest vous trouverez une longue Isle: tenez le cours de cette Isle, navigant le long du rivage, vous y trouverez aucunes vallees, idoines pour y faire rade, & aussi un grand coing blancq qui est desrompu, & par dedans semble estre excavé. Le premier coing est rabotté ou aspre, & est un port, ayant profondeur de 5 & 6 brasses d'eau. On entre en cette Isle du Nortest, laquelle est habitee des le port en avant, & est nommee *Morter*. Partant & sortant de ce coing pour prendre la route de *Proveço*, vous trouverez deux petits escueils, lesquels on laissera sur le droict costé, assavoir vers Sudest, & navigant entre Nortest & l'Est, vous y trouvez une bouche, large de 4 lieues d'Italie : & environ une lieuë plus avant est une Isle basse habitee & labouree, laquelle se nomme *Proviça*. Mais navigant de la mesme bouche vers *Proviço*, vous trouverez vers dedans une vallee au Nortest, ou sera bonne Rade, assavoir si avant en la vallee, jusques a ce que le mesme coing est Sud en respect de vous, la serez vous en tout temps bien asseuré, estant sur ancre. Retournant le long de la coste Occidentale de la mesme Isle, l'espace d'environ deux lieuës, vous y trouverez aucunes maisonnages, lequel lieu est nommé *Vodice*. Mais retournant vers la mesme Isle du coing Oriental, vous y trouverez une secheresse: laissez cette secheresse sur le costé dextre vers Sudest, & prenez la route de l'Isle, vous y trouverez une Eglise, ditte S. *Maria de Proviço*, a l'entour de laquelle est la profondeur de 5 a 6 brasses d'eau. Navigant en avant de cette vallee de S. *Marie*, pour prendre la route de *Sibinico*, vous trouverez un escueil sur le chemin de *Solta*, qui est situé entre l'Est & S. E. & habitee & labouree. Tenez la route de cette Isle, & abandonnant le rivage du costé de Sudest, prenez le cours au costé N. O. car au milieu est une secheresse, laquelle est couverte environ d'un pied d'eau: & quand vous voulez prendre la route de *Sibinico*, tournez vous, & navigez lez ladite Isle de *Solta*. Mais partant de l'Isle de *Solta*, & navigant entre Nortest & Nort, vous verrez une Eglise, avec une petite entree: & si vous prenez le mesme chemin de l'Eglise, vous trouverez en la mesme entree un petit escueil, lequel il faut laisser au costé de Sudest : Navigez lez la mesme, & viendrez a la bouche, & navigerez environ

environ trois lieuës d'Italie par le Canal. Au bout du mesme Canal trouverez deux tours, a chasque costé une, avec une chaine, la verrez vous la ville. Navigez vers la ville, car il y fait profond environ 30 brassees, ce qui est comme un estang. Cette ville est nommee *Sibinice*.

Quand vous navigez hors de cette bouche de *S. Nicolas*, navigant a l'Est, vous trouverez aucuns escueils, dont toutes les entrees & bouches sont nettes, voire quelconque que pourrez entrer. Pareillement vous trouverez tenant la terre ferme un Golphe de bonne profondeur, & bon fond pour ancrer. Lesdits escueils se nomment les Escueils de la *Besatse*. Navigant encores le long du rivage, vous y trouvez un escueil caché, & navigant par le Canal, vous laissez cest escueil S. O. de vous, lequel est tout net. Vous trouverez aussi sur le mesme rivage, un coing grosselet avecques murailles, ou les Grues se tiennent. Cette place est nommee *Murnie*. En outre le long le rivage est un coing, long 3 lieuës d'Italie, qui est labouré, & en l'eau excavé. Quand vous serez passé cestuy coing, lors vous trouverez un Havre, & en la mesme deux grands vallees, jettez ancre en cest havre, ou bon vous semble : car je vous declare que le fond y est bon pour ancrer, & faict profond de 10 a 12 brassees d'eau. Cest havre gist au Nortest, mais au dehors du Port est il Sudouëst. Vers Levant de cet Havre, est une secheresse, couverte de cinq pieds d'eau : Mais je vous adverti, que navigerez lez le rivage. Cest Havre est nommé le coing ou Cap de *Cesta*. Entre *Sibinico* & le coing de *Cesta*, navigant entre Sud & Sudest 3 lieuës ou environ, le long le rivage, vous y trouverez un coing, qui est une vallee, ditte *Figo*, ou on entre du costé de l'Est, laissant les escueils susdits vers Sudouëst, lesquels forment aussi des Ports. Deux lieuës ou environ plus avant le long le rivage, vous y trouverez un port a un bas coing, au costé Oriental, avec une secheresse au dehors du Port : sur laquelle, assavoir sur le coing, est une Eglise. Cest havre s'estend interieurement vers Nortest : & se nomme *S. Suane* de la *Chianca*. Plus outre le long le rivage est un petit escueil, ou il y a Rade. Quand vous y voulez entrer, estant cest escueil a Ouëst de vous, lors forme le grand escueil un Port, nommé *S. Angelo*, ou sur l'escueil est une Abbaye. Or navigant de cest escueil, prenant le cours par la riviere, tous lesdits escueils demeurent vers le Nort : Mais environ 6 lieuës de la, vous trouuerez une grande & longue Isle, & partant du mesme coing d'Ouëst, laissant la premiere vallee vers Sudouëst, vous y trouuerez une autre vallee au costé Septentrional, qui est le Port. Cette place se nomme *Sesola*, & la preditte, la *Solta* de *Spalato*. Environ 18 lieuës de S. *Arcangelo*, le long le riuage, trouuerez une villette habitee, ou au costé Sudouëst de la mesme place, est une grande Isle habitee : Mais je vous adverti, que cette Isle a autant de terre, que la ville est grande. Et du costé de la terre vient du rivage un pont de pierre, lequel s'estend des l'Isle jusques en terre ferme. Au costé Sudouëst de cette Isle, gist un autre Isle, ditte *Trau*.

Cette mesme Isle de *Trau*, se nomme aussi la *Solta* de *Trau*. Dessous le pont de bois de cest Isle, peuuent passer Galeres petites, & Nauires petites ; car il y faict profond 6 pieds d'eau. Plus outre 12 lieuës d'Italie, le long le riuage, trouuerez un lieu, qui est au costé d'Ouëst du port bien habité, & est la Rade de tous les Navires. Cette ville est ditte *Spalato*. Dix lieuës plus avant le long le riuage, vous verrez un Chasteau, sur un haut Roscher, & en bas joinct le mesme Fleuue, ou peuuent entrer les Fustes a rames. Enuiron 6 lieuës d'Italie plus auant, le long le riuage, est un Golphe, ou vous trouverez au bout du mesme Golphe, un grand Fleuve, auec un lieu plein de roseaux. A la bouche du mesme Fleuue est un petit escueil, lequel faut demeurer vers le Nort : vous verrez aussi de cette riviere, la bouche de *Narenta* en laquelle il faict profond huit pieds d'eau : Nauigez a mont par cette riuiere, enuiron 18 lieuës, vous y trouuerez aucunes maisonnettes couuertes d'estrain, ou se faict le *Bazaro*. Cette place est nommee *Narenta*, & le Golphe se dict, le Golphe de *Narenta*. En tournant a Ouëst 60 lieuës d'Italie, le long le riuage, & navigant au costé Sudouëst, vous y trouuerez un bas coing. Semblablement partant de laditte Isle de *Sesola*, assauoir de la *Solta* de *Spalato*, vers Ouëst 30 lieuës d'Italie, vous y trouuerez un haut coing de precipice, nommé *S. Pellegrine*, & est le coing Occidental de *Liesina*. Au dehors du mesme coing vers Sudouëst, vous y trouverez aucunes petites Isles basses, en lesquelles sont des Salines. Ces escueils se nomment le *Gosi* de *Liesina*. Partant dudit coing de *S. Pelegrine*, nauigant le long le rivage, enuiron 4 lieuës d'Italie par *Navale*, vous trouvés un lieu gasté, & est un haut Chasteau, ou vous trouuerez dedans a l'entree du mesme lieu un Escueil : Laissez cest escueil au costé dextre, assauoir vers Sudest, & nauigez dedans ce lieu, car cest le Port ou il faict assez profond. Cette place se nomme la terre de *Liesina*. Plus outre navigant le long le rivage, vous y trouuerez un petit escueil : laissez la vers Sudouëst, & navigez plus auant le long le riuage, enuiron 18 lieuës d'Italie, vous y trouuerez une petite Isle basse & scabreuse, laissez le vers Sudouëst, & retenez le Canal jusques au milieu de cette Isle, lors trouuerez un grand Port, dont est le signe de marcque, une muraille de pierre massonnee. L'entree de ce Port est au Sudouëst, & l'Isle se nomme *Torcola*. Nauigant auant de cette Isle vers Levant, prenant la route vers Sudest, enuiron 18 lieuës d'Italie, vous y trouuerez un grand coing de precipice, & verrez sous le mesme coing un havre, duquel l'entree est au Nort : il y fait bien profond, assauoir de 6 brassees d'eau, & est bien propre pour naviger vers Ponent. Sous le mesme coing vous trouuerez un autre coing au costé Nortouëst, qui est un rampar contre le Sudest, & est nommé le coing de *Cumana*. Navigant de ce coing plus outre le long le rivage, retenant le Canal, vous trouuerez au costé du Canal, une vallee, auec basse sablõniere, laquelle est une Rade pour toutes Nauires, lequel lieu se nõme *Sabienzelo*. Nauigant de ce lieu en auant 4 lieuës, entre Sud & Sudest, vous trouuerez sur un coing un petit lieu gasté, qui est habité : ayant l'entree du Port a Ouëst, ou il faict profond 15 brassees. Mais cest un lieu mal propre pour nauiger en trauersant. Cette place est nommee *Curzuolla*, & au dehors d'icelle gist une Isle. Plus nauigant de ce lieu a l'Est 4 lieuës, vous y trouuerez aucuns Escueils, sur lesquels sont aucunes murailles: mais n'approchez pas de si pres le grand escueil, qui est vers Sudouëst, car il y a une secheresse. Vous y trouuerez un petit escueil, laisse-le Sudouëst, & navigez tenant icelle, vers l'Escueil auec les murailles, vous y serez bien asseuré du vent de Sudest. Cest Escueil se nomme S. *Maximo*. Navigant plus outre de cest Escueil, entre l'Est & Sudest 25 lieuës d'Italie, vous y trouuerez un coing haut & Roscher. Au costé Occidental de ce coing est un petit Escueil, qui est a l'entour tout net. A l'entour du mesme coing sont des maisons, estant rampars contre le vent de Sudest. Cestuy coing est nommé *Cap de Zuliane*. Navigant de ce coing plus avant, assavoir lez l'escueil, environ 25 lieuës d'Italie, le long le rivage, vous y trouverez une vallee, ou vous verrez une tour haute. Cette place se nomme *Prepo*. Cinq lieuës plus avant vous trouverez une bouche au costé Septentrional, & navigant par cette bouche, vous y trouverez un Escueil, ou navigerez soit au dehors, ou au dedans, sans aucun empeschement. Vous y verrez aussi un Canal au costé Septentrional, lequel s'estend a l'Est & Ouëst. Laditte grande Isle habitee, vous demeurera Sudouëst, mais la Rade de la premiere Isle gist a l'Est : & se nomme *Zuliana*. Environ une lieuë a l'Est, vous prenez le cours vers une autre grande Isle, laquelle est l'entree du mesme havre, nommee *Calafata*. Or navigant de cette Isle environ 2 lieuës a l'Est, vous y trouvez une autre Isle habitee, ou vous verrez aussi aucunes autres Isles, prenez cette route, & vous verrez le Port, lequel vous demeurera au costé Occidental, & l'eau y est decoulant. Cette Isle se nomme *Calamonta*. Navigant de cette Isle vers terre ferme au Nortest, vous y verrez un coing roscheux, le fond y est bon pour ancrer, & est profond de 12 brassees d'eau. Cette place est nommee *Malsin*. Environ cinq lieuës plus outre, le long le rivage, trouverez une Isle, ou des Moines demeurent : vous laisserez cette Isle au costé d'Ouëst, & lors verrez

B dedans

dedans ce Golphe des maisons : & ce Golphe a deux grandes vallees, desquelles l'Orientale se nomme *La Mer d'Ongla* : & celle du Sudouëst est ditte *Gramosa* : laquelle est distante de *Raguze* par terre 4 lieuës d'Italie. Partant d'icelle vers *Raguze*, navigez lez le costé Oriental : car le coing du costé gauche est une secheresse, de la longeur d'un chable. Quant vous estes au dessus de ce coing, navigez le long le rivage du costé Sudouëst, & laissez ledict escueil vers Nortest, car il y a une secheresse, couverte de 4 pieds d'eau, lors navigerez sans empeschement. Or quand vous avez gaigné le dessus du coing, vous verrez une vallee a veuë ouverte, ou il faict assez profond, & bon fond pour ancrer. Ce lieu est nommé *S. Martin*. Au dehors de cette vallee, vous trouverez une secheresse, & aucũs ruisseaux : navigez a Ouëst si avant que bon vous semble, laissant lesdits ruisseaux au costé gauche, assavoir vers le Nort : & navigant au dessus les ruisseaux, le long le rivage, environ quatre lieuës, vous y trouverez une ville close & habitee. En cette ville, assavoir au costé de Levant, est un Port, serré de chaines, auquel on entre du costé d'Ouëst. Cette ville est nommee *Raguze*. Devant cedit Port gist une Isle grande & haute, laquelle s'estend entre Est Sudest, & Sudouëst, ou il faict bien profond, assavoir de 30 brassees. Laquelle Isle est ditte *Croma*.

Environ huict lieuës plus avant, le long le rivage Septentrional, vous y verrez aucunes maisonnages, & sont moulins a l'eau : mais ne les approchez pas de trop pres, car il n'y faict pas profond, mais secq a la longeur d'un traict d'Arbaleste. Ce lieu se nomme, les moulins de *Raguze* ; Navigant de ces moulins plus avant, le long le rivage, environ trois lieuës d'Italie, vous y verrez un coing, & un petit bas Escueil, navigez le long du rivage, car vers l'Est est une secheresse, longue le traict d'un Arbaleste, lors navigerez sans empeschement. Au dedans du mesme coing, sur le costé du Nort, est une vallee, laquelle est bonne Rade, bien profonde, & le fond propre pour ancrer. Cette place est ditte vieille *Raguze*. Mais navigant outre le coing, environ 15 lieuës d'Italie, vous y verrez une poincte estenduë, au dedãs de laquelle (au costé de Ponent) est fond propre pour ancrer. Ce lieu est nommé petit *Malonto*. Estant passé au dessus de ce coing, vous y trouverez une petite & basse bouche, & un grand Escueil : au dedans duquel est un autre bien petit Escueil. Laissez ledict Escueil au costé Sudouëst, & entrez par la bouche dedans le Port, ou il faict assez profond, & fond propre pour ancrer. Cette place est ditte grand *Malonto*. Environ six lieuës plus avant, le long le rivage, vous verrez un coing estendu, blanc & roscheux, estant joinct a la bouche. Navigez dedans au Nortest, & puis a l'Est, courant ainsi dedans l'espace de 18 lieuës d'Italie, & verrez a la fin de ce Golphe une ville close, & habitee, & au costé Septentrional un grand Fleuve. Cette ville est nommee *Cataro*.

Quand en sortant de cette place vous navigez jusques aupres de la bouche, & tenez la route du costé gauche, vous y trouverez un bois, & une Eglise ruinee, ditte *S. Marie* en la Rose. Deux lieuës plus outre est un Escueil, pres duquel au costé Oriental est une vallee : laissez cest Escueil estre Sudouëst : je vous asseure qu'à cest Escueil, & en la vallee, le fond est bien propre pour ancrer, & la Rade tresbonne. Ce lieu est nommé *Innanzo*. Environ huict lieuës plus avant le long le rivage, est un havre sur le costé Septentrional, dedans lequel sont deux vallees, l'une pour naviger vers Levant, & l'autre vers Ponent. Ie vous declare davantage, qu'au milieu du Port est une secheresse, asçavoir en la bouche, couverte de six pieds d'eau. Mais si voulez entrer & sortir sans empeschement, tenez la route du costé Occidental, & vous n'aurez aucun empeschement. Environ 10 lieuës d'Italie plus avant, le long le rivage ; est un coing ou vous verrez un petit Chasteau, fermé de muraille, & une petite bouche. Pareillement une grande Isle, haute & roscheuse du costé de Sudest : vous navigerez au dessus du mesme Escueil : mais laissez l'Escueil Sudouëst de vous, & vous jetterez ancre tenant l'Escueil sur le rivage. Cest Escueil est nommé *Buda*. Environ 10 lieuës plus outre : verrez un lieu ruiné, avec une Eglise ; laquelle semble estre un Chasteau : vous y verrez aussi un païsage, une vallee, & une riviere : & aussi un coing s'estendant vers Ouëst. Iettez l'ancre au dedans du coing, sur le costé du Nortest, vous y serez asseuré, car il y a fond propre pour ancrer. Ce lieu est appellé *Antivari*.

Environ huict lieuës plus avant trouverez une vallee, a laquelle on entre du costé de l'Est : il y a bonne rade pour Navires petites, & bon fond pour ancrer. Ou vous jetterez ancre pres d'un lieu ruiné. Cette vallee se nomme la vallee des Noix. Environ 4 lieues plus outre, trouverez un haut Chasteau, situé sur un lieu haut & ruiné : il n'y a pas de havre, mais bien la maniere d'un profond estang, ou le fond est bon pour ancrer, & par tout voire l'espace de 3 lieuës d'Italie, & aussi en la Mer est la profondeur de dix brassees. Cette place est ditte *Dulcigno*.

Environ 18 lieues d'Italie par de la *Dolcigno*, le long le rivage, vous verrez un blancq & boscageux païs: aussi navigant de *Dolcigno*, environ 18 lieues, vous y verrez un petit escueil, situé seul au costé Septentrional: & envirõ 2 lieues vers l'Est, vons verrez une riviere nommee *Ludria*. La marque d'icelle est une Eglise, estant joinct la bouche du Fleuve, ditte l'Eglise de *S. Nicolas*. Environ 8 lieues plus avant, trouverez un coing, par dedans boscageux, & en l'eau excaué: quand vous estes au dessus de ce coing, lors vous trouvez le port. Entrez y dedans du costé Septentrional: la marcque d'icelluy est, que quãd vous venez de la Mer, vous voyez que le mesme lieu est mõtaigne. La coste marine est un plat païs: tenez cette route, & vous navigerez bien. Ce lieu se nomme *Medoa*.

A *Medoa* en la bouche du port, tombe un fleuve dit *Alesio*, quand navigez de ce lieu plus avant vers le Sud, environ 20 lieues d'Italie, vous y trouverez un coing, qui par dedans est racoutré. Ce coing est nommé *Rodani*. Environ 6 lieues plus avant, le long le rivage, vous trouverez un coing, qui semble par dedans estre enfoncé. Environ une lieuë au dedans de ce coing, entre l'Est & Sudest, faict il spacieux & large, pour estre sur ancre, car le fond y est propre pour ancrer. Ce coing est nommé *Cap de Pali*.

Environ 7 lieues plus avant, vous voyez une ville situee bien hault sur une montagne, sur le costé Meridional: navigãt de la vers le Sud, si avant que cette ville vous apparoist en bas, entre l'Est & Sudest: car illecq sont grandes secheresses ou bancqs, caché soubz l'eau, & large environ 4 lieues d'Italie, lors prenez le cours entre Nortest & l'Est, tant que mettez la ville Nortouëst de vous: approchez adoncq si pres de la ville que bon vous semble, & y serez bien sur ancre. Mais navigãt dudit coing entre Sud & Sudouëst, lors vous verrez un coing estendu : mais au dedans d'icelluy sont secheresses: declinez en environ 2 ou 3 lieues d'Italie, & vous pourrez naviguer sans empeschement. Cette ville est ditte *Durasso*. Le mesme coing est aussi nommé le *Cap de Malte*. Environ 60 lieues plus outre vers le Sud, le long le rivage, vous trouverez une riviere, avecques des tours en la bouche. La premiere, estant au costé Septentrional est ditte *Prego*. La deuxiesme, situee au costé Sudouëst, est nommee *Spinarissa*. A la fin desdicts rivages, trouverez aucuns blãcs tertres, & rosches, sur le costé Sudouëst. Cette place se nomme *Cavedoni*.

Au dedans desdittes tours, vous trouverez entre l'Est & Sudest, un grand Golphe. Au costé Septentrional trouverez un autre, avec bouche ou entree, & maisons habitees. Ce lieu est nommé *Valona*. Mais navigant entre Sud, & Sudouëst, sur le costé du Golphe, vous trouverez un havre, ou a la fin du port est un rivage. La marcque d'icelluy, est un mont rompu. Ce Golphe s'estend entre O. & S. O. & ce lieu est nommé *Porto Ragusio*.

Navigant

Navigant de *Porto Ragusio*, le long le rivage, vous trouverez un edifice, ou que demeurent aucuns Moines Grecs, & est nommé *Columbetto*. Navigant de la le long le rivage, vous trouverez un coing bas, blanc & bruslé, & se nomme la langue de *Cavedoni*, laquelle est un Escueil habité, avec une tour, ou il y a au costé interieur fond propre pour ancrer. Cette place est ditte *Salvo*. Ie vous veux aussi bien dire, que dedans ce Golphe de la *Vallone* de *Salvo*, est fond propre pour ancrer: davantage aussi que des le coing d'*Antiveri*, jusques a l'estang, & en tous les Golphes de *Ludri*, & en la riviere, jusques a *Salvo*, l'espace bien de 3 lieuës, trouverez bon fond pour ancrer. Environ 10 lieuës d'Italie de la Langue, est une vallee fort propre a naviger vers Ponent. Au dehors de cette vallee, quand on vient au dessus du coing, navigant a l'Est, gist une grande secheresse, d'une lieuë & demy d'Italie: mais je vous asseure qu'on peut au dehors, & au dedans de cette secheresse naviger, quand vous tenez lez le rivage. Cette vallee se nomme la vallee d'*Orlo*. Environ vingt lieuës d'Italie plus avant le long le rivage, trouverez Rade pour Galeres petites, & Navires petites, navigans vers Levant & Ponent. La marcque de cette place, est un coing roscheux, sur lequel est une Eglise de Moines Grecs. Le signe & marcque de cette est, qu'en venant de la Mer, vous verrez la montagne, & une bassure cavee: cela est la marcque de cette place, nommee *Gramita*. Environ trente lieuës d'Italie plus avant, le long le rivage, vous trouverez un coing poinctu, & au costé Oriental du mesme coing, verrez un Cap roscheux & rougeastre, vous navigerez dedans du Nort, lors verrez de loing un coing, qui n'est autre qu'un Escueil: mais laisse-le sur le costé droict a l'Est, & navigez dedans, il y faict profond, & fond propre pour ancrer: aussi a tout heure il y a eau fresche, & bon rafreschissement. Ce lieu est nommé *Pilormo*.

Or navigãt de *Pilormo*, entre Sud & Sudest, envirõ 14 lieues d'Italie, & venant pres de l'Isle de *Corfu*, vous verrez le long le rivage un lieu ruiné: mais venãt au dessus du coing du mesme lieu, laissant ce lieu au costé dextre, asçavoir vers Ouëst, vous verrez une vallee avec certaines murailles, & une Eglise de Moines Grecs, dont l'entree est au Sudouëst. Cette est nommee *Casopo*, le fond y est propre pour ancrer, il y a aussi de l'eau fresche. Ie vous dy aussi que verrez sur le costé Occidental de l'Isle de *Corfu* aucunes Isles habitees, & en l'Isle au costé Septentrional, il y a bonne defension, & bon fond pour ancrer, & eau a foison: aussi que l'Isle est au costé Sudouëst haut & roide, joinct laquelle a l'un bout gist un autre Isle roscheuse & habitee. La marcque de ce lieu est une coste blanche: jettez ancre a la mesme, & y serez par devant a couvert: ou aussi est fond propre pour ancrer. Ie vous dy davantage, si vous voulez naviger a l'Est ou a Ouëst dedans cette Isle, assavoir du Nort, tenez la route de la mesme Isle autant qu'il vous est possible, & entrerez sans empeschement. Ie vous dy encores de la mesme Isle, que *Fanu* & *Medera* sont deux Isles: & qu'entre les mesmes Isles sont secheresses, ou on ne peut naviguer.

Mais si voulez naviguer a l'entour de l'Isle Occidentale, assavoir le long le costé de la terre, vous y verrez un Far ou Lanterne: lors pouvez vous naviger sans empeschement justement lez le rivage de l'Isle, environ cincq lieues: & verrez aussi un coing avec un escueil. L'entree d'icelluy est a Ouëst, & s'estend au dedans vers Sudest: il y faict bien profond, & le fond y est propre pour ancrer, & se nomme *Timon*.

Or partant de *Timon*, laissez ledit escueil au Sudouëst, & navigant avant le long le rivage de la mesme Isle, vous verrez un coing sablonneux, qui est tout derompu, declinez de ce coing environ une lieuë d'Italie, lors vous verrez la defension, de la mesme entree: ou il y a bon fond pour ancrer au costé d'Ouëst, & bonne profondeur, ou on est asseuré par devant & de travers. Cette place est nommee *Formentera*.

Navigant de la, & dressant le cours entre l'Est & Sudest, vous trouverez une Isle grande, & habitee, laquelle a le port au Nort. Quand vous partez de laditte *Formentera*, & voulez prendre la route de cette Isle, assavoir du coing de Sudest, & que voulez prendre le cours vers laditte Isle, jusques a tant que vous venez a un escueil, qui est tenant la terre ferme, au costé Septentrional: lors naviguerez 3 lieues d'Italie dudict coing Oriental de *Corfu*, car je vous asseure qu'il y a de secheresses, estendues environ trois lieues loing, quand vous prenez le cours vers ledict escueil, qui est tenant la terre ferme: & est nommé *Civita*, duquel l'entree est a Ouëst, navigez le long le rivage, courant vers Sudouëst, vous y verrez une Eglise de Moines Grecs, & une petite bouche ou entree, ou il y a de l'eau fresche, laquelle est habitee du costé d'Ouëst, & fournit de petites Galeres & Navires. Ces lieux susdits sont deux roschers: & sçachez que la mesme coste de *Corfu* a tout a l'entour, bon fond pour ancrer. Or retournons a parler de *Casopo*.

Quand vous partez de *Casopo* susdit, prenant le cours le long le rivage, environ deux lieues, vous y trouverez un petit escueil rougeatre, nommé l'Escueil du Serpent; Laisse-le au costé Septentrional: & navigant plus avant a l'Est vers la terre ferme, vous y verrez trois escueils: vous pouvez entre iceulx naviguer dedãs. Car quãd ces escueils vous sont Sudouëst, vous y avez bonne Rade, & bon fond pour ancrer. Puis navigant desdits escueils, le long le rivage, environ 3 lieues, vous trouvez au costé gauche, assavoir au costé Oriental, un estang avec une maresgage, & est riviere ou eau, ou on pesche du poisson. Plus dedans sur la mesme riviere verrez un Chasteau habité. La Rade est du costé de l'Est, la ou bon vous semble: il y faict par tout bien profond, & fond propre pour ancrer, a toute heure & pour toutes navires. Cette place se nomme *Butrinto*.

Navigant de *Butrinto* vers Sudouëst, enuiron 12 lieues d'Italie, vous y verrez une ville grande, avecques deux hauts Chasteaux sur une rosche. Deuant cette ville gist une Isle, laquelle doit demeurer a gauche, assauoir vers Ouëst: il y faut prendre le cours vers le coing, ou vous jetterez l'ancre, ou bon vous semble, car le fond y est propre pour ancrer. Cette ville est nommee *Corfu*.

Or retenant la coste de la mesme ville de *Corfu* des le coing Oriental, environ trois lieues, vers Sud & Sudouëst, vous trouvez sur le rivage de l'Isle des *Salines*, & eau fresche. Quand vous nauiguez de *Corfu* a l'Est envirõ vingt lieues d'Italie, vous y trouuez un petit escueil, lequel on doibt laisser vers Sudouëst. Ce mesme escueil a fond propre pour ancrer, & est une Rade, pour toutes nauires, prenant la route de Leuant. Mais navigant de cest escueil, le long de riuage, entre l'Est & Sudest, enuiron 10 lieues d'Italie, vous y trouuez un escueil, nommé *Ziuta*.

Nauigant plus auant vers Sud, enuiron 12 lieues d'Italie, vous y trouuerez une Isle grande, habitee sur les ports. L'Isle gist vers le Nort: mais venant pres du coing Occidental de la mesme Isle, tenant la route du riuage, vous trouuerez deux escueils: Entre ces deux nauigez dedans, jusques a tant qu'ils sont au Nort en respect de vous, lors estes dedans le haure, ou il faict bon entrer & sortir a toute heure, tant pour naviger vers Leuant, que vers Ponent. Plus oultre enuiron une lieuë, verrez une vallee, entrez y a Ouëst & Sudouëst, tant que vous estes au dessus du coing: car estant la, vous estes au port: neantmoins je vous declare, que par un vent de Nort vous n'en pouuez sortir. Ie vous dy dauantage, que aurez bon esgard enuiron lieuë & demy de chemin: car au costé Oriental de l'Isle est une grãde & longue secheresse, enuirõ le traict d'arbaleste arriere de l'Isle: laquelle demeure seche, & apparente hors de l'eau, a la façon d'un chapeau, ou de la teste d'un viel Marinier. A cette cause je vous dy, que prendrez le cours dudit escueil vers Ouëst, afin de nauiguer sans empeschement: & ainsi nauigant, vous verrez un blanc roscher & obtus, & nauigerez vers ledit port sans empeschemẽt, laissant la-

ditte

ditte secheresse a main gauche, assauoir a l'Est. Vous pouuez aussi nauiger auec petites Galeres ou Fustes, au dedans de la secheresse. Cest Isle se nomme *Detto Logo*. Parquoy quād vous nauigez de *Ciuita*, enuiron 5 lieues, le long le riuage, vous y trouuerez une grande pleine blance, ou il y a de l'eau fresche, & du bois. Cette est nommee la pleine de *Cabon*. Enuiron 5 lieues plus auant, vous trouuerez un coing estendu, & nauigant au dessus de ce coing enuiron 10 lieues d'Italie, vers Nortest; vous y verrez une autre rosche obtuse, & une tour sur icelle. Si vous prenez le cours vers icelle, vous y verrez une bouche petite. Quand le roscher est au costé dextre, assavoir vers Sudest, vous y entrerez du Nort, ou vous trouuerez un grand Mer, & un fleuue, & bois. La sont pescheries, & fond propre pour ancrer, aussi bōne profondeur. Ce lieu est nommé *Velechi*.

Nauigant de *Velechi*, le long le riuage, enuiron 20 lieues d'Italie, vous trouuerez une bouche d'apparence estroicte, laquelle gist Nortest & Sudouëst. Ie vous dy que cette bouche est un Mer ou estang, & que debuez venir pres du bout Oriental d'icelluy : lors y verrez une Eglise, & prendrez la route de cette Eglise, nommee S. *Nicolas*. Au mesme Golphe, est une ville, habitee des *Albanois*, & est ditte *Larta*. Ce Golphe a fond propre pour ancrer: mais nauigant en sortant de cette bouche, enuiron 20 lieues d'Italie, vous y trouuerez un destroict ou *Canal*: & au costé dextre verrez une villette habitee, a laquelle fut jadis un pōt, qui s'estēdoit de ladite ville, jusques a la terre ferme. La profondeur y est de 4 pieds. Cette villette est nommee S. *Maura*. Cette villette est assise sur l'Isle de la Duché, ou *Ducato*. De *Velechi*, a *Ducato*, est le cours Sud quart a l'Est 70 lieues d'Italie.

Nauigant dudit coing de la Duché ou *Ducato*, vous trouuez envirō 2 lieues de cette Isle, un petit & large escueil: de cest escueil jusques a l'Isle par devant, est bon fond pour ancrer, & profondeur de 28 brasses d'eau. Cest escueil est nomme *Sessola*. Mais nauigant dudit coing, enuiron 18 lieues, le long le riuage, vous verrez une vallee grande habitee, laquelle est un lieu de rafreschissemēt & d'eau fresche, nommé *Figo*. Vous verrez audit coing de *Ducato* un Canal, qui s'estend Sudest & Nortouëst. Au bout de ce Canal vers Ouëst, verrez au costé Sudouëst, un bas coing, & au dedans de ce coing, verrez un haure auec certaines murailles, nauiguez y dedans entre Ouëst & Nortouëst, il y faict assez profond, & fond propre pour ancrer. Cette place se nomme *Viscardo*.

Environ 18 lieues d'Italie, le long le riuage de la mesme Isle, trouuerez un Golphe, auec deux grandes vallees, l'une au costé d'Ouëst, & l'autre au costé Meridional. La vallee Occidentale se nomme, la vallee de *Galilee*; & celle du Sud, se nomme la vallee d'*Alexandrie* : ou il y a rafreschissement & de l'eau fresche, & faict bon y entrer & sortir, pour nauiguer vers Ponent. Il faut que je vous declare que vous verrez au costé Sudouëst une grande Isle, & deux grandes vallees. Cette Isle demeure dedans le Canal, & est habitee. La Rade desdittes vallees, est la vallee Occidentale, il y faict bien ample, & le fond y est propre pour ancrer. Ie vous dy davantage, qu'en navigant du coing de laditte Isle a l'Est, le long le riuage, vous verrez deux coings: laissez les a Ouëst & Nortouëst, lors verrez une grande fontaine, s'estendant au dedans Sud & Sudouëst, ou il faict bon entrer & sortir, & est un bon port. La marcque de cest haure est un blancq coing roscheux. Cestuy coing doibt demeurer au costé gauche, assauoir a l'Est, ou il faict assez profond, & est tout net. Cette Isle est ditte *Compare*. Semblablement navigant de cette vallee d'*Alexandrie*, environ 5 lieues d'Italie, vous y trouvez une vallee grande & une pleine, ou on est sur ancre bien asseuré, des le Sudest jusques au Nort: le fond y est propre pour ancrer. Cette vallee est nommee la vallee des *Genevois*.

Pareillement, nauigant de cette vallee d'*Alexandrie* le long le riuage 10 lieues d'Italie, vous trouverez une vallee, a fond propre pour ancrer, ensemble eau fresche, & rafreschissemēt: ou vous serez sur ancre biē asseuré de vents estrangers & aussi des vents de la terre. La marcque de cette vallee, est une platte montaigne derompuë. Cette vallee se nomme la vallee de l'*Asne*.

Environ 10 lieues d'Italie plus avant vers Sudest, le long le riuage, vous verrez un blanc roscher, poinctu & rougeatre. Ie vous di qu'au dehors d'icelluy sur le costé de Sudest, environ l'espace de 2 lieues, est une secheresse, couverte de 4 pieds d'eau. Parquoy si vous y voulez nauiguer sans empeschement, tenez le cours le long le rivage, environ 4 lieues, & vous naviguerez libre & sans empeschement. Nauigant plus outre le long le rivage, enuiron 12 lieues d'Italie, vous y verrez un grand Golphe, & un bas coing doibt demeurer au costé dextre vers Sudouëst: & nauiguez ainsi dedans a l'Est, & Sudest, le fond y est bon pour ancrer: aussi y auez vous de l'eau fresche. Cette place est nommee *Targo* de *Cephalonie*. Plus je vous dy, quand vous prendrez le cours Sud & Sudouëst vers cedit coing, enuiron 5 lieues, que vous y verrez un escueil, ou il faict bon entrer & sortir, & un fond propre pour ancrer, pour ceulx qui nauigent vers Leuāt, aussi que ledit escueil est assis du costé d'Ouëst: & aussi que l'escueil & le coing forment un destroict. Nauigez y dedans la ou bon vous semble. Cest escueil a le nom *Viardoni*, & laditte grande Isle se nomme *Cephalonie*.

Or retournant a parler de laditte Isle *Compare*, & de la nauigant vers *Clarence*, entre l'Est & Sudest, ce seront 40 lieues d'Italie. Mais nauigant de laditte Isle *Compare* vers nortest, enuiron 20 lieues d'Italie, vous y trouuerez 3 escueils roscheux & roides. L'entree d'iceulx est au Nortest desdits 3 escueils : ou il y a bonne rade, bien asseuree du vent Sudouëst, & tout vent exterieur: & profondeur de 15 brasses. Cesdits escueils se nomment le *Chucholari*. Navigant de ces *Chucholari* vers Sudest, enuiron 30 lieues d'Italie, vous verrez une ville sur un bas coing: neantmoins je vous dy que vous y trouuerez un escueil. Laissez cest escueil au costé dextre, assauoir vers Sudouëst, & prenez la route de la ville; la est la Rade tenant la terre de *Forconi*, ou il faict assez profond, & fond propre pour ancrer. Demeurez sur ancre autant arriere de laditte ville, que bon vous semble. Cette ville se nomme *Clarence*.

Cincq lieues plus auant le long le riuage, vous trouuerez un coing, auec une vallee, & tenant la terre, un escueil pierreux. Ce coing est nommé *le Cap de Clarence*: mais nauigant de ce coing en auant enuiron 12 lieues d'Italie vers Sudouëst, vous y verrez une grande Isle habitee. Nauigez y au dedans enuiron 5 lieues, & venant au dessus du coing de *Zante*, vous y verrez un haut escueil boscageux. Laissez le au costé gauche, assavoir vers Sudouëst: & prenant le cours a l'Est, vous verrez un mur sur le mesme escueil: jettez ancre deuāt le milieu de ce mur, ou attachez vous auec chables, attachant les chables par dehors audit mur, au costé de Nortest : vous y auez fond propre pour ancrer, & profondeur de 5 brasses: il y a tousiours bonne Rade pour les nauigans vers Leuant. Cest escueil est nommé *Peloso*. Mais je vous declare, que si vous voulez naviguer dedans du costé d'Ouëst dudit escueil, vous declinerez de cette escueil 2 lieues d'Italie; tāt que vous trouvez le Canal, qui est entre l'Est & Sudest. Car du bout Occidental de l'escueil descendent secheresses, larges environ deux lieues, couvertes de 3 & 4 pieds d'eau. Ce faisant vous entrerez sans empeschement.

Navigant de cest escueil vers le Sud 5 lieues d'Italie, vous y verrez un blanc escueil roscheux bruslé, sur le costé de S.E. Cette place est asseuree de tous vents, & a bon fond pour ancrer, pour ceulx qui naviguent vers Levant : prenez le cours vers la terre, du costé de Nortest, & entrez dedans, laissant l'escueil Sudest de vous. Ce lieu est nommé *La Mata*.

Or partant de *La Mata*, & navigant vers Sud environ 40 lieues, vous y trouvez deux bas escueils, habitez de Moines Grecs.

Grecs. Ie vous dy plus, que verrez au costé Oriental desdits escueils une vallee ; vous y pouvez jetter ancre, environ l'espace d'une lieuë: il y faict bon entrer & sortir par devant au costé d'Ouëst, ou il faict profond 6 brasses. Ces escueils se nomment *Strivali*.

Navigant avant de *Strivali*, entre l'Est & Sudest, environ 40 lieues d'Italie, vous trouverez un escueil habité de Moines Grecs: Le lieu ou on peut estre sur ancre bien asseuré, est au costé Nortest. Iettez ancre au milieu a l'opposite de l'Eglise des Moines Grecs, car il y faict profond de 6 a 8 brasses d'eau. De la on peut nauiguer vers Levant, & vers Ponent. Cette place se nomme *Pruendo*.

Derechef navigant dudit coing de *Clarence*, le long le rivage environ 20 lieues d'Italie, vous y trouverez au costé S.O. un bas coing estendu, ou on est bien asseuré par devant: aussi le fond y est propre pour ancrer. La marque dudit coing, est un Chasteau, mais au bas de la terre du coing. Environ 4 lieues plus avant le long le rivage, vous trouverez un grand Golphe. Neantmoins je vous declare, que dudit Cap de *Clarence*, jusques a ce Golphe, le long le rivage, le fond est propre pour ancrer. Ce Golphe est nommé *Lorcadian*. Le *Cap de Clarence*, est distant de *Pruedo*, entre Sud & Sudest 80 lieues d'Italie.

Mais navigant de *Pruedo* vers la terre ferme, environ 10 lieues d'Italie, vous y verrez un Chasteau sur une Isle, & au costé Oriental du mesme Chasteau, une petite bouche: laquelle est un lieu propre pour petites navires, asçavoir, chaloupes, fregates ou fustes: vous y pouvez naviger au dedans par le Canal: & navigãt jusques a la fin de la mesme Isle, vous y trouverez un escueil roscheux: laisse-le au costé gauche, asçavoir vers Ouëst, & prenez le cours a l'Est, environ 4 lieues d'Italie, vous y trouverez un coing : jettez ancre au dedans de ce coing, asçavoir vers Nortest, tant & si longuement que vous serez le long de cest escueil, il y faict assez profond, & le fond y est bon pour ancrer. Cest havre est nommé le Port de *Ionchio*, & le Chasteau susdit se nomme *Ionchio*.

Environ 4 lieues plus avant, vers le Nort, vous trouverez une vallee : & de cette vallee vous verrez un petit blanc escueil ; laisse-le a main gauche, & prenant le cours de la vallee, vous verrez un fleuve. Par tout ce Golphe faict il bien profond, & le fond y est propre pour ancrer.

Or navigant de cette place plus avant, le long le rivage, a l'Est, environ 8 lieues, vous y trouverez un bas coing, sur lequel est une ville, & a une dicque ou bastardeau au costé Oriental. On y entre lez cette dicque, asçavoir du costé Occidental, ou il faict profond 8 pieds d'eau. Mais je vous dy que pouvez estre sur ancre au dehors de cette dicque, ou bien attaché auec des chables, asçavoir en temps d'Esté: car le fond y est propre pour ancrer, & faict profond 8 brasses. Cette ville est ditte *Modon*.

De *Modon* a *Sapience*, le cours est entre Sud & Sudouëst 3 lieues, *Sapience* est une Isle, & est un defensif contre le vent de Sudouëst & Nortest. Le signe & marcque de cette Rade est au bout Oriẽtal de la vallee; vous y verrez une rouge ruine de rosches. Iettez ancre contre le milieu de cette ruine, car le fond y est propre pour ancrer, & la profondeur de 30 brasses. Environ une lieuë plus avant, le long la mesme Isle, vous trouverez un coing roscheux : le traict d'un arbaleste de cette Isle, est une secheresse, couverte de 7 pieds d'eau: mais navigant a l'entour d'icelle, le long le rivage vers la mesme Isle, environ deux lieues, vous verrez un grand port & ample : naviguez en cest havre du Sudouëst, vous y serez asseuré de tous vents: aussi le fond y est bon pour ancrer. Cette place est nommee *Porto Longo*.

Partant de la, & nauigant environ une lieuë au Canal, vous y verrez une Isle scabreuse, habitee de Moines Grecs. Environ une lieuë plus avant, vous verrez une autre grande Isle, nommee *Caurera*. De cette Isle, a *S.Vencedego*, le cours est N.E. 3 lieues d'Italie. Entre *Modon* & *S.Vencedego*, le long le rivage, environ 5 lieues, vous trouverez une grande vallee habitee, ou il y a de l'eau fresche, & est nommee *Girso*. Environ 5 lieues plus outre le long le rivage, vous trouuerez une haute Isle, laquelle est habitee de Moines Grecs, & se nomme *S.Vencedego*. Or *S.Vencedego* est distant de *Modon* vers Sudest, quart a l'Est 10 lieues d'Italie. Ie vous dy, qu'environ une lieuë de *S.Vencedego*, asçavoir en terre ferme, est un coing roscheux, sur lequel est une tour rompuë. Ce coing est appellé *Ponto di Gallo*. Ie dy davantage que de ce coing, jusques a *S.Vencedego*, est par tout fond propre pour ancrer. Celluy qui veut quitter le Canal, aura sous ledit coing de *Ponta de Gallo* 6 brasses d'eau, & y sera bien asseuré: aussi faict il bon sortir & entrer par devant.

Environ 8 lieues en avant le long le rivage, vous trouverez au costé Oriental un roide coing roscheux & estendu, sur lequel verrez une ville habitee. Cette ville se nomme *Coron*: Mais navigant au dessus de ce coing roscheux vers le Nort, le long le rivage, vous verrez a la coste Marine une dicque ou chaussee, ou il faict au dedãs d'icelle bon entrer & sortir: asçavoir au costé d'Ouëst. Ie vous dy qu'il vous y faut naviguer dedans si avant, & tant que vous venez pres de la porte du Chasteau: il y faict net, & bon fond pour ancrer, mais ce mesme lieu n'est pas net par dehors. Or navigãt plus avant, vous trouverez vers Nortouëst un Golphe. Ce Golphe est nommé, le Golphe de *Coron*.

Partant de *Coron*, & navigant a l'Est quart au Nort plus de 30 lieues d'Italie, vous verrez vers Nortest une bouche, & trouverez dedans icelle deux vallees au costé dextre, asçavoir vers Sudest: & a icelles une Eglise, ou les navires jettent l'ancre: car le fond y est raisonnablement bon pour ancrer; & est une Rade, ou on est asseuré de tous les vents, qui viennent de la terre. Cette place se nomme *Lintolon*.

Environ 30 lieues d'Italie plus avant vers Sud & Sudest, le long le rivage, vous verrez un haut coing roscheux. Au dedans de ce coing, assavoir au droict costé vers le Nort, est un Chasteau sur certains petits roschers, nommé le Chasteau de *Menna*, & les petits roschers, les roschettes de *Menna*. Ie vous dy qu'au dedans de ce Chasteau, est rade pour barcques, non pas pour des navires. Environ 4 lieuës plus avant le long le rivage, vous verrez une grande vallee ou pleine rompue, a laquelle est fond propre pour ancrer; & on y est bien asseuré des le Sudest jusques a l'Ouëst. Cette vallee se nomme *S.Marie*. La marque de cette vallee, est un blanc roscher, laisse-le a la main gauche. De *S.Vencedego* au coing de *S.Marie*, le cours est entre l'Est & Sudest 70 lieues d'Italie. Ie vous declare, qu'au milieu de la vallee de *S.Marie*, qui est environ 3 lieues d'Italie, dedans la pleine, est un petit escueil, qui tout a l'entour est net. Cestuy cy est nõmé *Caloreto*. Mais navigant au dessus du coing de *S.Marie*, le long le rivage, environ deux lieues, vous y trouverez une vallee, laquelle est Rade pour petites navires, & y sont bien asseurees. Au dedans de cette vallee, est aussi une Eglise. Cette vallee est couverte ou asseuree contre le vent, des le Nortest, jusques au Sud. L'entree d'icelle est Nortouëst, & le fond y est propre pour ancrer. Cette vallee se nomme *S.Marie*.

Quatre lieues d'Italie plus outre, le long le rivage, vous verrez un rouge coing roscheux & obtuys, & au dedans de ce coing un grand port. Naviguez y dedans, vous y pouvez en la vallee jetter ancre au costé de Sudest; ou attacher la navire auec chables; la profondeur y est de 14 brasses. Mais entrant le mesme havre, navigez lez un bas coing roscheux, & laissez le rouge coing roscheux susdit, a la droite main ; car je vous asseuré qu'au milieu de cest havre, est une secheresse, couverte de 11 pieds d'eau; mais elle est nette tout a l'entour. Navigãt de ce port envirõ 30 lieues d'Italie, plus avãt, vous trouverez un coing, au dedans duquel fur le costé Septentrional, est bonne Rade, & bon fond pour ancrer. Sur le mesme coing est un Chasteau, nommé *Rampani*: Au dedans le mesme lieu, vous verrez un grand Golphe, asçavoir au costé d'Ouëst & du mesme verrez une tour, & un grand fleuve; vous pouvez naviguer au mesme, avecques navires petites. Cette tour se nomme *Veschili Potamo*: mais le Golphe est nommé, le Golphe du Chasteau Rampani.

Partant du Chasteau Rampani, & navigant a l'Est environ 8 lieues d'Italie, vous y verrez une Isle, laquelle Isle, & le rivage forment une bouche: mais je vous dy qu'en cette bouche n'entrent que petites Fustes, ou petites navires, qui ont besoing que de 4 pieds d'eau. Ie vous dy davantage, si vous voulez laisser la mesme Isle sur le costé Septentrional, lors surmontant ledit coing, vous y verrez une grande vallee, ou vous pouvez jetter ancre: car vous y serez asseuré, par devant, & aussi du vent de Nort. Encore je vous dy, que si vous venez au milieu de laditte vallee, ayant surmonté le coing du costé de Sudest, vous verrez sur le costé de Nortest une vallee joinct la mesme Isle, ou on est sur ancre, asseuré du vent de Sudouëst, & tout autre vent estranger. Cest Isle est ditte *Cerui*. Environ 10 lieues d'Italie plus avant vers le Nortest, & vers la terre ferme, vous trouverez un coing, qui est a l'Est de la vallee. Cestuy coing s'estend vers le Sudouëst. Cette place, est Rade pour toutes navires, est bien asseuré. Le signe de marcque de cette place, & coing de Sudouëst, est un petit bas escueil en l'eau: & en hault sur la terre sont aucunes murailles de pierre. Ce sont les marcques du lieu, qui est nommé *Lavatia*.

Plus avant a l'Est, le long le rivage, vous trouverez un coing estendu, au costé de Sudouëst: en ce lieu est fond propre pour ancrer, & est lieu bien asseuré, nommé le coing de *S. Marie*.

Environ deux lieues en avant, vous trouverez un coing roscheux, nommé Cap *Malio S. Angelo*.

Or navigant du coing de *Malio*, environ 2 lieues, entre Sud & Sudouëst, vous y trouverez une grãde Isle habitee. Cette Isle n'a poinct de port, mais a du costé de Sudest, deux Isles, ou il y a Rade, bien asseuree du vent de Nort, & par devant: vous y jetterez l'ancre au lieu ou vous serez asseuré du vent de Nort: ou le fond est propre pour ancrer. Ces Isles se nomment *Dragoneres*. Or navigant avant encore deux lieues, il y a au milieu des mesmes, une vallee tenant la grande Isle: laquelle seroit un bon port, & bonne Rade, jettez y l'ancre ou bon vous semble: mais je vous dy qu'il vous y fault naviguer en traversant avec quart de vent, & lors y serez bien sur ancre. Mais en sortant de cette vallee, vous y verrez une Eglise, nommé *S. Nicolas*.

Plus avant le long le rivage, au milieu de l'ample, sont petits escueils: vous les pouvez naviguer au dedãs & au dehors, car ils sont nets: & se nomment *Doi*. Mais surmontant ledit coing au costé de Sudouëst, vous y trouverez un roide escueil roscheux: a la moitie de cest, asçavoir au costé Septentrional, vous verrez un haut Chasteau sur l'Isle grande: dessoubz ce Chasteau est une vallee, & au costé Sudouëst, est un coing estendu. Vous pouvez jetter l'ancre en la vallee, car vous y serez asseuré des l'Est jusques a l'Ouëst. Cest escueil est nommé *Elovega*, & laditte Isle auec le Chasteau, est nommee l'Isle de *Cerigo*. Ie vous declare, que trouverez en la grande Isle aucunes vallees grandes, idoines pour navires, qui naviguent a rames, lesquelles seront asseurez du vent de Nort, & de Sudest.

Navigant plus avant de cette Isle de *Cerigo*, entre Sud & Sudest, environ 30 lieues d'Italie, vous y trouverez une grande Isle, ou le fond n'est pas propre pour ancrer, aussi on y est mal asseuré des vents. Au costé Occidental de cette Isle, est un large escueil, large environ 3 lieues d'Italie. Davantage je vous dy qu'entre cette Isle, & l'escueil, est une secheresse, a l'esgal de l'eau: vous y pouvez naviguer sans empeschemẽt lez la mesme Isle, ou lez l'escueil: & cette Isle se nomme aussi *Cerigo*, mais l'escueil a le nom *Poro*. Ie vous declare que debuez decliner de l'Isle Orientale, jusques a l'Isle secheresse inondee d'une a deux lieues d'Italie.

Pareillement navigant de laditte Isle de *Cerigo* vers Sudest, environ 30 lieues d'Italie, vous y trouverez 4 Isles. Vous pouvez naviguer au dehors, & au dedans de ces Isles, & entrerez un petit Golphe, & du mesme Golphe vous jetterez ancre tenant la grande Isle: lors vous y serez sur ancre entre Ouëst & Nortouëst, imaginãt que la mesme Isle forme le port. Iettez y ancre a l'opposite du milieu de l'Eglise: car a la coste marine de cette Isle, est fond propre pour ancrer, & profondeur de 10 brassees: vous y pouvez estre sur ancre, ou attaché auec des chables. Cette grande Isle est nommee, *Busie* la grãde. Ie vous dy davantage que cette mesme Isle, a une bouche, & un petit escueil au costé Sudouëst: vous y pouvez entrer & sortir avecques toutes navires, navigãt lez l'escueil: lequel doibt demeurer a la main gauche, quand vous voulez aborder a la terre, & sortirez la aussi a toute heure.

Partant de *Busie* la grande, & navigant environ 6 ou 7 lieues d'Italie, sur le costé de Nortest, vous trouverez un coing estendu vers le Nortest. Au dedans de ce coing, vous verrez un Golphe, & un Chasteau. Cette place se nomme *Chasteau Contarini*. Mais navigant hors de ce Golphe, vous verrez sur le costé Septentrional un estendu coing roscheux; au dedans de ce coing, est un Golphe, & une grande vallee. En cette vallee vous verrez un roide & aspre escueil, distant envirõ deux lieues d'Italie de cette mesme vallee. La est le port pour les navires, navigantes vers la Romanie; & est aussi devant la mesme Isle: cest un lieu ou le flot est poussé hors par la force du vent Septentrional: Le fond y est propre pour ancrer, & la Rade y est bonne en tout temps. Cette place est nommee *Turluru*. De la mesme vers Sud, vous verrez une ville grande habitee, ayant havre. La moitie de cest havre est estroitte, y il faut entrer par le dehors, & derechef sortir par practique: car au dedans il y faict bien peu coy: aussi vous y debuez jetter l'ancre au costé gauche, ou vous serez asseuré du vent de Nort: la moitie du port est au Sudouëst. Cette ville se nomme *Cania*. Partant de cette place pour naviguer vers Levant, le long le rivage, environ 10 lieues d'Italie, sur le costé Septentrional, vous verrez sur le costé Oriental un coing estendu & roscheux, nommé *Mecla*, & navigant de ce coing, le long le rivage, environ 6 lieues d'Italie, vers Sudouëst, vous y trouverez un grand Golphe. Navigez y dedans vers Ouëst, environ 4 lieues d'Italie, au dedans dudit coing, lors vous y verrez a la bouche 2 Isles: La pouvez vous jetter ancre, au costé du Nortest, ou de Sudouëst, & estre asseuré, du vent de l'Est, il y faict assez profond; & le fond y est propre pour ancrer. Ce Golphe est nommé la *Suola*, au costé du rivage, est un Chasteau habité: il y a de l'eau fresche au costé Oriental, & rafreschissement, & est nommé *Bicorna*.

Environ 20 lieues d'Italie plus avant, le long le rivage, vous trouverez une vallee, avec une petite & basse chaussee ou dicque, joinct laquelle est assise une villette habitee, nommee *Retemo*.

Plus outre le long le rivage, navigant de cette villette, vers Levant, vous verrez sur le costé de Nortouëst un coing estendu, qui est roscheux en l'eau: & quand on navigue vers la, par le Sudouëst, laissant cedit coing au costé dextre, assavoir vers Nortouëst, vous verrez une Eglise de Moines Grecs & une vallee, ou il y a de l'eau fresche. Ie dy qu'il y faut entrer si avant, qu'il vous semble d'y estre biẽ asseuré du vent de Nort, & la jetter l'ancre: car il y a bon fond pour ancrer. Cest une Rade asseuree du vent de Nort, & de tout vent de dehors. Cette place est nommee *Frascia*.

Environ 10 lieues d'Italie plus avant, vers Sudest, vous verrez une ville peuplee, ou il y a un port, & une haute dicque, & la dessus un haut Chasteau; vous y verrez aussi une bouche estroitte, & basse dicque. Ie vous di qu'au dehors de cette dicque,

dicque,est fond propre pour ancrer, ou vous pouvez estre sur ancre, ou attaché avecques des chables. Mais quand vous voudriez avec chables attacher la naviere, a la haute dicque, lors pouvez vous naviguer dedans la bouche, si avant que bon vous semble. Cette ville se nomme *Candia*.

Environ 4 lieues d'Italie plus avant, le long le rivage, vous trouverez au costé de Nortest, un coing estendu; au dedans de ce coing assavoir vers Sudouëst, verrez une vallee, & une Eglise de Moines Grecs; la est bon fond pour ancrer. Cestuy coing est nommé *S. Iean*.

Environ 5 lieues d'Italie de ce coing, le long le rivage, vous verrez un Golphe long & estroict. Au dehors de ce Golphe vous verrez une basse Isle. En ce petit Golphe est la Rade, ou on est asseuré de tous vents; & le fond y est propre pour ancrer. Navigez dedans, laissant l'Isle a la main gauche, il y a bon fond pour ancrer, & bonne profondeur pour Galeres petites; Il y a aussi de Salines. Ie vous di que cest Escueil est au dehors de la bouche, qui est nommé *Spina Longa*.

Partant de cette place, navigant entre l'Est & Sudest, vous y verrez un coing roscheux: & navigant plus avant, le long le rivage trois lieuës d'Italie, vous y trouverez trois Isles, & un Chasteau, avec une vallee habitee, ou il y a bonne Rade, asseuree par devant, & vers le Nort. Cette place est nommee *Setia*.

Navigant de *Setia* plus avant, vous verrez vers Nortest un haut & roide coing estendu, & au dehors de ce coing, environ une demy lieuë d'Italie, vous verrez un petit Escueil: au dehors de cest Escueil, est une secheresse couverte d'eau. Il faut decliner de cest Escueil environ deux lieues d'Italie, pour naviguer sans empeschement. Cestuy lieu est nommee *S. Theodore*.

Environ 8 lieuës d'Italie plus outre, le long le rivage, vous verrez un coing, & au dedans de ce coing, verrez un grand Port & large: navigez dedans Sudouëst, car il y a bonne place, & tresbon fond pour ancrer, & aussi de l'eau fresche. Cette place est nommé *Palo Castro*. Au dehors de cedit coing, vous verrez un large Escueil, separé du rivage environ cinq lieuës d'Italie: mais au dedans de cest Escueil, est une secheresse. Ie vous di, pour naviger sans empeschement, qu'il vous faut courir tout pres de l'Isle, passant ledit escueil a la main gauche, assavoir au costé Oriental. Cest Escueil est dudit coing estendu vers Nortouëst: mais le coing estendu se nomme le *Cap Sermon*.

Tournant arriere de la mesme Isle, vous trouverez sur le costé Sudouëst un Escueil, vous y pouvez passer au dehors, & dedans. Cest escueil est nommé *Farioni*. Passant avant le long le rivage, environ 20 lieuës d'Italie, vous trouvez vers Sudouëst une Isle, ou le fond est bien propre pour ancrer, & on y est bien asseuré tant pour grandes que petites Navires: aussi il y a bonne profondeur. Cette Isle est ditte *Christiana*.

Environ 30 lieuës d'Italie plus avant, le long le rivage, vous verrez deux Escueils, distans du rivage environ six lieuës d'Italie, ou il y a fond propre pour ancrer, & bonne Rade pour les navires. Ie di qu'au costé Septentrional de ces Escueils est bon fond pour ancrer, mais au costé d'Ouëst est une secheresse. Declinez de cette secheresse trois lieuës d'Italie, lors pouvez vous naviger sans empeschement. Ces Escueils se nomment les Escueils de *Gadaroni*.

Environ 60 lieuës d'Italie plus avant, navigant le long le rivage de la mesme Isle, vous verrez vers Sud un coing estendu, & au dedans de ce coing verrez deux vallees, ou il y a Rade pour toutes Navires: mais au dehors d'iceluy trouverez 3 Escueils, lesquels forment un havre, ou les Navires peuvent estre asseurees. Cesdits escueils se nomment *Cabolimena*.

Navigant le long le rivage 20 lieuës d'Italie, vous y verrez une vallee, ou il y a bon fond pour ancrer, aussi y est on bien asseuré du vent de Nort, & autres. Cest une rade pour naviger vers Levant. Au dehors de cette vallee, sur le costé Sudouëst, vous trouverez deux escueils, ayants au dehors sur le costé Meridional deux secheresses. Ces escueils se nomment *Caurere*. On les peut naviger au dehors & dedans, declinant d'iceux au costé Meridional, a cause des secheresses, environ trois lieuës d'Italie: ce faisant navigerez sans empeschement.

Environ 30 lieuës d'Italie plus avant, vous trouvez un Golphe, entrant au dedans environ 2 lieuës: & est un bon lieu pour naviger vers Levant. Il est nommé Mer Austral. Au dehors de ce lieu, sur le costé Sudouëst, vous verrez une grande Isle, ayant un escueil au costé Septentrional: & entre cest escueil & l'Isle, est une secheresse. Navigez dedans lez cest escueil, lors entrerez sans empeschement. Ie di que c'est une grande Isle, & aussi une Rade & Havre, quand on jette l'ancre au costé de Nortest. Cettuy lieu est nommé *Gaso*.

Navigant en avant le long le rivage de l'Isle, vous verrez un coing estendu, sur le costé de Sudouëst: & est par fois un defensif contre le vent de Nort. Ie vous adverti, qu'il n'y est pas net entre cesdits Escueils, & qu'il y faict mal asseuré d'estre sur ancre. Cette place est appellee *S. Iean*.

Retirant du coing susdit, assavoir Cap *de Sermon*, & navigant vers Nortest quart a l'Est, enuiron 40 lieuës d'Italie, vous trouverez une Isle roide, nommee *Lonso*: au dedans de cette Isle, sur le costé Septentrional, vous verrez aucuns bas petits escueils. Navigez entre cesdits escueils, & l'Isle, laissant ces escueils vers Nortouëst: apres navigez dedans vers Nortest, & vers Sudouëst, & metterez la navire ferme, ou par ancres, ou avecques des chables: car il y a fond propre pour ancrer; & est un lieu bien propre pour naviger, ou vers Levant, ou vers Ponent. Cesdits lieux se nomment *Nosecco*.

Plus avant vers Nortest, vous verrez une haute & grande Isle: entre les deux Isles grandes est une secheresse: declinez de la grande Isle, si avant que bon vous semble. Vous pouvez aussi naviger au dedans la mesme grande Isle, lors navigerez sans empeschement. Cette Isle est nommee *Scarpanto*. Ie di que le Havre, & la Rade de la mesme Isle, est au costé Septentrional. Davantage je di, qu'en navigant le long l'escueil, vous verrez une basse Isle, & qu'au dedans d'icelle est une secheresse: a cette cause je vous di, venez si prés laditte Isle que bõ vous semble, & n'ayez aucune doute pour ce que la bouche est estroitte. Iettez l'ancre tenant l'Isle, & vous y serez bien. Cette Isle est nommee *Staqualie*. Ie di encore, que sur le costé Sudest, vous verrez un haut Chasteau assis sur un roscher. Prenant la route d'iceluy, vous verrez un Havre, qui est une rade pour tous Navires. Navigez y dedans du Nortouëst, & il vous succedera bien, le fond y est propre pour ancrer, aussi y avez vous rafreschissement d'eau fresche a boire.

Environ 40 lieuës d'Italie plus avant, navigant vers le Nort quart a l'Est, vous y verrez une Isle haute, nommee *Rodo*.

De *Cap de Malio S. Angelo*, a *Melo*, le cours est Nortest quart a l'Est 100 lieuës d'Italie. Ie di que le Port de cette Isle, est au costé Septentrional: mais navigant au dessus du coing d'Ouëst de cette Isle, vous verrez le Chasteau. Prenez le cours lez le Chasteau, quand vous entrez: & estant entré au mesme Golphe trois lieuës, vous verrez un bas coing: jettez l'ancre au dedans ce mesme coing, car il y a bon fond pour ancrer: vous y pouvez estre sur ancre, ou attachez avecques chables: il y faict profond de 10 a 12 brassees d'eau: aussi est la bon eau. A l'autre coing de l'Isle, sur le costé Oriental, assavoir de l'Isle Orientale, laquelle gist vers le Nort, est Havre pour tous Navires. Le signe & marque du mesme Havre, est un haut coing blanc & roscheux: au dedans de ce coing vous verrez une Eglise rompuë, vous y pouvez jetter ancre ou bon vous semble, il y a bon fond pour ancrer, & profondeur de 6 a 12 brassees d'eau: & est une Rade pour tous Navires. Ie di que cette place & l'Isle gisent moitie a moitie, & qu'il y a une tour, nommee *Suso*; & le lieu s'appelle *Suso*. En ce lieu est

bois

bois & eau fresche. De cette place a *Policandro*, le cours est a l'Est, quart au Sud 20 lieuës d'Italie. *Policandro* est une Isle longue, estroicte, haute & non habitee : n'y a ne Port, ne Havre, que pour Fustes a rames.

De *Policandro* a *Nia*, le cours est a l'Est quart au Nort 30 lieuës. Ie di que *Nia* est une Isle haute & taillee. Du coing de Nortouëst vous verrez deux Escueils ronds & roides. Ie vous declare que lesdits Escueils doivent demeurer en entrant a la main gauche, assavoir vers Nort. Declinez de cette Isle, environ deux lieuës d'Italie, lors vous verrez la vallee, & le Chasteau, navigez dedans par *Foreda*, jusques a demy le Chasteau, apres prenez le cours vers N.E. Tenant cette Isle faict il profond de 4 a 8 brassees d'eau, & le fond est propre pour ancrer. L'Isle est habitee, & a de l'eau fresche.

Plus avant 25 lieuës d'Italie, vers Sud & Sudouëst, vous trouverez une haute & grande Isle : assavoir deux Isles qui forment un Canal. Dedans en ce mesme Canal gist un coing bruslé, ou la Rade est pour les Navires; vous pouvez au dedans ce coing jetter l'ancre ; car vous devez sçavoir qu'au dedans du Canal n'y a pas de profondeur. Au costé de cette grande Isle ; assavoir, au costé Meridional, est une contree de bas sablon, & un fond blanc, ou y est sur ancre bien asseuré du vent de Nort, mais il vous faut naviger environ une lieuë & demy arriere du coing ; car aupres de cette Isle au dehors sont certains fonds qui ne sont point nets. La mesme Isle a un Chasteau, qui n'est pas habité, & est nommee *Santorini*. Environ 5 lieuës de cette Isle, au costé d'Ouëst, sont deux Isles, sans rade & profondeur. Elles se nomment *Christiana*.

Partant de *Santorini*, & navigant entre Nortest & l'Est sept lieuës, vous y verrez une haute Isle; mais du mesme lieu, sur le costé de Nortest, est un haut & roide coing roscheux en l'eau. Ie di qu'au mesme coing est mauvais eau, par un vent de Nort ; vous en pouvez decliner si avant que bon vous semble. Or au dehors de la mesme Isle, sur le costé Meridional, sont deux Escueils, & une basse petite Isle ; tout a l'entour fait il assez profond, & bonne Rade pour Navires petites. Vous pouvez aussi jetter ancre tenant la grande Isle a la moitie du Chasteau : lesquelles Rades sont au costé Meridional de la mesme Isle. Cette Isle est peuplee, & a de l'eau fresche ; & est nommee *Nansio*.

Environ 35 lieuës plus avant, entre Nortest & l'Est, vous trouverez une autre grande Isle. A costé de cette Isle vers S. E. sont aucunes petites Isles basses. Il les faut laisser au costé de S.E. Quand vous serez entre icelles & la grande Isle, lors vous verrez un coing scabreux, & le mesme Escueil. On y peut naviger dedans le Havre d'enhaut & d'en bas, ou il faict profond de 4 a 10 brassees, & fond propre pour ancrer. Ie di que la mesme Isle a bons Ports, sans encore le Havre qui est au costé droict, s'estendant du Nort, jusques au coing d'Ouëst. Le Chasteau est au costé de Sudest, en lequel est de l'eau fresche. Cette Isle n'est pas habitee, & se nomme *Stampalia*.

Navigant de *Stampalia*, entre Nortest & l'Est 40 lieuës, vous y trouverez une grande Isle, ayant deux coings du costé d'Ouëst, l'un qui est bas, & l'autre haut & roscheux. Ie di qu'il vous faut prendre le cours de ce haut coing roscheux, le laissant vers Nortouëst a la main gauche. Ie vous declare que des le coing susdit ; jusques au coing de Nortest, est fond propre pour ancrer, ou on est bien asseuré du vent de Nort & autres. Ie di plus, qu'au dessus de ce coing de Nortest, est une secheresse, vous en devez decliner environ deux lieuës d'Italie ; & venant au dessus, lors vous verrez la ville. Or je vous di que cette Isle n'a pas de Havre, vous pouvez jetter l'ancre a l'opposite de la moitie de la ville, ou bon vous semble ; car vous y serez asseuré de tous vents, il y faict profond de 5 a 15 brassees d'eau. Il y a aussi de bon eau fresche. Navigant de la ville le long le rivage, vous trouverez un bas coing, mais peu de profondeur, & est comme un lieu sablonneux, ayant le fond blanc ; declinez d'iceluy environ trois lieuës d'Italie, lors pourrez naviger sans empeschement, & ainsi naviguerez a l'entour de l'Isle. En cette Isle est un Chasteau, qui est habité, & est nommé *Largo*.

Navigant du coing susdit de *Cephalo* vers Levant, environ cinq lieuës, vous trouvez une Isle au costé du Sudest, & aussi une vallee bien ample, vous y pouvez jetter l'ancre au costé Sudouëst. Au bout de ladite vallee, vous verrez un petit Escueil ; vous pouvez auecques tout vent jetter ancre au dedans de ce petit Escueil, car il est propre pour naviguer vers Levant. Or je vous di qu'environ deux lieuës d'Italie de cest Escueil, est une secheresse, ayant par dessus l'eau la façon d'une barcque ; vous la laisserez de costé, & prendrez le cours par le milieu du Canal, lors navigerez sans empeschement. Cette Isle se nomme *Celligargo*. Environ trois lieuës plus avant, nauigant entre l'Est & Sudest, vous y verrez une haute Isle avec un Chasteau, qui est peuplé ; mais je vous certifie que cest Isle n'a pas de Port, mais bien que tout a l'entour il y faict bien profond : ou au costé interieur vers N.E. a de l'eau, & quelque peu de vallee ; ou on peut estre asseuré sur ancre auecques de barcques. Cest Isle est nommee *Niseri*. De cette Isle jusques a Rhodes, il est nommé le Canal de Rhodes, lequel s'estend entre l'Est & Sudest 90 lieuës d'Italie. Ie vous di plus, que deuez laisser toutes ces Isles susdittes sur le costé de Sudouëst.

Enuiron 5 ou 6 lieues de *Niseri*, a l'Est, & Sudest, vous trouverez une Isle peuplee. Le port gist au Canal, sur le costé Septentrional. Le signe & marcque du Havre, est qu'en partant du coing de Nortouëst de cette Isle, venant vers le coing de Sudest, vous y verrez une vallee grande : & entrant en icelle, vous verrez une petite Eglise, prenez la route d'icelle, & jettez la l'ancre ou bon vous semble. Tenant laditte Eglise, est de l'eau fresche. Ie vous di qu'entre l'un & l'autre coing de cette Isle, sont certains petits Escueils, mais vous les pouvez naviger par dedans & par dehors, car il y fait assez profond. Cette Isle se nomme *Piscopia*. Partant de *Piscopia*, & navigant environ 6 lieues vers Sudest, vous y trouverez une grande & haute Isle. Cette Isle est habitee sur le Port Oriental ; mais dedans l'Isle n'y a point de profondeur : ains le Havre est assez profond, & a fond propre pour ancrer. Entre deux & trois lieuës de cette Isle vers le Nort, sont aucunes petites Isles, nullemẽt habitees, neantmoins il y faict tout a l'entour d'icelles biẽ profond, ou est rade biẽ asseuree pour les barcques. Cette ditte Isle peuplee se nomme *S. Nicolas de Cargi*. A la moitie de cette Isle, environ deux lieuës plus avant, entre l'Est & Ouëst, vous verrez la grande Isle de *Rhodes*. Cette Isle de *Rhodes* est bonne, & bien peuplee, ayant une ville, & un Havre. Le Havre gist au costé Septentrional, entre le Canal & la ville, & est propre pour toute sorte de navires : car il y a profondeur de 4 & 5 brassees d'eau. Ie di qu'en partant de cette ville, vous trouvez une secheresse large, separee du *Bollevart de S. Nicolas*, environ le traict d'une Arbaleste. Cette secheresse, entre icelle & le *Bollevart*, est la profondeur de 2 pieds d'eau. Environ une lieuë plus avant, au Nortouëst & Nort, est un coing estendu, vous le pouvez approcher a la longeur d'un chable, & ainsi naviger sans empeschement. En aucuns lieux de *Rhodes* est bon fond pour ancrer, & tout a l'entour de l'Isle deux lieuës a la ronde, vous trouverez de 14 a 20 brassees d'eau : on y est aussi bien asseuré avec Fustes a rames. Ie vous di quand vous partez de *Rhodes*, du costé de l'Est, qu'entre Sud & Sudouëst est un Escueil : vous y pouvez jetter ancre des l'Escueil jusques a l'Isle. Vous verrez sur la terre un Chasteau, nommé *Lendego*.

Navigant de *Niserie Turcquoise*, environ 18 lieuës, entre Nortest & Nort, vous verrez sur le costé Sudouëst un coing estendu, lequel est roscheux en l'eau. Prenez le cours lez le coing, le coing laissant a la main gauche : & quand vous estes au dessus de ce coing, vous y verrez une chaussee de pierres, & a la moitie d'icelle, verrez une autre couverte d'eau, laquelle s'estend jusques a la terre. Ie di que venant au Port, vous devez naviger lez la chaussee qui est hors de l'eau, a la largeur pres d'une barcque, & lors serez au Port, ou il faict profond de 12 a 14 brassees. Ie vous di davantage, que cette place est terre

terre ferme. Vous verrez au dedans de cest Havre aucunes murailles, lesquelles estoient jadis les murailles d'une ville. On y trouve du bois, mais nul eau fresche. Cette place est ditte *Crio*.

Environ 10 lieuës de *Crio*, navigant le long le rivage, vous verrez au costé de Sudouëst un coing estendu, qui est roscheux en l'eau. Venant au dessus de ce coing, vous y verrez un Escueil, & une grande contree, en laquelle gist une grande vallee, tenant laquelle sont aucunes edifices, habitees par les Turcs, ou il y a bon rafreschissement. Au bout de la mesme contree sur le costé de Sudouëst, est quelque bastiment, dessous lequel est de l'eau. Vous pouvez jetter ancre entre ledict Escueil & la contree, car tout a l'entour de cest Escueil faict il bon fond pour ancrer. Vous pouvez aussi jetter ancre dessous l'Escueil, selon l'exigence du temps, & la demeurer sur ancre, ou avec des chables attaché, car il y a bon fond pour ancrer. Cette place se nomme *Barbo* de *S. Nicolas*.

Environ 20 lieuës plus outre, navigant entre l'Est & Sudest, vous y trouverez un Golphe, lequel naviguerez tout outre de travers. Ce Golphe est habité des Turcs, & est nommé le Golphe des Singes : mais passant le long le rivage, vous verrez au costé Sudouëst autres Escueils exterieurs, sur lesquels sont murailles de pierres, & sont les marcques du Port : vous y pouvez jetter l'ancre entre ces Escueils, & le petit grand Escueil, ou vous pouvez estre sur ancre, ou avec chables attaché: car il y faict profond de 20 a 30 brassees d'eau. On peut de la naviger vers Levant & Ponent : & gist arriere du rivage une demy lieuë, formant avec le rivage un Canal. Cesdits Escueils se nomment *S. Pole*. Navigant de ce rivage, environ une lieuë, prenant le cours au milieu entre cesdits Escueils, vous verrez un coing sur le mesme rivage. Environ trois lieuës outre ce coing, vous trouverez une bouche estroitte : navigez & entrez par cette bouche, vous y verrez une Eglise de Caloieres, ou Moines Grecs, & lors serez dedans le Havre : jettez l'ancre ou bon vous semble. Cette bouche est au Sud, & est un lieu propre pour petites Galeres ou Fustes : tenant l'Eglise, on trouve de l'eau fresche. Ie vous di que ce lieu semble estre terre ferme, mais c'est une Isle, en laquelle sont plusieurs Chasteaux, & est peuplee. On peut de cette Isle naviguer avecques petites Fustes a la terre ferme : & est nommee la grande Isle des Singes.

Partant de l'escueil susdit de *S. Polo*, & navigant par le Golphe susdit le long le rivage, vous verrez tenãt la terre un coing estendu, haut & roide, & un petit escueil : mais devant que viendrez a cestuy coing, vous verrez au dedans d'iceluy un autre coing ; & la dessus une dicque de terre. Navigez lez la mesme, car il y faict bien profond. Mais venant au dessus de ce coing, vous y verrez un grand Port, & dedans ce Port une grande vallee ; jettez l'ancre en cest havre, ou bon vous semble; vous y pouvez estre sur ancre, ou attaché avec des chables ; car il y faict profond de 12 a 20 brassees d'eau. Cette place est bien propre pour naviger vers Ouëst, & se nomme *Malsetta*. *Malsetta* & *Rhodes* sont distans l'une de l'autre, Sud quart a l'Est 35 lieuës.

En outre navigant environ 10 lieuës a l'Est, le long le rivage, vous verrez un rond & roide Escueil, lequel & le rivage, forment un Canal. Ie di qu'entre cest escueil & le rivage, on est bien asseuré par devant, quand on est sur l'ancre lez l'escueil. Sur cest escueil sont Cisternes d'eau fresche, aussi est il nommé la Cisterne. Cest escueil & *Rhodes* sont l'un de l'autre Sud & Nort 18 lieuës. Environ six lieuës de les Cisternes, le long le rivage, vous trouverez un coing, ayant des petits ruisseaux, lesquels ruisseaux venans au dessus du coing, courent vers dedãs comme un petit Golphe. La dedans vous verrez une vallee, ensemble un fleuve, & maisons Turcquoises ; il y faict bien profond, & fond propre pour ancrer. Au dedãs sont aussi certains petits escueils. Cette place est bien propre pour naviger vers Levant, & se nomme *Fresco*. Navigant de cette place environ 12 lieuës plus avant, vous trouverez bien vers dedans un autre Golphe ; & environ six lieuës d'Italie plus vers dedãs, vous verrez des vallees, rivieres, & maisons Turcqubises. Au mesme Golphe est bon fond pour ancrer, & bonne profondeur, & rade pour tous navires. Cestuy lieu est nommé *Prepia*. Au dehors de ce Golphe, le long le rivage, sont aucuns escueils qui sont net ; on peut naviger entre iceux avecques navires, tant grandes que petites. Partant de *Prepia*, le long le rivage, vous verrez sur le costé de S. O. un coing estendu. Surmontant ce coing, vous verrez une longue & grande vallee. Au bout de cette vallee vers Ouëst vous verrez un escueil, & la dessus la façon d'un clocher. Par le milieu de cette vallee court un grand fleuve, lequel est habité des Turcs: mais la Rade est tenant l'escueil. Le signe & marcque de ce lieu, & le signe qui est sur l'escueil ; & cest escueil est nommé *Laguia*. Partant de *Laguia*, & navigant le long le rivage, vous trouverez un coing, & aucuns petits escueils: mais surmontãt cestuy coing, vous verrez une large entree ou bouche, & dedans icelle, certaines vallees, & bouches de havres. Il y faict bien profond, & fond propre pour ancrer ; ce sont aussi lieux bien propres pour Fustes a rames, navigans vers Levant : mais au dedans la mesme entree, gist une Isle boscageuse, sur laquelle sont aucunes murailles. Au costé Septẽtrional de cette Isle la profondeur est petite, & est propre pour petites barcques. Ie vous di, qu'au dedans, sur le costé Oriental de cette Isle, sont *Salines* : mais quand on veut naviguer le long le costé de S. O. vers la bouche de cette Isle, vous trouverez bonne profondeur : & entrant la bouche, vous verrez un Chasteau. Cette place est bien propre a naviger vers Ponent. Partant de cette Isle, & navigant le long le rivage, jusques au roscher, le fond y est propre pour ancrer, & on y est bien asseuré des vents qui viẽnent de dehors. Cettuy Golphe est nommé *Macoe*, & la susditte Isle, l'isle de S. *George*. Le susdit Chasteau est un bon lieu, peuplé de Turcs. Mais partant de cette Isle, du coing de S. O. qui est l'entree vers le Chasteau, vous y avez une contree ou il y a du bois & eau fresche. Aussi sont en cette Isle de S. *George*, des Salines. Ie vous di qu'au partir de cette Isle, pour venir vers la bouche au rivage, qu'il y a la, jusque au coing bon fond pour ancrer. Quand vous surmontez de ce coing au costé de l'Est, vous y trouvez le long le rivage aucuns escueils, prenez le cours surmontant le coing, jusques au dedans le coing, vers le Nort : vous y trouverez certains petits escueils : vous les laisserez a la main gauche, & prendrez le cours N. E. environ 2 lieuës, la vous verrez une grande Isle, pres de la terre ferme : lors pouvez vous prendre la route de l'Est ou Ouëst. Vous y verrez aussi *Freo*, qui est au dessus d'icelle, & sur cette ditte Isle verrez assez de murailles : aussi y trouverez eau fresche & bois. Vous pouvez dedans ce mesme lieu estre sur ancre, ou attaché avec des chables ; car le fond y est bien propre pour ancrer. Sur la mesme Isle au costé d'Ouëst, sur le terroir roide, & la montagne, est une tour, laquelle est la marcque de cest Isle, nommee *S. Nicolas delle Vise*.

Partant de ce lieu, & navigant vers Levant le long le rivage, vous y trouverez une coste grande, semblable a un rivage roscheux, qui a des petits ruisseaux, & s'estend vers le Sud. Ce Cap est nommé, le *Septangle* de la terre ferme, & de la Turcquie. Venant au dessus de ce coing, vous trouverez une grande vallee ; navigez y dedans, & vous verrez aucunes murailles, & une riviere. Au costé Occidẽtal de cette vallee, est on sur ancre bien asseuré par devant ; aussi est par tout en la mesme vallee, fond propre pour ancrer. Cette vallee, est on sur ancre bien asseuré par devant : aussi est par tout en la mesme vallee, fond propre pour ancrer. Cette vallee se nomme *S. Nicolas de la Patura*. Navigant avant le long le rivage, environ 2 lieuës vers dedãs, vous verrez une vallee, laquelle s'estend vers le N. & au dehors du mesme Canal, a la main droite, sont certains escueils; ou en venant au dedans, vous y serez a couvert des l'Est, jusques au Sud, prenãt le cours N. O. vous y avez bonne profondeur, & fond propre pour ancrer, par devant. Partant de cette place, vous trouverez 2 Isles ; l'une grande & l'autre petite. Sur la grande Isle est un Chasteau, qui est peuplé ; & son entree est au Nort. Mais navigant vers l'entree,

D environ

environ 2 lieuës le long le rivage, vous y trouverez un petit & bas escueil, & au dehors de cest escueil, sur le costé d'Ouëst est un roscher rouge de pierre en l'eau : il vous faut naviguer lez le rivage de l'Isle, qui est au dehors, nommee *Poncelle*, & pouvez naviger tout a l'entour du mesme Isle. Il y a aussi une vallee, qui a bon fond pour ancrer, & on y est bien asseuré des vents de dehors. Partant de la, pour prendre le cours vers la grande Isle, vous navigerez entre la bouche & le coing, car au dedans de l'Isle, est la Rade des Navires qui navigent vers Levant & Ponent : il y a aussi bon fond pour ancrer ; vous y pouvez aussi estre ferme, attaché a l'Isle avec des chables. Le long le rivage de la mesme Isle, vous verrez une vallee, & aucunes murailles, & certaines Salines : il y a la Rade pour les Fustes. Navigant de cette vallee vers Levant, vous y verrez quelque petit Escueil, & la dessus aucunes murailles : vous le laisserez a la main droitte, en declinant environ a la longeur d'un chable : car sur le costé Septentrional est une secheresse. Vous y verrez aussi certains petits Escueils, & ainsi vous sortirez dehors, car il y faict bien profond. Cette grande Isle peuplee, se nomme *Castel Ruzzy*.

De *Castel Ruzzy* a *Rhodes*, le cours est a l'Est quart au Sud 100 lieuës. Mais *Septangle* & *Rhodes* sont l'un de l'autre a l'Est & Ouëst 60 lieuës.

D'*Arca* a *Rhodes*, le cours est Nortest quart a l'Est 40 lieuës. Partant de *Castel Ruzzi* a naviguer vers Levant, la largeur d'une lieuë vers le Sudest, vous verrez un Escueil rond & roide. Tout a l'entour de cest Escueil, faict il bien profond, & se nomme l'Isle de *Correnli*.

Partant de cette Isle le long le rivage, vous y verrez aucuns Escueils, & une vallee, & la terre ferme : le fond y est propre pour ancrer, & on y est bien asseuré du vent qui entre par devant. Environ 10 lieuës d'Italie plus avant, le long le rivage est un coing ; quand vous l'avez surmonté, vous verrez deux bouches a la terre, mais vous naviguerez lez la bouche de l'Est, & la laisserez a la main gauche ; navigant ainsi vers la grande Isle, car il y faict bien profond. Mais a l'autre bouche est une secheresse, couverte de 4 pieds d'eau ; Navigez si pres la grande Isle qu'il vous est possible, car quand vous serez a la grande Isle, vous y verrez une vallee, tenant l'Isle avec les murailles. Laquelle Isle, ensemble le rivage, faict un Canal, ou on peut entrer & sortir avec tous Navires, du costé de l'Est. A cette Isle est eau fresche, & du bois en la vallee, aussi une ville peuplee. Cette Isle est nommee *Cacao*.

Environ 5 lieuës en avant le long le rivage, vous verrez un bas & blanc sablon : & sur la mesme Coste est un roscher, & la dessus un Chasteau. A cette Coste est bon fond pour ancrer, ou on est asseuré des vents qui soufflent par dedans ; ou il y a aussi de l'eau fresche ; & est nommé S. *Nicolas de la Mira*. Environ 10 lieuës en avant le long le rivage, vous verrez une haute Coste, & aussi une grande vallee & longue, ayant de l'un bout a l'autre une riviere. Au costé d'Ouëst de cette vallee sont aucunes murailles : on peut pres d'icelles jetter l'ancre, ou attacher la naviere avec des chables : car on y est biẽ asseuré des vents qui entrent dedans ; & la profondeur y est bonne. Ie vous di que le coing de la vallee est ledit Fleuve, ou on trouve du bois. Cette vallee se nomme *Finica*.

Partant de *Finica* le long le rivage vers le Sud, vous y trouverez un coing estendu, au dehors duquel sont aucunes Isles. On peut naviger avec Galeres entre ces Isles, & cedit coing. On trouve de l'eau fresche en ces Isles, & on y est bien asseuré sur le costé Septentrional. Ces Isles ensemble ledit coing se nomment les *Chelidones* & les *Gonbrubes*. Des *Chelidones* jusques a l'Isle de *Cypres* sont 160 lieues. Des *Chelidones* a S. *Bifanio*, le cours est Sudest & Nortouëst 160 lieuës d'Italie. Environ 10 lieuës du Cap de S. *Bifanio*, le long le rivage, au costé Meridional, est un grand Escueil, ou il n'y a aucune profondeur, mais est sec. Entre cest Escueil & le rivage est bon fond pour ancrer, ou on est bien asseuré : car il est couvert des le Nortest jusques au Nortouëst : assavoir des vents qui entrent de dehors. Cest Escueil est nommé *Trepano*. Navigant outre de cest escueil, le long le rivage, environ 15 lieuës, vous y trouverez un bas coing ; mais surmontant ce coing, vous y verrez une ville destruitte, & deux Chasteaux assis sur deux ruisseaux ; Si vous y voulez entrer, vous y verrez une chaussee ou dicque. Mais partant du rivage, & prenant la route, du Chasteau le long le costé Oriental, au bout de laditte chaussee, gist un autre dicque cachee sous l'eau, laquelle finist environ la longeur d'un chable pres de la ville. Ie vous di qu'en entrant le Port devez naviger lez la tour, jusques dedans le Havre, & la jetter ancre ou bon vous semble : il y faict profond d'un a deux brassees d'eau. Cette ville se nomme *Baffo*. Ie vous di plus, que le Cap de S. *Copia*, & *Baffo*, sont l'un de l'autre Nortouëst & Sudest 25 lieuës. Mais *Baffo* & *Castel Ruzzio*, gisent l'un de l'autre a l'Est Sudest, & Ouëst Nortouëst 200 lieues. *Rhodes* & *Baffo* sont l'un de l'autre a l'Est quart au Sud, & Ouëst quart au Nort 320 lieues d'Italie. Environ deux lieuës de l'Isle de *Baffo*, le long le rivage, vous trouverez deux petits & bas Escueils : quand on navigue vers Levant, il faut tenir la route de la terre, jusques a tant qu'on vient au Canal entre les escueils : car au dehors de ces Escueils, environ une lieuë ou deux en Mer, faict il sec : mais venant de la Mer, il vous faut decliner de ces Escueils, soit au costé de l'Est ou d'O. environ une lieuë, tant que vous entrez au Canal : & jettez l'ancre environ une lieuë le long le riuage, ou vous serez asseuré des vents.

Enuiron 20 lieuës d'Italie plus avant, le long le riuage, vous verrez un haut & blanc coing roscheux, declinez de ce coing enuiron une lieuë en Mer, car il y faict bien peu profond, & prenez la route du coing, nauigant le traict d'un Arbaleste arriere du coing, & courez dedans si auant, tant que vous estes asseuré du vent de Sudouëst, le fond y est bon pour ancrer, & vous y avez la profondeur de 4 brassees : jettez l'ancre dessous le coing. Cettuy coing est nommé, le Coing blanc. Ie di que *Baffo* & *Vegro* sont habitees, & qu'elles ont de l'eau pour boire. Ledict Coing blanc & *Baffo*, gisent l'un de l'autre, a l'Est quart au Nort vingt lieues ; partant & navigant dudit Coing blanc, enuiron 4 lieues, vous y verrez une grande contree. Au bout Meridional d'icelle, vous verrez une Eglise, ditte S. *George* : & enuiron deux lieuës au dedans de la terre, verrez un Chasteau, nommé *Piscopia*. Ie vous declare que le Coing blanc & *Gadata*, gisent l'une de l'autre S.E. & Nortouëst 15 lieues. Navigant de *Piscopia* enuiron 5 lieues, vous y verrez un coing bas, gisans l'un de l'autre Sud & Nort. A cettuy coing sur le costé d'Ouëst, sont deux petits Escueils, ou on peut naviguer auec petites nauires, en demeurant arriere a la longeur d'un chable. Cettuy coing est nommé, le Cap de *Gavata*, & est un defensif contre le vent de Sudouëst, & contre les vents qui entrent par devant. Environ 10 lieuës de ce Cap au Nort, le long le rivage, gist un Chasteau ruiné, ou il y a au milieu de la riviere fond propre pour ancrer : jettez l'ancre au milieu de la riuiere, enuiron la largeur d'une lieuë, car cest une vallee, ayant fond propre pour ancrer, & profondeur de 7 brassees : vous y serez asseuré des le Sud jusques a l'Est, quand vous prenez la route d'Ouëst. Cette place se nomme *Limisso*. Partant d'icy vers Leuant, le long le riuage, environ 30 lieuës, vous y trouverez un bas coing. Il vous faut naviguer arriere de ce coing, environ deux lieuës, & surmontant le coing, vous y verrez aucuns bas rivages avec des bas coings : nauigez ainsi arriere d'iceux, tãt que vous verrez une grande contree, & une secheresse, qui va en montant le long cette contree : vous y verrez une Eglise, ditte S. *Lazaro*. Prenez le cours vers cette Eglise, & jettez ancre au large, si auant que bon vous semble ; car le fond y est propre pour ancrer, & on y est couvert & asseuré des l'Est jusques au Sud. Ces places sont peuplees, & ont de l'eau fresche, & sont nommees les *Salines*.

Environ

Environ 8 lieues plus avāt, le long le rivage, vous y verrez un haut coing roscheux, qui semble de loing estre un Chasteau: & est le signe & marque de cestuy coing. Cedit coing a au costé Septentrional & du Sudouëst, fond propre pour ancrer, ou on est asseuré des vēts, qui entrēt de dehors, & aussi du vent de Nort. Au dessus de ce coing a l'Est, gist une secheresse, si haute que la terre: ou vous pouvez estre sur ancre environ une lieuë, & puis venir lez la terre: ou vous pouvez estre sur ancre, ou avec des chables attaché. Cestuy Cap est nommé *Greca*. De *Limisso* a *Cap de Greca*, le cours est a l'Est quart au Nort 80 lieues.

Environ 10 lieues de la, le long le rivage, vous y trouverez un coing scabreux ou on jettera l'ancre, sur le costé d'Ouëst, car la Rade y est bonne, on y est asseuré du vent Septentrional, & des vents qui entrent par devant. Il y a aussi de l'eau fresche, & une Eglise de Calovieres, ou Moines Grecs. Cette place est nommee *S. George*.

Navigant de *Cap de Greca*, le long le rivage 18 lieues, vous y verrez une ville, avec aucuns escueils, & secheresses, gisants au dehors au costé Septentrional: mais entre ces secheresses sont aucunes bouches, propres pour Galeres petites, lesquelles y peuvent naviger dedans, & entrant dedans, prendre la route de la tour du Chasteau, on ou peut voir dessous la tour, la bouche du port. Cest havre est grand, servant tant a navires grandes, que petites, & se ferme avecques des chaines. L'entree est le long la tour en bas, laquelle est estroitte. Mais si navigez avecques des navires grandes, il vous faut prendre le cours au dehors desdittes secheresses vers Nortouëst, tant que les secheresses & la tour du port, correspondent. Lors prenez la route de la tour, & entrerez sans aucun empeschement. Cesdits escueils se nomment *S. Catherine*, & la ville *Famagosta*. De *Greca* à *Famagosta*, le cours est N. quart a Ouëst 18 lieues d'Italie. *Famagosta* & le *Cap de S. André*, sont l'un de l'autre, N. E. & S. O. 60 lieues d'Italie. Ledit *Cap de S. André* & *Platanissa*, leur cours est a l'Est N. E. & O. S. O. 40 lieues d'Italie. Partant du lieu susdit, le long le costé interieur, navigant entre Ouëst & Sudest, asçavoir le costé Septentrional, vous verrez au rivage de la mer un Chasteau, qui a un port: mais au dehors d'icelluy sont 2 escueils. Navigez entre ces deux escueils par le milieu, prenant la route de la grande tour, vous y serez asseuré, des le Nort jusques a l'Est. Cedit Chasteau, & le *Cap de S. André*, leur cours est O. S. O. & a l'Est Nortest 100 lieues d'Italie. Ce lieu est nommé *Cerines*.

Navigant le long le rivage, environ 100 lieues d'Italie, vous trouverez un Cap, & aucuns petits escueils bas, en l'eau. Cestuy coing se nomme le *Cap de S. Bisanio*. Ie vous declare, que tout a l'entour l'Isle de *Cypres*, le fond est bien propre pour ancrer.

Toute l'Isle de *Cypres* contient a la ronde 50 lieues d'Italie. Ce Cap de *Gavata* & *Baruto*, leur cours est N. O. & S. E. 240 lieues d'Italie. Le Cap de *Greca*, & *Baruto*, leur cours est S. E. & N O. 300 lieues d'Italie. Le Cap de *Gavata* & *Tripoli*, leur cours est a l'Est & Ouëst 220 lieues d'Italie.

Baruto est ville peuplee, sans aucun port ou vallee. Le signe & marque de *Baruto*, est un Cap estendu, estant entre O. & N. O. mais la ville est situee au costé Septentrional, & pres dudit Cap. La rade est au milieu, a l'opposite d'une petite Mosquee, ou Eglise des Turcs, ayant aucunes fenestres: navigez dedans si avant, que vous pouvez ouvrir cesdittes Fenestres, & jettez y l'ancre, la ou bon vous semble.

Environ 20 lieues du Cap de *Baruto*, vers le Sud, le long le rivage, est une ville peuplee, & aucuns escueils. Ces escueils doibuent demeurer a la main droitte, assavoir au Sudouëst. Navigez du rivage entre ces escueils: vous y pouvez estre sur ancre, ou attaché avec des chables. Cette ville est nommee *Saito*.

Navigant de *Saito* le long le rivage, vers Sud, environ 20 lieues d'Italie, vous y verrez une ville ruinee & depeuplee: le port est au costé Septentrional, ayant au dehors certains escueils: laissez ces escueils a main droitte, prenant le cours vers la ville, vous y serez asseuré de toute tempeste & vent, reservé le vent de Nort. Cette ville est ditte *Suro*.

Environ 10 lieues d'Italie en avant, navigant le lōg le rivage, vers S. O. vous y verrez un haut coing blanc & roscheux: & sur le mesme coing une Eglise blanche. Cette Eglise est le signe & marque du mesme coing, & est nommé le coing blanc. Ie vous declare, si vous voulez naviger environ 2 lieues en Mer, que vous y verrez le long le rivage, secheresses biē estranges: continuez la navigation jusques a tant que vous venez a la rade de la ville, la laissant a la main gauche. Approché la ville environ le traict d'un arbaleste, vous y trouverez un petit escueil, & une chaussee soubz l'eau. Navigez au dedans de la chaussee, & laissez le petit escueil dedans le havre a main droitte: car au dehors de la bouche, le traict d'un arbaleste, est une secheresse, cachee soubz 11 pieds d'eau. A la pleine ou vallee faict il secq, on n'y peut naviger, qu'avecques barques. Cette ville a un eau & est une riviere, mais elle est desolee & depeuplee. Elle est nommee *Acre*, & est distante de *Suro* 20 lieues.

Navigant plus outre, environ 10 lieues, vous verrez sur le costé Sudouëst, un haut coing. Et sur le coing un Chasteau, habité de Sarasins; & au dessous de ce coing, est un autre coing bas: Au dedans de ce coing, sur le costé Septentrional, vous y verrez une ville ruinee, ou il y a bōne rade, & fond propre pour ancrer, tāt au milieu contre la mesme ville par dehors qu'au costé Septētrional. Ceste ville est nōmee *Scafasso*, mais le coing se nomme *S. Margarete d'Ameno*. Ie vous dy, si vous voulez naviger environ une lieuë ou deux d'Italie arriere de ce coing, vous navigerez sans empeschement. Environ 10 lieues dudit coing, navigant vers le Sud, vous y trouverez un Chasteau depeuplé, avec une tour, mais sans aucun havre. Cestuy Chasteau est nommé *S. Pelegrin*. Environ 10 lieues plus avant, le long le rivage, est sur la coste marine une ville destruitte & ruinee, sans aucun port ou vallee: laquelle est nommee *Cesarea*. Partant de cette ville, en navigant environ 20 lieues en avant, vous y trouverez les bassees blanches dessusdittes, avec quelque peu de la coste rougeatre: sur icelle verrez un Chasteau ruiné, dit *Arzuso*.

Environ 10 lieues plus outre, vous trouverez un roide coing & scabreux, lequel est bas au costez Sud & Nort. Sur cedit coing est un Chasteau ruiné, nommé *Iaffa*. Ce mesme a des escueils, & un port propre pour petites navires. On y peut entrer par deux bouches, desquelles l'une est au Nort, l'autre a Ouëst. Il y a aussi une Rade pour navires grandes & petites, laquelle est large des lesdits escueils, deux lieues d'Italie, jettez là ancre a la vallee. Les escueils ont 11 pieds d'eau: il y faict biē profond, & le fond est propre pour ancrer. Le signe & marque de *Iaffa*, au costé Meridional, sont ces escueils bas: & au costé Septentrional, ledit coing scabreux, avec la costé roscheuse & rouge.

Plus avant, environ 40 lieues Italiennes, vers le Sud, vous y verrez tenant la vallee, une coste marine, & une grande ville ruinee, sans aucun port. Cette ville est ditte *Scalona*.

Partant de *Baruto*, & navigant vers le N. environ 40 lieues, vous trouverez sur le costé Septentrional, un haut coing roscheux. Au dedās de ce coing est fond propre pour ancrer, ou on est asseuré de tous vents, reservé les vents des le N. O. jusques au Nortest, & est nommé *S. Maria du Port*. Navigant plus avant environ 5 lieues, vous y verrez une grande bourgade, peuplee de Chrestiens & Sarasins: il y a bon rafreschissement de Vin. Ce lieu est nommé *Nassin*. Environ 15 lieues plus avant, le long le rivage, vers le Nort, vous verrez aucuns escueils en Mer: mais entre cesdits escueils, & le rivage, vers Nortest, vous verrez un petit escueil pres du rivage, dont la partie exterieure est vers le Nort: & est nommé le petit escueil

tit escueil

tit escueil bas, avec aucunes bouches seches. Ie dy qu'on peut naviguer entre l'escueil susdit, & les petits escueils bas, laissant l'escueil seul a main droitte, & les autres a main gauche: & est nommé *S. George*. Au dehors desdits escueils sont deux grandes Isles, lesquelles peuvent estre navigees au dehors & au dedans, avec navires grandes: & on peut ainsi prendre le cours vers la terre, ou on verra a la coste marine un pont de pierre, & quelque petite partie d'un Chasteau: lors navigez ou bon vous semble, vous verrez environ 3 lieues dedãs le païs, une grãde ville peuplee, nõmee *Tripoli*. Environ 20 lieues de la, le long le rivage, est un grand escueil, avec deux bouches. Sur cest escueil grand, sont aucunes murailles. Au milieu du païs, gist une ville destruitte. Mais cest escueil susdit, est le havre, & un lieu bien asseuré pour tous navires. Cette ville est nommee *Tortosa*. Environ 50 lieues d'Italie plus avant, le long le rivage, vous verrez un coing roscheux & estendu, qui n'est gueres haut: & 7 lieues plus outre sur le costé Meridional du mesme coing, est un Chasteau nommé *Zibele*: mais a l'autre costé du mesme coing, environ 2 lieues d'Italie de la, sur la coste marine, vous trouverez deux tours: Navigez dedans lez la tour Septentrionale, car tenãt la tour du Sud, gist un escueil de pierre, caché soubz l'eau. Il y faut naviger dedans, au milieu entre ces deux tours, & lors serez dedans le havre, lequel se serre avec une chaine. Cest escueil est nommé *Lissa*. Environ 5 lieues plus avant vers le Nort, vous trouverez un bas coing, sur lequel sont certains tours & murailles. Cette place est nommee *Gloria*. *Lissa* & le Cap de *S. André*, leur cours est Ouëst quart au Nort, & a l'Est quart au Sud 70 lieues d'Italie. *Lissa* & le Cap de Greca, leur cours est Ouëst Sudouëst, & Est Nortest, mais *Lissa* & le Cap d'*Astanese*, leur cours est S. & N. Ie vous declare, que je vous ay d'escrit toutes les rades & vallees de *Soria*, qui ont fond propre pour ancrer.

La Guide des Ports de divers lieux.

PArtant du Havre de *Venise*, prenez le cours a l'Est Nortest, & navigez dedans le port, qui est au dessus du coing de *Mulgra* & sont 100 lieues d'Italie. Pareillement partant du port de *Venise*, prenez le cours a l'Est, sur *Castaneto*, ce qui est aussi 100 lieues d'Italie. Navigant & sortant du port susdit, prenez le cours a l'Est Sudest, vers *S. Iean sur Mer*, & les *Polmontoires*, ce qui est 120 lieues d'Italie. *S. Iean sur Mer*, & les *Polmontoires*, leurs cours est Sudest & Nortouëst 25 lieues d'Italie. Les *Polmontoires* sont 2 escueils: on peut naviger entre l'un & l'autre, non pas avec des navieres: mais navigant lez le grand escueil, esloigné de la terre les deux tiers, ou la moitie d'un chable, lors naviguerez sans aucun danger ou empeschement. Au dehors la petite *Polmontoire* en mer, environ 8 lieues d'Italie, vers Sud Sudest, est une secheresse & une Eglise. Cette secheresse est cachee 20 pieds soubz l'eau. Navigant de la *Polmontoire* vers *Ancone*, prenez le cours vers Sud, & sont 140 lieues d'Italie: Mais si d'*Ancone* pres le cours, Nort Nortest, vous viendrez a *Sansego*, & a *Nieme*, navigant en avant vous trouverez vers dedans un havre, ditte *Porto Longo*, & l'autre havre de *Canedoli* est *Sorgana*, mais de *Canedoli* a *Sorgana*, faict il secq: & sont distant l'un de l'autre, deux lieues d'Italie. De *Sansego* vers *Quernero* au Nort, est une secheresse: large d'une demy lieuë: & en *Sansego* est une Isle ditte *Diesema*, laquelle gist tenant le coing. Au Nort vers *Quernero*, est une escueil, nommé *Roccola*: entre cest escueil & *Nia*, sont 3 brassees d'eau.

Au dedans de *Nia*, sous le mont *Chibo*, est un havre, nommé *Caligine*. Navigant vers Sud le long le rivage, gist un autre port, nommé *Luogo*, lequel a vers Sudouëst un escueil; & au dedans de l'escueil une secheresse, ou il y a place pour petites navires, & est esloigné de *Scaligene* 5 ou 6 lieues d'Italie, puis navigant a l'Est vous trouvez un escueil, au dedans duquel est la vallee de l'*Agosta*, laquelle est un bon havre & grãd. Navigant de la, vous verrez la plate de Moine: mais si vous voulez entrer au *port*, qui est en la vallee, laissez le petit escueil sur le costé d'Ouëst. Apres vous trouvez le havre de *Cigala*, qui est un bon port sans aucuns roschers: on y peut arriver tant de l'un que de l'autre costé, & dedans au costé Oriental, on y est bien asseuré des vents venants d'en haut.

Plus avant vous trouverez *Fornelli*, qui est port estroict, situé pres le Cap d'*Arsa*: & puis trouvez *Nieme*, qui est un bon Port. A l'entree sont 4 brassees d'eau, & une secheresse; Vous y pouvez sortir en navigãt entre *Nieme*, & l'escueil de *S. Pierre*. De la vers Nortest est une Isle, ditte *Loriola*, ayant le port vers le rivage. Si vous voulez naviger de *Nieme* a *Arbe*, prenez le cours vers Nortest, & vous viendrez au coing de l'Isle de *Pago*, ou il y a un havre nommé *Ravener*, ayãt au costé Septentrional un escueil. De cest escueil vers le Nort, vous pouvez veoir *Arbe*. De *Nieme*, a *Arbe*, se comptent 40 lieues d'Italie, & de *Nieme* jusques a *Selva*, dedans le havre, sont 10 lieues d'Italie. Le signe & marque de cest havre, est un coing rouge, sur le costé d'Ouëst: on y peut estre sur ancre, ou attaché avec des chables. De *Nieme* a *Premude*, le cours est Sud Sudest, & au costé d'Ouëst de *Premude*, le cours est Sud Sudest, & au costé d'Ouëst de *Premude*, sont 2 escueils. Au dessus du port vers Sudouëst est l'un escueil: & le Port y est au costé d'Ouëst, mais au costé Oriental faict il secq. L'autre gist vers Sudest; declinez en a la longeur d'environ 4 chables, le long l'escueil. Si voulez naviger de *Nieme* a *Zara*, prenez le cours jusques pres de *Selva*; & navigez le long le demy rivage, & ainsi arriverez a *Zara*, qui est 60 lieues d'Italie. Mais si voulez naviger de *Nieme* a *Premude*; prenez le cours S. quart a l'Est, & vous arriverez a *Premude*, ce qui est 20 lieues d'Italie. Si vous voulez naviger de *Premude* en montãt, vous arrivez a l'Isle de *Scorda*, & puis a l'Isle d'Este, laquelle se nomme *Zan Pontello*; de la vous venez a *Meleda*, & au coing de *Meleda*, sur le costé d'Ouëst, est un bõ port; & au milieu de l'entree sur le costé d'Ouëst, assavoir au dehors, est une secheresse. Si vous venez de dehors, prenez le cours lez le coing de *Meleda*, sur le costé Oriẽtal, lors navigerez sans danger. Au dedans du coing de *Meleda* a l'Est, sont 2 bons ports; l'un est nommé S. *Maria*, ou sont au costé Meridional deux plats escueils, nommez les *Ganisies*. Quatre lieues Italiennes de la gist le coing des Temples, ou au costé d'Ouëst est un mauvais port, qui a un petit escueil. Le long l'entier rivage des Temples, qui est long 30 lieues d'Italie, n'y a aucun port, mais a la fin des Temples est un port, qui est nommé, le meschãt Port rouge. Apres on trouve l'Isle de *S. Marie*, laquelle a plusieurs havres. Puis au costé Oriental s'ensuit *Incoronata*, & dessous *Incoronata* est un havre, nommé *Alcena*, & puis un autre nommé *Lapsa*. Apres on trouve 2 Isles, dittes le *Porcelli*, a lesquelles s'ensuyvent les Isles, dittes les *Iudees*. Au dehors des *Iudees*, sont 3 escueils, qui ont 2 havres, desquels l'un se nomme *S. Maria*. L'autre gist plus au dedans en une vallee, & est un bon port. Au coing Oriental est un escueil, nommé la *Rose*, qui prend fin au dehors. Si vous voulez venir hors de *Venise*, & la Mer *Adriatique*, sans approcher d'*Istrie*: vous noterez que de *Venise* jusques a la montagne *Chebo*, le cours est Sud Sudest 130 lieuës d'Italie.

Du mont *Chebo*, jusques a les Temples de *Zara*, le cours est Sudest 60 lieues.

Des les Temples de *Zara* a *Incoronata*, Sudest 50 lieues. De l'*Incoronata* a *Milisielo*, Sud Sudest 50 lieues.

De *Milisielo* a *S. André*, a l'Est 20 lieues. De *S. André* a *Lisia*, a l'Est 20 lieues.

De *Lisia* a *Cazza*, a l'Est Sudest 40 lieues. De *Cazza* a *Cazzuolo*, a l'Est 10 lieues.

De *Cazzuolo* a *Gusta*, a l'Est 10 lieues. De *Gusta* a *Meleda*, a l'Est 30 lieues.

Ou il y a tant au dedans de l'un que de l'autre des secheresses.

De *Meleda*

De *Meleda* a *Raguze*, a l'Est 30 lieues. *Meleda* contient en longitude 30 lieues.

De *Raguze* a *Dolcigno* 70 lieues. De *Dolcigno* a *Durazzo* 60 lieues.

De *Raguze* a *Durazzo*, le cours est Sudest 130 lieues. De *Durazzo* a *Brandicio*, Sudouëst 140 lieues.

De *Brandicio* a *Saseno*, a l'Est 100 lieues. De *Durazzo* a *Saseno*, a l'Est 130 lieues.

Du coing de *S. Maria* de la *Colonne* a *Fano*, a l'Est 80 lieues. De *Saseno* a *Fano*, Sud Sudest 60 lieues.

De *Fano* a *Corfu*, a l'Est Sudest 40 lieues. De *Corfu* a *Cephalonie*, Sud Sudest 100 lieues.

De *Cephalonie* a *Zante* 10 lieues. Puis sont 2 Isles en Mer, Sud Sudest 30 lieues.

L'une de ces Isles se nomme *Strivali*, & l'autre l'Isle rouge, ou on est sur ancre, asseuré du vent d'Ouëst & Nortouëst: il y a aussi de l'eau doulce, & des *Caloires* ou Moines Grecs. De *Zante* a *Modon*, le cours est Sudest 80 lieues. Devant *Modon* gist une Isle, nommee *Sapience*. Mais entre le coing de *Modon* & *Sapience*, sont secheresses: navigez a la longeur d'un demy chable esloigné du coing de *Modon*, vers l'Isle, lors navigerez sans peril entre le coing de *Modon* & la secheresse, approchez alors le coing de *Modon*, a la distance d'une chable, & vous navigerez sans empeschemēt. Mais si vous voulés naviger dedans *Sapience*, & sortir au Cap de *S. Gallo*, au dedans de *S. Vincedego*, prenez le cours Sudest quart a l'Est, ce qui est 110 lieues.

Quand vous venez au dessus du coing de *Maillo*, *Matapan*, vers le Nort, vous y trouverez une grande vallee & large, ditte la vallee de S. *Marie*, ou l'Eglise est dedans la vallee. Plus dedans au Golphe, est le port de *Quaie*, qui est un bon havre. On y trouve du bois & eau douce. En la bouche est une secheresse, couverte de 14 pieds d'eau, declinez en a la longeur d'un demy chable, & laissez la bouche au costé Septentrional, lors vous navigerez sans empeschemēt. Plus avant vous trouverez le Golphe de *Valdole* & la *Tromezza*, qui sont 3 escueils: entre ces escueils est un havre. Apres vous avez le Chasteau Rampani. Venant au dehors du Golphe, vous trouvez un havre au rivage, ou vous pouvez estre asseuré de tous vents, reserué le vent de Sudouëst. On peut aussi estre sur ancre dessous le Cap. Apres on trouve l'Isle ditte *Cervi*, laquelle est situee pres du rivage, ou ne peuvent autres naviger entre deux, que navires petites. En apres se presente la *Varia*, qui n'est autre qu'une maniere de Fosse ou Goufre, on y trouve du bois, & eau fresche. Apres s'ensuit le Cap de *Malio* S. *Angelo*. De Cap de *Malio Matapan*, au Cap de *Malio* S. *Angelo*, le cours est a l'Est quart au Nort 60 lieues d'Italie. A demi chemin, entre le Cap & S. *Angelo* est une Isle grande, nommee *Cerigo*, ayant au costé Oriental un havre, nommé *Dragonere*, & sont escueils, entre lesquels, est fond propre pour ancrer: & sont distants de Cap de *Malio* 20 lieues d'Italie. Le Cap de *Malio* & le Cap *Spada de Crede*, leur cours est Sud Sudest 80 lieues d'Italie. Le Cap de *Spada* & *Gozzo*, leur cours est Sudest 50 lieues: qui est le cours au dehors de *Crede*. *Gozze* & *Calolimena*, leur cours est Nortest 60 lieues: il y a bon port, & devant le havre sont 3 Isles: laissez les toutes trois sur le costé Sudouëst, & vous navigerez sans empeschement.

Calolimena & *Cargator*, leur cours est a l'Est, un peu plus au Nort 40 lieues d'Italie. *Cargator* & l'Isle *Gadaroni*, leur cours est a l'Est Nortest 20 lieues. Dix lieues en Mer au dehors de l'Isle de *Gaderon* gist une secheresse, couverte de deux brassees & demy d'eau.

De *Gaderoni* a la *Christiana*, le cours est a l'Est 50 lieues. De *Christiana* a Cap de *Sermon*, Nortest 40 lieues.

De Cap *Sermona* a *Scarpanto*, a l'Est Nortest 50 lieues. De *Scarpanto* jusques au Cap, a l'Est Nortest 15 lieues.

De Cap jusques a *Rhodes*, Nort Nortest 100 lieues. De *Rhodes* a *Castel Ruzo*, a l'Est quart au Nort 100 lieues.

Icy est un bon port, ou on peut entrer a tout costé.

De *Castel Ruzo* au Cap de *Bisanio*, a l'Est quart au Sud 210 lieues, il y a bon port, & devant le havre sont 2 Isles. L'entree du costé Oriental est bien nette: & celle du costé d'Ouëst, a fond propre pour ancrer, & profondeur de 40 brassees d'eau: & celle du milieu est la chambre vers l'Est a deux costez. En la grande Isle, qui est a l'Est, il y a eau fresche en une Cisterne: le fond n'y est pas propre pour ancrer, mais il y faict bien profond. Si vous voulez nauiger en un bon port: mettez la bouche du milieu, a la moitie de la navire, & prenez le cours vers N. E. vous verrez une petite Isle, au dessus du coing, laisse-la vers Ouëst, en respect de vous, & une autre petite Isle, que vous laisserez a l'Est en respect de vous. En cette bouche faict il profond 20 brassees d'eau: & la dedans est le havre. Sur la terre ferme deux traicts d'un arc vers Ouëst, sont deux Cisternes d'eau fresche.

De la Cape jusques a *Petra*, sont 40 lieues. De *Stramira* jusques a *Petra*, sont 25 lieues.

A la fin de *Stramira* 5 lieues vers l'Est, est la pleine ou vallee de Finica, ou il y a fond propre pour ancrer. Il y a une riviere d'eau douce, & loing de la riviere a Ouëst, tenant le coing, est un bon port pour navires grandes & petites. De *Stramira* jusques aux escueils de *Chelidones*, sont 20 lieues. Les escueils des *Chelidones*, sont *Pisor*, & au milieu d'iceux est bon fond pour ancrer: ou on y est bien asseuré du vent d'Ouëst & Nortouëst. Navigant au milieu entre les escueils des *Chelidones* 25 lieues en Mer, vous trouvez au Sudest une secheresse cachee, laquelle est couverte de moins de 2, 3, 4 brassees d'eau.

Des *Chelidones* a *Baffo*, le cours est Sudest 180 lieues d'Italie.

Des *Chelidones* jusques l'havre *Genovese* Nort 10 lieues. Icy est bon port, & un coing rouge.

De Port *Genovese* a Satalia, le cours est Nort 50 lieues.

Le signe & marcque des *Chelidones*, est qu'en arrivant, on voit une grande montagne, ditte S. *Elario*, cette montagne est vers le Nort dedans le païs, au dessus des *Chelidones*. Mais si vous voulez naviger de *Cypres* a *Acre*, quand vous estes a *Galata*, qui est au dessus de *Limisso*, prenez le cours a l'Est Sudest, & sont 140 lieues d'Italie. Si voulez avoir la vraye connoissance de *Soria*, en navigant de Ponēt vers Levāt vers *Soria*, ou vers *Acre*, & que vous estes a la veuë de *Cypres*, le lōg de *Baffo* & *Gavata*, prenez le cours a l'Est Sudest, comme je vous ay dict, lors vous verrez a Ouëst l'Isle de *Carmenelevar*, mais si vous avez prins le cours plus a l'Est, lors vous verrez la haute montagne. *Belvio* & plus vers le Nort, sont encores autres montagnes, nommees les Forches Basses: & encore plus vers le Nort, sont autres montagnes, qui sont au dessus de *Baruto*, dittes la *Cola de Baruto*. En outre il y a d'autres montagnes, au dessus de *Tripoli*, plus Septentrionales. Mais si vous avez prins le cours Nort quart a l'Est, lors vous verrez tout le païs de *Sorie*, & navigerez de Cap *Santo*, jusques a Cap de *Gloriata*, qui est 70 lieues. De Cap de *Gloriata* a *Tripoli*, le cours & Sud Sudest 60 lieues. De *Tripoli* a l'Isle de *Tortosa*, Nort 30 lieues. Or sçachez que *Tripoli* est un bon port, mais si vous voulez entrer au port, naviguez au dehors de toutes les Isles, car il y a des escueils, & jettez l'ancre vers le Nort, jusques a la fin des escueils; ou vous attacherez la navire avec chables: & jettez les ancres vers Nortest, a la profondeur de 3 brassees. De *Tripoli* jusques au tertre du Conestable, sont 20 lieues. Il y a un port, si vous y voulez estre sur ancre, navigez dedans, tant que trouverez certains escueils, & eau douce a boire: vous y pouvez estre attaché avec des chables, & aussi jetter ancres vers le N. E. en 4 ou 5 brassees d'eau. Des le *Tertre du Conestable*, jusques au Cap de *Baruto*, le cours est a Ouëst 45 lieues. Prenez d'icy le cours a l'Est, environ 3 lieues d'Italie, & vous aurez le Chasteau de *Baruto*. Deux lieues d'Italie plus avant a l'Est, est le havre: declinez des escueils a la

E longeur

longeur de deux chables, vous y aurez 3 brassees d'eau: jettez y l'ancre. Du coing de *Baruto* 20 lieues, vers le Sud, est l'Isle de *Saito*. On y entre du Nortest & Sudouëst, & le fond y est bas.

De *Saito* 20 lieues vers le Sud, gist l'Isle de *Suro*: L'entree est du Nortest. Si vous navigez dedans, laissez toute l'Isle a costé, & jettez l'ancre dessous la tour, a la longeur de deux chables de la chaine. De *Suro* a *Acre* sont 20 lieues d'Italie: il y a un port: mais declinez de la secheresse, qui est au coing des escueils, estans a l'entour du port, jusques a la tour de la Mosquee: la vous pouvez entrer au dedans des escueils.

D'*Acre*, jusques a Chasteau Pelegrin, sont 20 lieues d'Italie.
De Chasteau *Pelegrin*, a *Cesarea* 10 lieues.
De *Cesarea* a *Iaffa*, sont 30 lieues.
De *Iaffa* a *Scalona*, sont 40 lieues.
De *Scalona* a *Gazara*, sont 10 lieues.
De *Gazara* a *Damiette* 180 lieues.
De *Damiette* a *Alexandrie*, sont 200 lieues.
Si vous voulez naviger d'*Acre* a *Alexandrie*, le cours est a Ouëst 250 lieues.
Puis apres de *Proda*, navigant Sudouëst quart au Sud, vous verrez le far ou Lanterne.
D'*Acre* jusques a *Alexandrie*, sont 500 lieues d'Italie.
De l'*Agosta* a *Christiana*, le cours est Ouëst quart au Sud 500 lieues.
De *Gavata* aux *Chelidones*, Nortouëst 210 lieues.
De *Gavata* a *Alexandrie*, Sud Sudouëst 400 lieues.
De *Gavata* a la *Gozze* de *Crede*, Ouëst quart au Sud 630 lieues.
De la Cape jusques au coing de S.*Bifanio*, O.q.au S.400 lieues.
De Cap *Sermon* a *Gozzo*, le cours est Ouëst 200 lieues.
De *Gozzo* a *Acre*, est le cours a l'Est 870 lieues.
De *Gozzo* a *Alexandrie*, a l'Est Sudest 500 lieues.
De *Gozzo* a *Resaltin*, le cours est Sud 200 lieues.
De *Gozzo* a *Melata*, le cours est a Ouëst 700 lieues.
De *Gozzo* a *Modon*, Nortouëst 235 lieues.
De *Gozzo*, prenant le cours d'Ouëst Nortouëst, vous viendrez de Cap de *Stilo*, a Cap de *Colonne*, & sont 600 lieues.
De *Christiana* a *Alexandrie* sont 450 lieues.
D'*Alexādrie* jusques au Golphe de la *Sure*, sont 100 lieuës.

Il y a la une Isle, nommee *Cataberge*, laquelle a un bon port: vous y pouvez entrer a tout costé, & attacher la navire avec un chable, & jetter l'ancre vers la Barbarie. De l'Isle de *Cataberge*, jusques au Cap de *Rasan*, sont 10 lieues d'Italie: il y a bon port, dont l'entree est a l'Est. Cest havre a un coing blanc & poinctu, lequel coing, & aussi le havre ont bonne profondeur. Quand vous estes a Cap de Rasan, & voulez naviger a *Fondi*, courrez dedans si avant le long d'une pleine, tant que vous avez 7 brassees d'eau, & vous viendrez en un bon port, nommé *S.Caran*. *Alexandrie* & le Cap de *Rasan*, leur cours est O.N.O. mais gardez vous bien de jetter l'ancre, au dedans le *Gosto* de *Rasan*, car il y faict bien scabreux & roscheux. De *Rasan* jusques a *Gosecion*, sont 50 lieues d'Italie: au milieu de *Gosecion* est un bon port, nommé *Fagalezza*: & de *Gosecion* jusques au mesme havre, sont 25 lieues d'Italie, & est un bon port. De *Senda* a *Alexandrie*, le cours est a l'Est 30 lieues, & d'*Alexandrie* & de *Columbe* a *Corso* sont 40 lieues. De *Cargo* a *Corso* sont 20 lieues. *Corso* est une Isle plane, & a vers Ouëst, en terre ferme, deux tours. De *Corso a Solome*, sont 25 lieues d'Italie, le fond y est ruide & scabreux. Cette Isle a pour un signe & marque, deux petites Isles en mer. De *Solome* a *Masomar*, sont 16 lieues, il y a bon port, lequel a l'Est est un blanc rivage, & vers Ouëst une montaigne commune. De *Masomar* a *Lucho* sont 12 lieues, cest un bō port, lequel a au costé Oriental une tour, sur le rivage de la Mer, assavoir sur le rivage tenant le coing. Cestuy coing gist 2 lieues d'Italie tout en vallee, & contient 2 brassees & demy d'eau: mais quand vous y navigez dedans, declinez du coing le traict d'un arc, & courez a lors en la vallee, tenant la terre ferme. De *Lucho* a *Barda*, sont 105 lieues. *Barda* sont 3 Isles, lesquelles au dedans sont a l'Est: laissez toutes les Isles sur le costé d'Ouëst. Au Cap de *Barda*, assavoir sur le coing du milieu, est une Cisterne d'eau douce: mais au dessus de *Barda*, au dehors en Mer, environ 10 lieues, est une Isle, nommee *Barda*, on y descend en terre, a quel costé qu'on veut: mais declinez du coing, le traict d'un arc ou plus. De *Barda* a *Resaltin*, on cōte 50 lieues. *Resaltin* & le coing de la montaigne de *Barda*, sont a l'Est l'un de l'autre. De *Resaltin* a *Alexandrie* sont 550 lieues d'Italie. *Resaltin* a bon fond pour ancrer, & est couvert contre le vent d'Ouëst & Nortouëst, au dehors est une secheresse, large dix lieues d'Italie, couverte de deux pieds d'eau. Il y a aussi une Isle, quand vous abandonnez l'Isle, nauigez dedans sur 4 brassees d'eau. Et sur le coing est une Cisterne d'eau douce. De *Resaltin* a *Carso*, sont 120 lieues d'Italie: sur le costé Oriental est une haute montagne blanche: mais au costé d'Ouëst, le chemin y est blanc comme la neige. Le coing est distant de *Carso* 10 lieues. De *Carso* a *Bon André*, sont 60 lieues, il y a un havre, & une Isle plane. Si vous voulez naviger dedans du costé d'Ouëst, ou de l'Est, cest tout une pleine. Bon *André* est situee moitie a la montaigne, & moitie sur le port, tenant la pleine vers Ouëst, est un Chasteau. De *Bon André* a *Marsona*, & l'un des bours de la montaigne, sont 100 lieues. Il y a bon port partant le long du rivage de la montagne, car il y a profondeur de 7 brassees d'eau: aussi le fond y est sablonneux deux lieues avant en mer. Si vous voulez naviger du *Marsono*, qui est un coing de la montagne, par le cours d'Ouëst en *Alexandrie*, prenez le cours a l'Est, quand vous estes en mer, & vous navigerez bien, & sont jusques a *Alexandrie* 107 lieues.

De *Malta* a *Tripoli* de Barbarie, le cours est Sud 260 lieues.
De *Malta* a *Pantalaria*, O.N.O.150 lieues.
De *Malta* a *Pedosa*, O.S.O.100 lieues.
De *Pedosa* a *Tripoli*, entre Sud & l'Est 250 lieues.
De Cap de *Passaro* a *Fagagnana*, & toute la riviere qui a le cours vers Ouëst Nortouëst 250 lieues.
De Cap de *Passaro* a *Rasa Carame*, 110 lieues.
De *Raso Carame* a *Terra nova*, sont 40 lieues.
De *Terra nova* a *Licata*, sont 20 lieues.
De *Licata* a *Argenta*, sont 30 lieues.
D'*Argenta* a *Siacca*, sont 30 lieues.
De *Siacca* a *Marzara*, sont 30 lieues.
De *Marzara* a *Marsara*, sont 15 lieues.
De *Trapano* a *Palarme*, le cours est Nortest 110 lieues.
De *Trapano* a *Melazzo*, a l'Est Nortest 140 lieues.
De *Melazzo* a *Messine*, a l'Est Nortest 60 lieues.
De *Messine* a *Saragusa*, le cours est Sud 200 lieues.

Si vous voulez le long la *Sicile*, naviger par la Mer de Cap de *Passaro* vers l'Est, vous verrez Bordon, au costé gauche, & vous viendrez du Cap au dessus vers la *Gozze de Crede*. Mais si vous voulez naviger de *Bocca de Faro* & de Messine, jusques a l'Isle de *Crede*, prenez le cours a l'Est quart au Sud, & vous viendrez sur le coing de *S.Iean*.

Si vous voulez naviger de *Gozze*, jusques au cap Sermō, prenez le cours a l'E.N.E. un peu plus a l'Est, & sont 200 lieues.

Si vous voulez naviger de Cap *Sermon* a *Cypres*, vers l'Est, vous viendrez sur le Cap de S.*Bifanio*, & sont 500 lieues.

Si vous voulez naviger de Cap *Sermon* vers *Soria*, sans veoir l'Isle de *Cypres*, navigez 500 lieues par un cours, plus qu'a l'Est, & puis de *Proda* a l'Est, & vous viendrez sur *Cesarea*, qui sont 800 lieues. Mais si vous voulez naviger de Cypres vers *Soria*, estant 20 lieues en mer, prenez le cours a l'Est, & puis S.E. jusques a *Saito*, qui sont 400 lieues: & de *Saito*, a *Suoro*, sont 20 lieues. Le signe & marque du *Saito*, est un haut gibet, qui est au dessus de *Saito*, vers *Baruto*. Mais si vous voulez naviger sur le signe & marque de *Soria*, si vous estes couru au dessus d'*Acre* a l'Est, assavoir vers *Tripoli*, vous y avez mōtagnes hautes & roides vers la mer, & dedans païs. Mais si vous estes couru au dessus d'*Acre* vers *Alexandrie*, la avez vous un plat païs, & nulles montagnes, si non a *Carmene*, & cela oste l'Isle qui est en mer.

Si vous

Si vous voulez naviguer de *Cypres* vers *Arce*, prenez le cours S.E. quart au Sud, & vous arriverez a *Arce*, qui ſont 160 lieuës. Mais ſi voulez naviger de *Soria* a *Arce*, ou a *Alexandrie*, prenez le cours vers Ouëſt 400 lieuës, & puis de *Proda* navigerez vers Sud, lors verrez *Ferro*. Mais ſi vous voulez naviger de la *Gozzo* de *Crede* vers *Alexandrie*, prenez le cours a l'Eſt Sudeſt, vous viendrez a la veuë du Far ou Lanterne d'*Alexandrie*, qui ſont 500 lieuës. Mais ſi vous voulez naviger de Cap *Raſianze* a *Goſecione*, prenez le cours a Ouëſt quart au Nort, & lors arriverez a *Goſecioné*, qui eſt 500 lieuës. Si vous voulez avoir la marcque du Havre de *Raſazen*, laquelle eſt au coing de la montagne du Golphe, telle eſt ſemblable a un four en *Alexandrie*. *Raſianzen* a un bon Port, & par tout le long le rivage de la montagne, eſt fond propre pour ancrer : il a auſſi des vallees, aſſavoir une ſur le coſté d'Ouëſt, & le Havre au milieu contre le Chaſteau. De *Bon André*, juſques a l'Iſle de *Carſe*, ſont 40 lieuës. *Carſe* eſt une Iſle plane, & a un bon Port : du coſté d'Ouëſt & de l'Eſt, eſt elle plane & terreſtre, du coſté Septentrional, eſt elle en forme d'arc : il y a auſſi ſechereſſes viſibles, & autres cachees ſous l'eau. De *Carſe* a *Reſaltin*, qui eſt au coing de la montagne de Levant, ſont 70 lieuës. *Reſaltin* a un Havre, & auſſi un coing ſur le coſté d'Ouëſt, au dehors en Mer : au dehors du coing, ſont deux Iſles. Quand vous venez au coing, declinez vers l'Iſle, car il y a peu d'eau, aſſavoir de 10 a 12 paulmes. Quand vous l'avez laiſſé au coſté d'Ouëſt, ſur ſix braſſees d'eau, vous y trouverez une Ciſterne d'eau douce. Deux lieuës de la giſt *Moncheda*, aſſavoir une lieuë au deſſus de la Ciſterne. De *Reſaltin* a *Barba*, ſont 40 lieuës. Il y a bon Port, & a une Iſle au coſté Oriental : Au coſté d'Ouëſt en terre ferme ſont deux tours ſur un coing. *Barda* eſt une ſinguliere Iſle, formee comme une navire, ayant derriere une barcque a voile. De *Luida* a *Caſeles* ſont deux lieuës. De *Caſeles* a l'Iſle de *Columbi*, ſont 40 lieuës, on y entre au coſté de l'Eſt. De l'Iſle de *Columbi* a *Goſeciõ*, ſont 40 lieuës, icy eſt un Port, lequel a pour ſigne & marcque trois tours dedans le païs. De *Goſecion* a *Raſan*, ſont 40 lieuës. A *Raſan* eſt un bon Port, dont l'entree eſt a l'Eſt, & a pour marcque un plat coing poinctu, & blanc rivage. Il eſt pres du Golphe de *Raſure*. Si vous voulez venir ou il y a bon fond, navigez ſi avant, que vous trouvez ſix braſſees d'eau : jettez y l'ancre, car la eſt bon fond ſablonnier. De *Raſan* a *Alexandrie* ſont 150 lieuës. Au Golphe ſitué 15 lieuës d'*Alexandrie*, eſt une Iſle, ditte la tour des *Arabes*, & eſt un bon Port, vous y pouvez entrer de quelle part que bon vous ſemble, car il y a profondeur de 8 braſſees. Attachez y voſtre chable a l'eſcueil, & jettez voſtre ancre vers Barbarie. Si vous voulez naviguer d'*Alexandrie*, au Cap de *Sermon*, prenez le cours Nortouëſt. Le *Gaderoni* ſont Iſles planes, il y faict bon entrer d'O. & de l'Eſt, & ſont diſtantes de *Crede* 15 lieuës. Mais ſi vous voulez naviger d'*Alexandrie* a la *Gozze* de *Credi*, prenez le cours a Ouëſt Nortouëſt, un peu plus vers Nortouëſt, & vous arriverez a *Gozzo*, & ſont 500 lieuës. Mais ſi vous voulez naviger d'*Alexandrie*, juſques a la montagne, prenez le cours Ouëſt, un peu plus vers Nortouëſt, & vous arriverez en ſauvement a *Reſaltin*. D'*Alexandrie* a *Reſaltin*, ſont 500 lieuës d'Italie.

La Guide des Ports de la partie Occidentale de la Mer de Levant.

QVand vous voulez naviger de *Reſaltin* a *Tripoli* de Barbarie, prenez le cours d'Ouëſt, & vous arriverez a *Tripoli*, qui ſont 800 lieuës d'Italie. Mais ſi vous voulez naviger de *Reſaltin* a *Sicile*, prenez le cours Nortouëſt quart a Ouëſt, lors vous viendrez ſur le Cap de *Borſan*, & prenant le cours O.N.O. vous arriverez a Cap de *Paſſaro*, qui eſt auſſi 800 lieuës. Si vous voulez faire le voyage de Barbarie a *Reſaltin*, prenez le cours a Ouëſt, vous arriverez a l'Afrique ſeche, qui ſont 1000 lieues d'Italie. Mais ſi vous avez naiugue de *Reſaltin*, O. N. O. vous arriverez a *Malta* & *Lampedoſa*, qui ſont 800 lieues. Si vous voulez naviger de *Crede* a *Meſſine*, prenez le cours d'Oueſt quart au Nort, & vous viendrez a la bouche du Far ou Lanterne, qui ſont 630 lieues. Mais ſi vous voulez naviger de Cap de *Spada* a *Modon*, prenez le cours O.N.O. De *Crede* a *Modon*, ſont 200 lieues. Si vous voulez naviger de *Modon* a *Sicile*, prenez le cours vers O. & vous viendrez ſur le Far ou Lanterne de *Meſſine*, qui ſont 450 lieues. Si vous voulez naviger de *Sicile* a Oueſt, ſi vous eſtes au deſſus de Cap de *Paſſaro*, & voulez naviguer ſur les marcques du païs, prenez le cours O. N. O. lors naviguerez le long toute la *Sicile*, juſques a *Fagagnana*, qui ſont 240 lieues. Si vous eſtes a *Malta*, & voulez prendre le cours vers Oueſt, prenez le cours O.S.O. vous arriverez a *Lampedoſe*, qui ſont 140 lieues. Mais ſi vous voulez naviger de *Malta* a *Pantalarea*, prenez le cours N.O. vous naviguerez le long tout le païs, juſques a Cap de *Bon*, & ſi vous voulez naviger de *Lampedoſe* a *Banoſa*, prenez le cours S.O. & vous y arriverez, qui ſont 30 lieues. Si vous eſtes au Golphe par dehors ſous Cap de *Bon* vers Africa, & voulez naviger vers Oueſt, ſans venir au deſſns de Cap de *Bon*, prenez le cours vers le Nort, vous y viendrez a 5 lieues pres ; & ainſi eſtant auſſi a Cap de *Capulia*, qui eſt au deſſus de Capo *Bon*, prenez le cours O.N.O. & vous arriverez a *Raſa Zibele*, qui ſont 40 lieues. A *Raza Zibele* eſt un plat coing, & un bon Port, qui eſt devant l'Iſle, deux lieues d'Italie, arriere du baſtardeau. Ceſt une rade, voire juſques au baſtardeau de l'Iſle, au coſté d'Oueſt & N. O. eſt le fond propre pour ancrer, ou il faict profond de dix braſſees. Mais de *Raza Zibele* prenez le cours N. O. & arriverez aux Iſles de *Cani*, leſquelles ſont diſtantes de *Raza Zibele* 20 lieues d'Italie. Ces Iſles Occidentales ont au coſté d'O.N.O. & Nort, fond propre pour ancrer, declinez du coing un traict d'arc, vous viendrez ſur une Rade de 15 braſſees d'eau. Mais de *Raza Zibele* a *Biſerzo*, il y a bon fond pour ancrer au coing de la ville, ſur le coſté d'O. & N. O. Si vous voulez naviguer de ce coing juſques a la ville de B*iſerze*, prenez le cours au deſſus de Cap *Maior*, car une demy lieuë d'Italie en Mer par dehors eſt un gué, qui eſt a demy ſecq, & du coing de la ville, environ trois lieues d'Italie, a la Cape de B*iſerzo*, vous avez pour marcque une tour, & une autre tour ſur la montagne. Mais ſi vous avez prins le cours O.N.O. de B*iſerzo* a *Reſtitallo Galata*, vous avez 80 lieues. A *Galata* eſt la Rade au coſté d'Ouëſt, mais gardez vous bien par devant de l'eſcueil, & de la ſechereſſe, qui ſont au Sudouëſt, diſtans de *Galata* 15 lieues.

De *Trepeda*, juſques au coing de *Roſan*, ſont 100 lieues.
De Bona au trois Co*uſins* 30 lieues.
De *Petra* a *Stora* ſont 50 lieues.
D'*Angeli* a Ce*morani* ſont 40 lieues.
De Ba*laſia* a *Marſeille* 15 lieues.

Du coing de *Roſano* a Bona 40 lieues.
De Bona a R*abo* ſont 50 lieues.
De *Stora* a *Angeli* ſont 15 lieues.
D'*Antigar* a Bala ſont 20 lieues.
De *Marſeille* a *Muſia* 26 lieues.

Si vous voulez naviguer de *Petra* a *Galata*, prenez le cours Norteſt, & arriverez a *Galata*, mais ſi vous voulez venir au deſſus de *Galata*, naviguez vers Norteſt, un peu plus au Nort. Si vous voulez naviguer de S*icile*, ou *Fagagnane* a *Tripoli* de Barbarie, ſans veoir les eſcueils, naviguez de *Verri* a *Pantalarea*, qui ſont 40 lieues, vous les pouvez veoir vers Ouëſt de 20 lieues loing, & de la en avant, prenez le cours S.S.E. & arriverez a *Limoſa*, qui ſont 1000 lieues.

De *Limoſa* prenez le cours Sud Sudouëſt, & arriverez a *Lampidoſa*, qui ſont 30 lieues.

Lampidoſa eſt une Iſle plane, laquelle eſt au coſté d'Oueſt, plus haute qu'au coſté de l'Eſt, & ſe monſtre de telle maniere qu'elle eſt vers la Barbarie, large 10 lieues d'Italie. Au coſté Occidental eſt l'Iſle, ditte S*cuola*, laquelle a en partie la façon de cette Iſle *Lampedoſa*, eſt munie d'un Port, & a de l'eau freſche & du bois.

De

De *Lampedose* a *Porio*, prenez le cours Sud Sudest, qui sont 100 lieues : & puis de *Porto* vers Sud, & vous arriverez a *Tripoli* qui sont 300 lieues. Si vous voulez naviguer de *Malta* a *Tripoli* de Barbarie, prenez le cours Sud quart a Ouest, & arriverez a *Tripoli*, qui sont 270 lieues. Si vous demandez la marcque de *Tripoli* de Barbarie, cette sera quand vous venez de la Mer vers *Tripoli*; si vous avez navigue a l'Est, que vous verrez la *Carena*, qui est au coing Oriental, laquelle est aiguë, & devient de plus en plus grosse, jusques au dessus de *Tripoli*. Le coing d'Ouëst est haut, mais au dessoubs de ce coing, est un autre coing qui est bas. La *Carena* est du costé d'Ouëst, jusques a la ville 40 lieuës. Laissez l'entiere *Carene* au costé de l'Est, & vous viendrez au coing de *Palmiso*, & puis a *Tripoli*. Mais si voulez faire le voyage de *Tripoli* a *Sicile*, prenez le cours N.N.O. & viendrez a *Pedosa*, & sont 340 lieuës de *Tripoli* a Cap de *Passaro*. Si voulez naviguer de *Tripoli* a *Fagagnana*, prenez le cours N.N.O. vous arriverez a *Fagagnana*, qui sont 450 lieuës, & de *Tripoli* a *Africa*, sont 260 lieuës. Et quand vous voulez naviguer a *Fagagnana*, prenez tousiours le cours vers Ouëst, & vous verrez *Tolara*, & l'Isle de S. *Pierre*, qui sont 270 lieuës. Mais si vous voulez naviguer de l'Isle de S. *Pierre*, prenez le cours a l'Est Nortest, & arriverez a *Maiorque*, qui sont 400 lieuës : & de *Maiorque* a *Caurera*, prenez le cours S. O. lors arriverez a *Levisa*, qui est au dessus de *Formentera*. De la ville de *Maiorque*, jusques au Cap de *Levisa*, sont 150 lieuës. Si de *Formentera* vous prenez le cours vers Sudouëst, vous viendrez a Cap de *Pali*, qui est au dessus de *Cartagene*, & sont 200 lieuës.

Au dessus de Cap de *Pali*, cinq lieuës a l'Est, gist l'Isle de *Pali*; si vous y voulez jetter l'ancre, il y a deux entrees, l'une au costé de Nortest, & l'autre au costé de Sudouëst, celle du Sudouëst est nette, mais celle du N. E. est scabreuse : vous y navigerez deux traicts d'Arc arriere du coing, & venant par la vallée, jettez l'ancre tenant l'Isle, vous y trouverez la profondeur de 6 brassees d'eau : vous pouvez aussi lier les chables a la terre, & y entrer sans dãger. Mais si de *Fagagnana* avez prins le cours N.N.O. vous viendrez a *Monte Christo*, qui sont 400 lieuës : & par telle voye, se monstre *Monte Christo*, qui est de *Bolterre* 60 lieues. Si de *Fagagnana* voulez naviger a *Tolara*, prenez le cours N. Ouëst & arriverez a *Tolara*, qui sont 300 lieuës. Si de *Fagagnana* voulez naviger a la bouche de *Carbonara*, & a *Sardeigne*, prenez le cours Ouëst Nortouëst, un peu plus a Ouëst, & arriverez a *Carbonara*, qui sont 200 lieuës. Si de *Fagagnana* voulez naviger a Naples, prenez le cours Nort N.E. & sont 300 lieuës. Si de *Calca* voulez naviger en *Sardeigne*, prenez le cours S. O. & arriverez a *Carbonara* & *Calari*, qui sont 300 lieuës. Si de *Tolara* navigez a l'Est, vous arriverez a l'Isle *Sponsa*, qui sont 230 lieuës. Si de *Piombino*, prenez le cours a l'Est quart au Sud, vous viẽdrez a *Ischia*, & sont 30 lieuës. Si de *Carbonara* navigez vers *Palarme*, prenez le cours [illegible]d'Est, vous viendrez a Cap de S. *Vito*, q[illegible]ont 270 lieues. Si navigez de *Carbonara* a l'Est, vous arriverez a l'Isle *Maritimo*: or si la voulez cognoistre, elle est rond[illegible]mme un tas de foin, & sont 350 lieues. Entre *Maritimo* & *Fagagnana*, sur le costé Meridional, est un bon Port & un Chasteau : lequel Port est une Isle, nommee *Sarzina*, & au dehors de cette Isle, gist une autre petite Isle : vous y pouvez sans doute entrer de quel costé que voulez : car cest Havre a deux entrees : l'une au Sudest, & l'autre au Sudouëst. Si de l'Isle de S. *Pierre* prenez le cours vers Sudouëst, vous viendrez a *Buzia*, qui sont 360 lieues. Si de *Tolara* prenez le cours Sudouëst, vous arriverez a *Zibel Reame*, qui sont 250 lieues. Si voulez naviger de Cap de *Terra* a *Petra*, tenant *Cargolo*, prenez le cours Sudouëst, & sont 300 lieues. Si navigez de *Buzia* a *Marseille*, prenez le cours au Nort, un peu au Nortest, lors vous verrez *Maiorque* sur le costé d'Ouëst, & viendrez a *Marseille*, qui sont 600 lieues d'Italie. Mais si de *Buzia* voulez venir vers *Maiorque*, prenez le cours au Nort, & arriverez a *Maiorque*, & sont 300 lieues. Si de *Maiorque* voulez naviger a *Marseille*, prenez le cours Sud quart a Ouëst, & arriverez a *Marseille*, qui sont 350 lieues. Si voulez naviger de *Marseille* a *Buzia*, prenez le cours Sud quart a Ouest, vous verrez *Maiorque* a Ouëst de *Sicar*, allant vers *Buzia*, & sont 700 lieues. Si voulez naviger vers *Marseille* entre *Maiorque* & *Minorque*, prenez le cours S. S. O. vous viendrez par *Freo*, qui sont 350 lieues. Si voulez naviguer de *Burzie* a *Narbonne*, prenez le cours Nortouëst quart au Nort, & vous y viendrez, qui sont 700 lieues. Sçachez qu'à *Marseille* est un bon Port, & aussi une Isle nommee *Pomago Stephano*: il y a fond propre pour ancrer entre l'Isle de S. *Stephano* & *Pomago*, ensemble un autre Isle ditte *Isito*, ou aussi est fond propre pour ancrer. Puis si trouve l'Isle des *Roys*, laquelle a bon Havre, & se nomme le Port de *Corso* : l'entree est au costé d'Ouest, laquelle se nomme la bouche d'*Eri*, il y a des Rades assez bonnes, on peut attacher un chable a l'Isle, qui a la bouche vers la Mer. Les Isles d'Eri sont Isles plattes & longues, ou il y a bon Havre au costé d'Ouëst, nommee *Teleno*. Apres vous venez a Cap de *Cercelin*, qui est une haute montagne : il y a aussi une vallee & une Isle : & sont jusques au mont *Cercelin* 30 lieues. Dix lieues du mont *Cercelin* vers Ouest est un Port, nommé *Bon Lormin*. Plus a Ouest est une Isle scabreuse, ditte *Aquila*, icy est bonne Rade, & profondeur de 15 brassees d'eau : & au costé de l'Est, & aussi d'Ouest, est le fond propre pour ancrer. Au milieu de la bouche est une secheresse, entre deux eaux, & entre l'Isle & la terre ferme. Cettuy chemin gist entre *Aquila* & l'entree de *Marseille*, & l'Escueil. *Monaco* est un bon Port : au dessus de cest Havre est une haute montagne, laquelle ascend comme par rayons, & est nommee *Vizena*. Icelle passee, vers Ouest, & le Port de *Limori*, qui est au dessoubs de *Nisse* cinq lieues de *Monaco*. La Lesiere de *Monaco*, au costé d'Ouëst, est le destroict de *Gennes*: mais quand vous estes passé *Monaco*, vous trouvez au costé d'Ouest *Artinoli*, qui est un Havre pour petites Fustes, & est distant de l'Isle S. *Margarite* 30 lieues, & de l'Isle de S. *Honorico* 15 lieues, & est un bon Port : Si vous voulez naviger de *Sardeigne*, au coing de l'Isle *Columbara*, autrement ditte *Serpentine*, & que voulez faire le voyage a *Tunes*, prenez le cours vers le Sud, & vous viendrez de *Biserta* aux deux *Serro* : mais si voulez naviger vers *Rasa Zibel*, prenez le cours Nortest, & vous y viendrez. L'apparence de *Rasa Zibel*, qui est le chemin, est une tres-haute & roide Isle. Si vous voulez naviger de *Maritimo* a *Tunes*, prenez le cours Sudouest, lors vous viendrez de *Rasa Zibel* a *Zemolo* : & sont 290 lieues du *Ghelbi* a *Tunes*, & du *Ghelbi* a *Maritimo* 80 lieues, & gisent l'une de l'autre a l'Est Nortest. Si vous avez navigue de *Buzia*, Nortouest quart a O. vous arrivez a *Formentera*, au costé d'O. & sont 300 lieues. Mais si vous voulez naviger de *Bugia*, vers l'Isle de *Maiorque*, prenez le cours N.O. & vous viendrez a *Camera*, qui sont 350 lieues. Si voulez naviguer de *Bugia*, a Cap de *Pali*, prenez le cours d'O. & vous y arriverez : mais si voulez naviger vers le Port de *Ieviza*, en prenãt le cours Sudouest, gardez vous de la *Formentera*, & laissez cette Isle vers *Ieviza*, laquelle est, comme si par devant estoit plus grosse au coing. Le coing Septentrional n'est pas gros, mais le coing d'Ouest est gros, lequel peu a peu devient plus tendre, tirant au coing : ou il y a une tour. Le coing de *Formentera* vers le coing, vous monstre une Isle. Laissez cette Isle estre arriere de la *Formentera*, laquelle est separee du Port deux lieues, ou il y a profondeur de six brassees d'eau. Si vous estes tenant le degré de *Tortosa*, & voulez naviguer a Mont de *Columbaro*, prenez le cours au Sud, & vous le verrez. Mont *Columbaro* est une Isle esloignee de la terre ferme 20 lieues. Si voulez naviger de Mont *Columbaro*, a Cap de S. *Martin*, prenez le cours vers Sud, vous le verrez gisir haut, du coing 15 lieues en Mer. Si vous venez de Cap de *Corso* en *Corsica*, veüillant naviger a *Bonifacio* du costé d'Ouest, prenez le cours S. O. 200 lieues, & arriverez a Mont de *Sagro*, qui est au dessus du Cap 20 lieues en Mer, puis de la *Proda*, prenez le cours S. E. vous arriverez a *Bonifacio*. Si de nuict avez naugué vers le Cap de *Rasibel*, & voulez faire le voyage vers *Tunes*, prenez le cours Sud Sudest, navigant aucunesfois un peu plus au Sud & Sudest, par fois un peu plus vers Sud, vous viendrez a *Quarto di Quartana*, qui sont 32 lieues.

Si vous

Si vous voulez naviguer de Cap de *Passara Rimagna*, prenez le cours a l'Est, quart au Nort, vous arriverez a *Modon*, qui sont 500 lieuës d'Italie. Si vous estes tenant la tourelle pour naviger a *Boca di Ferro*, au costé Septentrional, & voulez naviger a Ouest, prenez le cours a Ouest, & vous viendrez a *Boca* le long *Melasso*, sur le costé de *Volcano*, c'est une Isle ayant un bon Port. Mais si vous naviguez a la main droitte, vous arrivez a *Lipari* & *Saline*, puis vous venez a les deux autres Isles plus Occidentales, nommees *Arculo* & *Soricuro*. Ces deux Isles sont distantes de *Volcano* 40 lieuës: De la naviguez a *Palmero*, & sont Nortest & Sudouëst 100 lieuës. Au dessus de *Palarme* est une autre Isle, ditte *Vrstega*, ayant sur la terre une Eglise, & une autre au Port: a costé de l'Eglise, est fond propre pour ancrer, & gist de *Palerme* Sud & Nort 70 lieuës. Vous devez sçavoir que de *Volcano*, on navigue au Sud le long toute l'Isle de *Sicile*, asçavoir du costé Septentrional, jusques a Cap de *S. Vito*, lors prenez le cours vers Sudouëst, & vous viendrez a *Ieviza*. La *Fagagnana* gist au dessous de *Ieviza* & *Trapano*, ayant au costé de l'Est un bon Port. De *Fagagnana* a *Maritimo*, le cours est a Ouëst 3 lieuës. Mais si vous voulez naviger de *Maritimo* ou de *Fagagnana* a *Malta*, Isle aujourd'huy fort renommee, prenez le cours Sudest, & vous arriverez a *Malta*. *Malta* est une Isle plane, ou il y a un Chasteau au costé Septentrional. Dessous ce Chasteau est un bon Port. Si voulez naviger de *Malta* vers le Nort, vous viedrez a *Rasia*, qui sont dix lieuës: mais si vous prenez le cours au Nort quart a l'Est, vous viendrez de Cap de *Passara* vers *Saragoza*. Si vous voulez naviguer du Far de *Messine* a *Naples*, ou *Gaiette*, prenez le cours Nort Nortouëst, un peu plus au Nortouëst, lors naviguerez & passerez toute la *Calabrie* vers le *Principat*, & viendrez à *Stromboli*, qui est au dessus de *Mantera* 60 lieuës d'Italie. De Porto *Venere* a *Gennes*, le cours est 60 lieuës. Porto *Venere* a une Isle, situee devant le Chasteau, & entre l'Isle & le Chasteau est le Havre pour les Navires. Pres de *Gennes* au costé Oriental est une montagne, ditte Cap de *Monte*, & a l'Est est le Havre de *Portofin*, qui est distant de *Gennes* 15 lieuës. Si de *Gennes* vous naviguez vers S. O. vous naviguerez au dehors le long toute la riviere, jusques a *Monaco*, qui est un Chasteau, & la limite du destroit de *Gennes*, lequel Chasteau a l'Havre vers *Gennes*, a cinq lieuës de *Gennes*.

Navigant de *Gennes* vers S. O. vous navigerez le long tout le païs jusques a *Marseille*, & Cap de *Cruce*, qui est au coing Oriental de *Catalogne*. Mais navigant de Cap de *Cruce* vers S. O. vous navigerez le long tout le païs de *Catalogne*, jusques au Nortest de *Tortosa*. De Cap de *S. Martin* a Cap de *Pali*, prenez le cours Sud Sudouëst, & vous y viendrez. Tenant le Cap de *Pali*, sont deux Escueils, dits les Formices. Si vous voulez faire voile de l'Isle de *S. Pierre*, par le cours de Nort a *Naples*, devant que navigez vers *Naples*, vous prendrez la route du coing *S. Marco* 15 lieuës, & de l'Isle de *S. Pierre* 50 lieuës, puis sont du coing de *S. Marco*, a Man Oriental 10 lieuës au Nort, & de la au coing de *Salines* 15 lieuës, puis du coing de *Salines* a *Bassa* 15 lieuës, & de *Bassa* a *Pesti* 60 lieuës. De *Pevesti* a *Remi*, tenant l'Isle de *Lasenata*, laquelle gist au coing de Sardeigne vers N. O. sont 40 lieues, & la gist *Pisor Monachi*. *Corsica* est une bonne Isle, & gist au coing de *Sardeigne* vers le Nort 10 lieuës de *Sardeigne*. Il y a aussi un grand & fort Chasteau sur le coing de l'Isle, contre la *Sardeigne*, qui est nommé *Bonifacio*, & est un bon Port. Sur le costé de la terre sont deux Escueils, nommez le *Lavegi*, ou demeurent des Moines blancs, de l'Ordre des Cistiers, & a cettuy costé pres de l'Isle de *Corsica*, sont les Salines: & a l'autre costé au dehors, est un Chasteau, appartenant a *Messer Francisco*. Sur l'autre coing vers *Pisa*, est un autre Chasteau, qui est de la Provence, & du patrimonie des Prestres de *S. Bifanio*, mais maintenant appartenant aux *Genevois*. Si vous estes a *Constantinople*, & que voulez naviger jusques a la bouche de *Vedo*, prenez le cours vers Nortest, jusques a la ville de *Vedo*, puis prenez le cours vers Sudest, jusques a *Panisagia*, & puis de *Proda*, Nortouëst, jusques a la tour d'*Armini*, & sont 200 lieues. Si vous voulez prendre le cours vers Sud, laissez *Marca* a la main droitte, & arriverez a *Tenedon*, de la a *S. Marie* & *Nonatoli*, qui est au coing du Golphe de *Mire*. Vous avez a la bouche de ce Golphe l'Isle *Metelin*, laquelle est bonne & grande, ayant bons Ports au costé N. O. & N. & aussi un Chasteau au milieu contre le coing de *S. Marie*, nommé *Chiramede*. Si vous voulez naviger a la bouche de *Tenedon*, entrez y Sud Sudest un peu plus au Sud, & vous viendrez a *Chio* & *Pescara*, qui sont 160 lieuës. De *Pescara* on prend le cours Sud Sudest un peu plus au Sud, & on vient a Cap de *Papa*, qui est le coing Occidental de *Nicarta*, & sont 80 lieues. De Cap de *Papa*, prenez le cours a l'Est Sudest, & laissez *Levata* & *Cenere* au costé d'Ouëst, & sont deux Isles, Laissez aussi derriere *S. Iean de Polmesa* & *Calanio* au costé Oriental, mais gardez vous de venir entre *Cenere* & *Levata*, & si de necessité vous estes contrainct d'y naviger, tenez la route lez *Cenere*, car il y faict bien net, & est plus haut que la *Levate*, & plus pres de *Merga*. Vous devez aussi sçavoir, qu'entre *Cenere* & *Merga* sont deux Isles basses, dittes *Levata*, & sont bien nettes, distantes de *Merga* trois lieues d'Italie. Mais si navigez outre entre l'Isle de *Levata* & *Cenere*, quand vous les estes passé, vous laisserez *Stampalia* sur le costé d'Ouëst, & lors prenez le cours vers Sudest. Vous laisserez aussi la *Scropa* & le *Porcelli* au costé d'Ouëst 10 lieues, & lors viendrez a *Trapela*, au coing Sudouëst de *Lolde*: & puis dedans les bouches vers *Lolde*, & sont 100 lieues. Mais navigant ce chemin au dehors les Isles, vous verrez a la main gauche vers le Nort, un peu plus a l'Est, le Cap de *Cephalo*, duquel en largeur gist un haut Escueil, qui est net, nommé *Pomegalia*, gisent entre le Cap de *Cesalio* & *Visina* 8 lieues vers Ouest, qui est par raison haute: mais retenez bien, devant que vous estes a *Nisari*, qu'environ l'Isle de *Pomegalia*, au costé d'Ouëst, sont plusieurs Escueils ou roschers. De *Nisari* a *Piscopia*, sont huit ou dix lieues: & de *S. Nicolas de Carchi* a *Piscopia* sont 12 lieuës. Aupres de *Rhodes* est bon Port, & quand vous estes passé les Escueils, vous trouverez de l'eau douce. Entre *Piscopia* & *Nisari*, plus proche de *Piscopia*, une lieuë de la, est un petit Escueil, caché huict pieds sous l'eau. Si vous navigez entre *Rhodes*, *Pomegalia* & *Nisari*, c'est un fort bon chemin: mais ne navigez point entre *Nisari* & *Piscopia*, ains prenez le cours a l'Est, tant que vous trouvez le coing du rivage, nommé *Crio*, la est bon Port, & au costé Oriental une bonne entree. Puis apres navigez le long le rivage, vous verrez terre a les deux costez: & vous navigerez par la veuë du rivage de l'Isles, jusques a la ville de *Rhodes*. Retenez aussi que vous verrez le Chasteau de *Filermo*, au deça du coing, qui est par deça *Rhodes* trois lieuës d'Italie: ayez aussi en memoire, qu'il y a un Escueil ou rosche cachee 5 pieds sous l'eau, a l'entree du Havre de *Rhodes*: De *Constantinople* a *Rhodes* sont 500 lieuës. Mais si vous voulez sortir entre *Chio* & le rivage, prenez le cours a l'Est & Sudest deux lieues, & jusques au coing du Golphe, apres prenez le cours au Nortouëst par le Golphe de *Nia*, & au dehors Sudouëst, de ville en ville, apres navigerez entre le rivage de *Samo*, le laissant a main droitte. En ce Golphe trouverez bien petites Isles, assavoir, *Pisor*, & venant hors du destroict, vous trouverez *Forni* a la main droitte, le long le milieu de *Samo*, au costé d'Ouëst. *Forni* est un bon Port pour les Navires. Quand vous estes passé *Forni*, vous trouvez *Macarta* en la Mer vers Ouest Sudouest. Navigez si pres de la terre ou vous pouvez, le long le rivage, laissant au costé d'Ouest les Isles de *S. Iean de Palmosa*, les Maries, *Lero* & *Calamo*, & vous viendrez a l'Isle d'*Agnolo*, laquelle est au dessous le coing du Golphe de *Retesi* vers Nort Nortest: & au milieu a l'encontre le Cap de *Retesi*, vers Sudouest sont aucunes Isles nommees *Calli*.

Apres s'ensuit l'Isle de *Caure*, ou fut faict prisonnier *Marc Samito*, venez alors au dessus du coing, & vous trouverez *Rio*, navigez adonc pres de la terre, le long le rivage, & vous trouverez les Isles, dittes les *Singes*, & aussi l'Isle de *S. Polo*, & puis les Isles de *Rhodes*, a la veuë de l'Isle, jusques a la ville de *Rhodes*. De *Rhodes* a *Castel Ruzio*, sont 100 lieues, & de *Castel Ruzio* jusques au coing sont 30 lieues, & du coing a *Petra* sont 20 lieues. Mais de *Petra* a *Stanna* sont 40 lieues: & de *Stanna* a les

Chelidones

Chelidones sont 30 lieuës. De les Chelidones a Gavata sont 240 lieues. Si vous estes a Cap de Malie S. Angelo, & voulez faire voile, ou naviger avec Galere vers Constantinople, de ville en ville, le long la dicque, prenez le cours Nort Nortouëst, vous trouverez a main gauche S. Martin, qui est 3 lieues du Cap de Malio. Plus avant le long le rivage, vous trouverez Malvasie, & est une ville situee au dessoubs d'un roscher, & est en la Mer comme un coing : elle n'a pas bon Port, aussi on n'y est pas asseuré du vent de Nort & Nortouëst, & gist du Cap de Malio 8 lieuës. Quand vous estes une lieuë & demy passé Malvasie vers le Nort, vous trouvez la Baye de S. Polo. La rade y est bonne, mais il n'y faict pas bon de venir avec navires, pour ceux qui veüillent estre en Romanie, aussi on n'y pourra prendre voiture : mais selon que le vent sera Sud ou Sud O. vous trouverez le Havre de Botti, qui est cinq lieues de Malvasie vers le Nort, & est un Havre estroict, ayant l'entree sur le costé Septentrional du coing. Les Sept Fosses sont 5 lieues du coing de Botti. A Sept Fosses est un Port, ayant profondeur de 5 a 6 brassees d'eau. Il y a aussi de l'eau douce & du bois. De Sept Fosses prenez le cours vers Ouëst N.O. & vous naviguerez jusques a la Baye de Naples, qui sont sept lieues. Mais si vous voulez naviger de Sept Fosses vers Negropont, prenez le cours Nortest quart a l'Est, jusques a l'Isle de Soroy six lieues : puis naviguez vers N. E. quart au Nort, lors vous verrez les Isles qui sont au Golphe de Solines, au dessus de Coranto, & aussi Sidra, la bonne Isle, ayant bon Port au costé d'Ouëst, & un autre Havre au costé Nortouest.

Quand vous estes passé cette Isle, ensemble les autres que vous estes passé a la main gauche, situees au Golphe de Solines, qui a un Port, desquelles l'une est nommé Stila, & l'autre Mela Segna, cettes seules sont au Golphe : prenez adonc le cours vers Nortest, vous trouverez l'Isle de S. George d'Albora, laquelle n'a point de Port, mais bien une Rade, laquelle est couverte & asseuree du vent de Nort & Nortest, distante de Cap de Columne une lieuë & demy. Le Cap de Columne a un Havre, au milieu contre Cap de Colomne a l'Est, est une Isle nommé Macronisso, au dehors de cette est l'Isle de Zia, ayant un bon Port, au costé Nortouëst. Nort de la Cape Colomne, est la vallee de Rizene, & est un bon Port. Estant passé cette vallee, vous trouvez Macina, ou il y a bon Port. De Macina vous venez a la vallee de Loreo, ou il y a Rade de 8 a 10 brassees d'eau, & est Rade pour le vent de Nort. Quand vous estes passé cette vallee, naviguez vers O. N. O. lors viendrez en la Mer de Nigropont, & verrez Panatale & Cavalane, & autres Escueils sans aucunes secheresses. Apres vous trouvez au Golphe les Escueils de Cavallene, desquels le premier est nommé Castello, il y a aussi un Fleuve d'eau douce. Apres vous trouvez l'Escueil de Rizze, & sont de Negropont 7 lieues : & en leur Rade gist Spredo. De Cap de Columne jusques au coing de Negropont, le cours est Nort quart a l'Est 38 lieues, tenant le Cap de Negropont est un Escueil, & on peut passer a voile entre l'Isle de Negropont, & la terre ferme de Grece, avec petites Navires. Du coing Sudest de Negropont, jusques au coing Septentrional de l'Isle Schiro, le cours est au Nort 70 lieues d'Italie. De l'Isle Esquiro a l'Isle de Stalimine, le cours est Nortest quart au Nort 52 lieues d'Italie ou 13 lieues d'Allemagne. Stalimene est une Isle bonne, ayant des bons Ports. Mais du coing de S. E. de Stalimene a l'Isle de Tenedon, le cours est Nortest, qui est un bon Port; & a un Chasteau sur le haut; il y a aussi une Baye, situee trois lieues du Chasteau, & est nommee Coit, c'est une bonne Rade ou on est bien asseuré du vent. De Tenedo prenez le cours vers Nort, jusques a Cartera, & laissez Muraie au costé d'Ouëst, apres prenez le cours N. N. Est de Proda, tant que vous estes passé Dardanello, & puis Nortest jusques a Piseran. Piseran gist au dehors du Golphe de Gallipoli vers Constantinople, & a bonne Rade, avec telle profondeur que vous demanderez, & est bien nette a l'encontre le milieu de la tour. Et gist de Gripoli 24 lieuës d'Italie, ou 6 lieuës d'Allemagne. A l'un costé du destroict, est le Cap de Spisia, & au costé de la Turcquie, sur le coing, est le Chasteau de Spinga. Au milieu a l'encontre de la porte du Chasteau est bonne Rade, ou vous trouverez six brassees d'eau, & le fond tout net, & est un lieu de la Grece. De Piseran, prenez le cours a l'Est Nortest, & navigez le long de Marmora, ou prenez le cours au Sudest, & navigez vers Constantinople, mais laissez Calomino & Pauere vers Sudest, & vous serez a la bouche de Lion, d'ou sort & entre un violent flot d'eau.

Description de tous les Havres, Bayes, Rades & Isles, qui sont au Golphe de Venise, ensemble tous les Escueils, Secheresses, Plates, desquelles tous Navieurs & Pilotes se doivent diligemment garder.

Pour le premier vous avez une secheresse en Mer vers Sud Sudest, deux lieues d'Italie, au dessus de Polmontores, couverte de deux brassees d'eau. Semblablement faict il secq entre les deux Polmontores. Parquoy prenez vostre cours lez la grande Polmontore, l'approchant a la longeur d'un demy chable, lors navigerez sans empeschement. Partant des Polmontores, le long le rivage, vous trouverez 4 lieues loing des Polmontores, premierement Ormisiello, & puis Ormo, qui est 4 lieues d'Ormisiello. Apres vous trouvez Veruda, distant d'Olmo 2 lieues. Navigez lors par la bouche Occidentale, car il y faict par tout bien net. De Veruda a Tetelo sont 2 lieuës, prenez le cours vers Nortouëst, il y faict par tout net. De Tetelo a Vigendale sont 3 lieuës, navigez y dedans par le bout de l'Est, & navigerez jusques a Pola, mais laissez l'Escueil de S. André vers Nortouëst en respect de vous. De S. Pelegrino a Marcodena, prenez le cours Nort N. O. & partisez Freo par moitie, lors navigerez sans danger. Quand de Marcodena vous prenez le cours vers Nort, vous viendrez a Fagiana, ou il faict profond de 6 a 7 brassees d'eau. Mais si vous voulez prendre le cours vers le Busoni, laissez estre les deux coings, & prenez la route du troisiesme, lors trouverez la vallee de Gemna, qui est un bon Port. Navigant de la vallee de Gemna vers Nortouest, vous trouvez Petit Freo, ou il y a bon Port, tant au costé d'Ouëst que de l'Est, mais entrez y du Sud. Mais si vous en voulez sortir vers le Nort, vous y avez une secheresse couverte de cinq pieds d'eau, sans plus, & au coing de Busoni, sur le costé de Nortouëst, vous trouvez une secheresse, large une lieuë : & une autre secheresse a O. S. O. large deux lieuës, couverte de sept pieds d'eau. On peut naviguer entre cette secheresse & le Busoni, avec la plus grande Navire de l'Univers. Or sçachez que les Escueils, & la vallee de Pola, sont entierement nets. Mais si vous voulez venir de l'Est a les deux Seror, gardez vous du coing obtuis, & n'approchez point les deux Seror, devant que vous soyez a l'encontre le milieu du Seror Oriental : jettez la l'ancre vers la ville, & attachez vous chables a l'Isle. Or si vous voulez trouver la secheresse des deux Seror, mettez la ville au dehors du Chasteau, sur le costé d'Ouëst, entre les deux Seror, & faites que les deux tiers des Escueils soient a l'Est, aussi faites que Bagnol corresponde & conviene avec S. André de Sera, ou si vous voulez naviger a S. André de Sera, n'approchez point l'Escueil plus pres, qu'à la longeur de deux chables, & gardez vous des deux Escueils, qui sont a la bouche de S. André, laissez les vers le Nort, lors navigerez sans empeschement. Si vous voulez entrer a S. André de Sera, prenez le cours lez l'Escueil de S. André, & laissez les deux tiers de Freo vers le Nort, jusqu'à l'Eglise : puis partissez Freo en deux, tant que vous avez passé le petit Escueil. Mais si vous estes a la vallee de Pola, & que ne pouvez naviger a S. André, tout tenant l'Escueil de S. Jean sur Mer, laisse-le au costé du Sud. Vous pouvez aussi entrer sans empeschement, navigant entre le petit Escueil, & S. Jean sur Mer, tout tenant l'Escueil, soit au dehors ou au dedans. Or si vous estes

a S. André

a S. *André* de *Sera*, & demandez a naviger a *Rovigno*, prenez le cours tout tenant l'escueil de la Forche, car il y faict entierement net. Mais si vous estes a S. *André de Sera*, & que voulez eviter la secheresse d'*Orsal*, ordonnez *Bagnol* correspondant a S. *André de Sera*, & tenez cette route tant que *Parenzo* vienne au dehors le roide coing: puis prenez le cours justement le long le milieu de *Parenzo*. Si vous voulez trouver la secheresse d'*Orsal*, contre les deux arbres, & a la tour d'*Orsal*, & ordonnez *Bagnol* au dessus de S. *André*, de sorte que S. *André*, soit a l'Est, lors serez justement sur la secheresse. Quand vous navigez de *Rovigno* a *Parenzo*, vous trouvez deux escueils, dittes *Figarola*: il y a bonne rade, quand vous les laissez vers Sudouëst. Mais navigant de *Figarola* vers *Parenzo*, vous trouvez le coing de *Lemo*, declinez en a la longeur de deux chables, & prenez le cours a l'Est, & laissez estre la premiere & deuxiesme de *Salines*; lors avez vous bien bonne Rade & nette. Partant des *Salines* navigez plus dedans, vous y trouverez un havre, nommé S. *Fele*, qui est une ville, ayant bonne Rade. Puis navigant en avant de S. *Fele*, vous trouverez un escueil, nommé la *Conversada*: laisse-le vers Nortest: mais si vous voulez naviger au dedans de la secheresse d'*Orsal*, declinez dudit escueil a la longeur de deux chables: ou prenez vostre cours tout tenant *Orsal*, & passez outre par devant les deux secheresses. Or si vous voulez naviger au dehors de l'escueil; declinez en a la longeur de deux chables: & puis navigez lez l'escueil d'*Orsal* a la longeur d'un chable, jusqu'a la fontaine, qui flotte au costé d'Ouëst, & lors venez tout tenant l'escueil au Nortest, tant que vous estes a S. *Fragilitade*. Laissez les 3 escueils de S. *Fragilitade* Sudouëst de vous, & puis trouvez un autre escueil, nommé *Mazucco*, navigez lez le mesme, le laissant vers Nortest.

Si vous venez de la *Parenzo*, vous y trouvez un bon port, nommé S. *Pierre Verna*. Mais si voulez prendre le cours entre S. *Nicolas*, & S. *Raphael*, ordonnez la cheminee de l'Officier au dedans de la tour ou clocher de S. *Marc*, & navigez tout tenant la Columne, si pres que vous pouvez en saulvement. Si vous voulez prendre le cours entre S. *Raphael*, & le rivage, divisez *Freo*, & trouvés une profondeur commune de 6 brassees d'eau. Mais si vous voulez naviger au dehors de S. *Nicolas*, declinés en a la longeur d'un chable, & navigés ainsi tant que vous courés au costé de l'Est, au dessus de l'escueil de la *Forche*, si avant tant que l'Eglise, qui est sur la montagne, nommee *Helias*, corresponde a la tourelle de S. *Angelo*. Apres prenés le cours le long demy *Parenzo*, lors viendrés entre l'escueil, au dessous l'Isle de *Matafoni*, a demi de *Freo*. Si vous voulés trouver la secheresse, estant au costé Meridional, au dehors de S. *Nicolas*, ordonnés le coing de S. *Nicolas*, entre le *Toulieu*, & la boucherie, & les *Necessari*, & metés la vallee de *Rosa* S. *Angelo* au costé du Nort; & declinez ainsi quelque peu de chemin, lors vous serez sur la secheresse, couverte de 7 pieds d'eau. Partant de *Parenzo* vers Cap de la Croix, vous y trouverés une secheresse: tenés l'escueil de l'Asne sur S. *Raphael*, & l'Eglise de S. *Martin*, qui est au costé Septentrional de *Parenzo*, sur la *Negara*, qui est sur la secheresse. Mais si vous voulés naviger a l'entour, sur les mesmes marques, venant a *Cita nova*, vous trouverés *Vescovelli*: faites que S. *Raphael* vienne au dehors de l'Escueil de l'Asne, demeurant au costé de l'Est, & navigés jusqu'a tant que vous decouvrés le havre de *Cenere*, laissés toutes ces choses demeurer, a la lõgeur d'un chable, de l'escueil, vers Sudest, & navigés dedans le havre; & attachés vos chables au costé de l'Est. Partant de *Cenere*, vous trouverés *Quieto*, qui est un bon port: Mais si vous voulés jetter l'ancre sur le costé Oriental, passés premierement devant la premiere vallee, navigant a la seconde, qui est a S. *André*, vous y trouverés 10 brassees d'eau. Si voulés naviger de le haut, a *Cita nova*, jettés l'ancre tenant l'escueil, qui est au coing de *Licedo*, vous y trouvez 9 brassees d'eau. Mais si voulez naviger a *Licedo*, vous y avez 2 brassees d'eau. Partant de *Licedo*, prenez le cours a la longeur d'un chable, esloigné de tous les coings, jusques a *Castanedo*, & entre *Licedo* & *Castanedo* gist *Cita nova*. Puis navigant de *Castanedo* vers *Vinago*, vous trouvés un havre, nommé *Dena*, declinés du coing, qui vient a la tour, a la longeur de 3 chables, tant que vous estes bien avant au dessus le havre, & ordonnés la vallee rouge, en un bois qui est au costé de Nortest, & navigés sur cette marque dedans le port. Attaché tes chables sur le costé de l'Est, vous y avés 5 & 6 brassees d'eau. Navigant de *Dena* vers *Vinago*, vous trouvés le havre, nommé S. *Laurens*, prenez le cours le long le Canal, car au dedans tout y est net. Partant de S. *Laurens*, vous trouverez *Vinago*. Si vous voulez naviger dedans sans empeschemẽt, ordonnés la *Negera*, entre l'Isle qui est au dessus de la montagne, & vous naviguerez au port sans empeschement, & estant entré, attaché les chables a la ville, & jettez les ancres vers la montagne, vous y avez 6 brassees d'eau. Navigant de *Vinago* vers *Pirano*, vous trouvez *Paga Vescovelli*, navigez lieuë & demy esloigné de la tour, vous navigerez sans empeschement, jusques au Cap de *Salbuda*. Quand vous estes a *Salbuda*, & voulez naviger a *Pirano*, prenez le cours Nortest quart a l'Est, & vous trouverez le havre, nommé S. *Marie Rose*, ou il faict net en tout costé. Liés vous chables au costé de S.O. & jettez les ancres au costé de Nortest, vous y avez 6 brassees d'eau, & le fond net & mol. Partant de *Pirano*, pour naviger vers *Isola*, vous trouvez un petit bois, nommé S. *Bassa*, qui est 2 lieues d'Italie de *Pirano*. Navigez dedans au milieu du port, & jettez l'ancre a quel costé qu'il vous plaist, car il y a 5 & 6 brassees d'eau. Estant passé S. *Basso*, vous trouvez *Isola*, navigez dedans; tout y est net, & jettez l'ancre, & aussi tes chables au costé de S.O. il y faict profond 4 & 5 brassees. Navigant d'*Isola* en avant, vous n'avez aucune Rade, tant que vous venez au Cap d'*Istrie*. Si vous voulez prendre la route du Cap d'*Istrie*, navigez a la longeur d'un demy chable, arriere du coing, & prenez le cours Sudest: de la hauteur de la ville & Cap d'*Istrie*, pour venir a *Muzia*, vous trouverez un coing roide, nommé S. *Pierre*. Mais au Cap de *Musia*, vous n'avez pas de Rade, tant que vous venez a *Musia*, la riviere y est la Rade. Quand vous navigez de *Musia* vers *Trieste*, vous venez a la vallee de S. *Ellero*, mais navigant de la vallee de S. *Ellero* vers *Triesti*, vous trouvez la vallee de *Ziolem*, ou vous avez 10 brassees d'eau. Partant de la vallee de *Ziolem* vers *Triesti*, vous trouvez un petit escueil, nommé *Zucolo*, laisse-le a l'Est, le demi traict d'Arbaleste, & lors navigez au milieu du port de *Trieste*: jettez y l'ancre au costé de Nortouëst, & attaché tes chables a la ville. Mais si voulez passer devant le Golphe, jusques aupres d'*Istrie*, & que ne pouvez parvenir a la vallee de *Pola*, prenez la route de le *Busoni*, qui sont 5 lieues en Mer, vous y trouverez 20 brassees d'eau, & le fond y est par tout net. Si vous navigez de *Busoni*, pour venir a *Venise*, prenez le cours N.O. le long *Licedo*, & sont 70 lieues. Quand vous aurez 10 brassees d'eau, lors sera *Venise* de vous vers Ouëst Sudouëst 40 lieues. Partant de S. *Iean* sur Mer, prenant le cours Nortouëst, vous viendrez a la terre de *Cavorli*, qui sont 60 lieues. Et quand vous avez 10 brassees d'eau, lors sera *Venise* de vous vers Ouëst sudouëst 50 lieues. Mais partant de S. *Iean* sur Mer, en prenant le cours Ouëst Nortouëst, vous viendrez a grand *Lido*, qui sont 10 lieues. Quand vous aurez 8 brassees d'eau, lors sera *Venise* de vous vers O. Sudouëst un peu plus au Sud 15 lieues. Mais navigãt de *Parenzo*, pour venir entre *Cavorli* & *Baselege*, qui sont 50 lieues, quand vous aurez 12 brassees d'eau, lors sera *Venise* de vous, vers Ouëst Sudouëst, ou plus au Sud 56 lieues. Quand vous navigez de *Cita nova*, prenant le cours a Ouëst, vous viendrez au milieu des navires, qui sont 10 lieues. Mais navigant de *Cita nova*, prenãt le cours Ouëst Nortouëst, vous viẽdrez a la contree de *Iesolo*, qui sont 80 lieues. Quand vous aurez 8 brassees d'eau, lors sera *Venise* de vous, vers Ouëst Sudouëst, un peu plus au Sud 20 lieues. Partant de *Dena*, en prenant le cours vers Nortouëst, vous viendrez entre *Baselege* & *Taiamento*, & sont 50 lieues. Quand vous aurez 12 brassees d'eau, lors sera *Venise* de vous a Ouëst Sudouëst 60 lieues.

Partant de *Dena*, en prenant le cours Ouëst Nortouëst, vous viendrez a la contree de *Iesolo*, & quãd vous aurez dix brasses

sees

fees d'eau, lors sera *Venise* de vous vers Sudouëst quart a Ouëst 20 lieues. De *Vmago* prenant le cours O. Nortouëst, vous viendrez a *Cavorli*, & sont 50 lieues. Quand vous aurez 10 brassees d'eau, lors sera *Venise* de vous Sudouëst quart a Ouëst 30 lieues. Navigant de *Dena* a Ouëst, vous viendrez en la contree de grand *Lido*, qui sont 90 lieuës, quand vous aurez sept brassees d'eau, lors sera *Venise* de vous vers O. S. O. un peu plus au Sud 10 lieues. Quand de *Vmago* vous prenez le cours a Ouëst, vous viendrez a *Pigneda*, qui sont 60 lieues : quand vous aurez 10 brassees d'eau, lors sera *Venise* de vous vers O. S. O. un peu plus au Sud 10 lieues. Mais de *Vmago* en prenant le cours N.O. vous viendrez a *Aqua Secca de Lagname*, qui sont 40 lieues, & quand vous aurez 12 brassees d'eau, lors sera *Venise* de vous vers Sud Ouëst un peu plus au Sud 70 lieues. Partant de *Pirano*, vous viendrez a les eauës de *Livenze*, qui sont 60 lieues, quand vous aurez 12 brassees d'eau, lors sera *Venise* de vous vers S. O. quart a O. 40 lieues, & aussi vous y trouverez fond de Croie. Mais de *Livenze*, jusques au dessus de *Iosolo*, & par tout, ou il y a environ 11 brassees d'eau, vous y trouvez fond de sablon: & quãd vous avez 10 brassees d'eau, le fond se change, & est meslé, assavoir de sablon gris, jusques au Canal, puis tout a l'instant est il de croye, jusques au dessus les 3 havres en 8 ou 7 brassees d'eau. Incontinent apres avez du sablon, jusques a le tourner des navires en 4 brassees d'eau. Si vous avez a le tourner des navires 4 ou 5 brassees d'eau en temps d'Hyver, naviguez obliquement vers Sudest & Nortouëst : mais en Esté Nortest & Sudouëst, & si voulez bien naviguer obliquement, ordonnez *S. André* du rivage, sur la grande tour de *S. Marc*, & le Far ou Lanterne de pierre, sur *S. Donat de Murano* en l'Esté, & vous aurez bien peu moins de quatre brassees d'eau. Mais si en temps d'Hyver vous voulez estre sur ancre au dessus du Port, appointez *S. André* sur la grande tour de *S. Marc*, & le Far de pierre, sur le coing de *Murano*, ou au dedans de *S. Michiel de Murano*, & vous aurez de quatre a cinq brassees d'eau. Mais si vous voulez trouver le vieil Far de pierre, qui est caché sous l'eau : ordonnez *S. Agnese*, sur les Portes, & sur la tour: & la tour de *S. Alban* de *Murano*, en la montagne de *Lizzosan*, lors vous serez sur le vieil Far, ou vous aurez neuf pieds d'eau. Si vous voulez entrer en le Port de *Venise*, mettez *S. George* a la tour du Far, en declinant quelque peu, & mettez *S. George* au Sud, & nauigez sur cette marcque, elle vous menera au premier Far ou Lanterne, a la longeur d'un chable pres de *Muzia de Cacli*. Mais voulez vous sçavoir, quand vous serez sur la *Fusia*, quand vous aurez le Far de pierre tenant *S. Erasme*, & que serez passé le *Fusia*, ce sera quand vous aurez sur la mesme marcque transposé le Far. Et quand le Far apparoistra entre les arbres, qui sont sur le rivage de *S. Erasme*, lors vous serez au Cannal : prenez alors le cours a la longeur d'un demy chable pres du Far ou Lãterne. Mais si c'est avec une Fuste, qui n'a besoin que de neuf pieds d'eau, ou moins, lors constituez *S. André* a la grande tour de *S. Marc*, & navigez ainsi a la longeur d'un demy chable. Mais si vous voulez venir en montant le long le Canal, venez si avant, que vous mettez la tour de *Fauario*, au Sud du Palais de l'Empereur, lors naviguez sur cette marcque, tant que la grande tour de *S. Marc* vienne a la tour de *S. Salvator*, & courez adonc dedans par le milieu du Canal. Mais si vous estes a *Salbuda*, & voulez venir a *Grado*, leur cours est Sud & Nort 20 lieues: parquoy si vous voulez venir a *Grado*, prenez le cours par *Baldalassa*, qui est a costé du Golphe & les *Medes*, qui sont 13 en nombre gisans au dehors : laissez les au dehors du Golphe, s'il vous plaist, & vous viendrez par le grand Port vers *Venise*, laissez les *Medes* sur le costé d'*Istrie*, & navigez jusques au Canal. Apres vous trouverez un Port, nommé *Ovirio*, & laissez les *Medes* sur le costé d'*Istrie* trois lieues, de la vous trouverez *Moro*, & laissant les *Medes* sur le costé d'*Istrie*, vous trouverez *Ansora*. Puis laissant les *Medes* sur le costé d'*Istrie*, vous trouverez *Busio* & *S. André*. Lors laissez les Medes sur le costé d'Istrie, & vous serez au milieu devant le Havre : navigez dedans vers Nortouëst. Apres venez pres l'eschauguette, ou Corps de garde, & 18 lieues de la trouverez *Taiamento*. Ordonnez alors les signes & marques, entretaillans l'un l'autre, & laissez les Medes sur le costé d'Istrie, 19 lieues de la trouverez *Basilege*. Mettez adonc les marcques qui sont sur terre l'une a l'encontre de l'autre, & laissez les Medes sur le costé d'Istrie, vous trouverés *Canorli*, & 19 lieues de la le vieil Port de *Pada*, laissez le coing de la ville tenant le grand chemin, & les Medes au milieu du Port. Puis laissez les marcques s'entretailler l'un l'autre, & les Medes sur le costé d'Istrie, & vous trouverez le Havre de S. *Margarite*. Apres laissez les marcques s'entretailler l'un l'autre, & les Medes sur le costé d'Istrie, vous trouverez *Livenza* 10 lieues de la: *Livenza* a des signes & marcques : laissez les s'entretailler, & faites venir les Medes & les marcques a l'autre costé d'Istrie 12 lieues de la vous trouverez *Iesolo*. Lors faites venir la tour de *Plaue*, sur le coing Oriental, & vous trouverez la grande *Lido*. Lors laissez les Medes sur le costé d'Istrie, vous trouverez les trois Ports. Laissés les Medes sur le costé d'Istrie, & vous trouverez *Vigna Murata*. Lors laissez le Far de bois sur le costé de *Venise*.

Courses & Estenduës au Golphe de Venise, le long les Costes de Grece, & par les Isles de Grece, jusques a Constantinople.

Venise & Castanedo, leur cours est a	l'Est & O.	100	lieues
Venise & S. André de Sera,	a l'E.S.E.	105	lieues
S. André & le Brisoni,	S.E. & N.O.	20	lieues
Le Brisoni & les Polmontoires,	S.E. & N.O.	10	lieues
Les Polmontoires & Nia,	a l'E. & O.	50	lieuës
Nia & Nieme,	a l'E.S.E.	20	lieuës
Niema & Selva,	S.E. & N.O.	10	lieuës
Selva & Zara,	S.E. quart a l'E.	40	lieues
S. Archangelo & Liesna	S.E. quart a l'E.	40	lieues
Liesna & Torrecta,	a l'E.S.E.	18	lieues
Torrecta & Curzola,	S.E. quart a l'E.	30	lieues
Curzola & Iuliana avec Raguse, a	l'E. S.E.	50	lieues
Raguse & Malonta,	a l'E.S.E.	30	lieues
Malonta & Budua	a l'E.S.E.	30	lieues
Budua & Dolcigno, a	l'E.S.E.	40	lieues
Dolcigno & Durazzo, leur cours est	S. & N.	45	lieuës
Durazzo & Sasno, leur cours est	S. & N.	80	lieuës
Sasno & Palerme	S. & N.O.	50	lieuës
Palerme & Casopo,	S. & N.	25	lieuës
Palerme & le destroict,	S.S.E.	29	lieues
Le destroict & Corfu,	S.S.E.	12	lieues
Corfu & Corta, a	l'E. & O.	33	lieues
Corta & Pacasu,	S. & N.	25	lieues
Pacasu & Viscardo	S. S.E.	60	lieues
Viscardo & Clarence,	S.E. quart a l'Est	50	lieues
Clarence & Belveder, a	l'E.S.E.	30	lieues
Belveder & Prodo,	S.S.E.	60	lieuës
Rodes & Modon, a	l'E.S.E.	18	lieues
Modon & S. Vencedego,	S. E. & N.O.	15	lieues
Ponto de S. Gallo & Mena, a	l'E. & O.	30	lieues
Ponto de S. Gallo & Matapan	S. quart a l'E.	60	lieues
Matapan & S. Angelo, a	l'E. quart au N.	60	lieues
Matapan & Chasteau Rampani,	S. quart a l'E.	40	lieues
S. Angelo & Sydera, leur cours est	S. & N.	100	lieues
Sydera & les Columnes,	N. E. & S.O.	45	lieues
Les Colonnes & Cavaline	S.S.E. & n.n.o.	65	lieues
Negropont & Cavalli, a	O. quart au N.	60	lieues
Cavalli & Sciatti,	S.E. quart a l'E.	50	lieuës
Sciatti & Pelagisi de Levant,	S. quart a l'Est	40	lieuës
Pelagisi & Stalimene, a	l'E.N. E.	40	lieuës
Stalimene & Tenedon, a	l'E.N.E.	40	lieues

Tenedon & Bocca, —	N.N.E.	30	lieues
De Tenedon jusqu'au destroict de Dardinello —	N.E.quart a l'E.	42	lieues
Puis jusques a Passaguia,	N.E.quart au N.	38	lieues
De Passaguia a Constantinople —	N.E.	125	lieues
Gallipoli & Longa,a —	l'E.N.E.	35	lieues
Longa & Redea,a —	l'E.N.E.	40	lieues
Redea & Rezo,leur cours est a	l'E. & O.	40	lieues
Largira & Farnazia,a —	l'E.quart au N.	60	lieues
Farnassa & le Cap de Rachia,	N.E.q. a l'E.	100	lieues
Le C.de Rachia,& Chio,a —	l'E.N.E.	60	lieues
Chio & Samastro —	N.quart a l'E.	30	lieuës
Samastro & Comena,a	l'E.quart au N.	20	lieues
Comena & Calami,a	l'E.N.E.	40	lieues
Calami & Sinopoli,a —	l'E.qu. au N.	40	lieues
Sinopoli & S.Estienne,a	l'E. quart au S.	30	lieues
S.Estienne & Cimero,a —	l'E.N,E.	30	lieues
Sinapi & Ali, a —	l'E,quart au S.	80	lieues
Ali & Limonia,a —	l'E.quart au S.	75	lieues
Limonia & la Nova,a —	l'E. & O.	80	lieues
La Nova & Cefalo,a —	l'E.quart au S.	80	lieues
Cefalo & Argiro, —	N.E.quart a l'E.	60	lieues
Argiro & Lefonda,a —	l'E.& O.	15	lieuës

Courses & Estenduës traversantes au Golphe de Venise, mises par lieuës d'Italie.

Les Polmontores & Ancone, leur cours est —	S.& N.	140	lieuës
Les Polmontores & Fano —	N.E.	130	lieuës
Les Polmontores & Sansego,a —	l'E.S.E.	40	lieues
Sansego & Fermo,leur cours est	S. & N.	200	lieues
Lisa & Pelagosa,leur cours est —	S.& N.	60	lieues
Mont S.Angelo & Travo —	S.& N.	45	lieuës
Mont S.Angelo & Brandicio,	S.E.& N.O.	60	lieuës
Mont S.Angelo & Cataro,a —	l'E.N.E.	180	lieues
Travo & Raguzi,a —	l'E. N.E.	170	lieues
Sipanto & Brandicio,avec Cataro,a	l'E.S.E.	140	lieuës
Lisia & la Gazza,le cours est	S.E.& N.O.	40	lieuës
La Gazza & Lagusta,a —	l'E. & O.	20	lieuës
Lagusta & Mont S. Angelo —	N.N.E.	80	lieuës
Lagusta dehors, & Lagusta dedans avec Raguze, —	N.E. quart a l'E.	70	lieuës
Raguze & Brandicio,le cours est	S.& N.	290	lieues
Raguze & Sasno, —	S.E.& N.O.	220	lieues
Raguze & Ottranto,le cours est	S.& N.	230	lieues
Sasno & Taranta,a —	l'E.N.E.	70	lieues
Durazza & Brandicio, —	S.O.	120	lieues
Raguze & le Mont S.Angelo, —	S.O.	130	lieues
Zara & Ancone, —	S.O.quart a O.	140	lieues
A l'Est de Teremedo, 15 lieues en Mer sont 2 Isles,lesquelles sont nettes, esloignees de la terre — — —		15	lieues

Pelegosa gist a l'Est, & a 4 secheresses en Mer. Au costé d'Ouëst une secheresse, dont le coing le plus estendu,est bien net, assavoir au costé d'Ouëst.

Le Cap de Pali & Sasno,leur cours est	S. & N.	80	lieues
Sasno & Fano, —	S.& N.	60	lieues
Sasno & Corfu, —	S.E. quart au S.	70	lieues

Si vous estiez a Palerme en Grece, & que ne pouvez le long les Costes traverser tout outre, prenez le cours le long le coing de Corfu deux lieues,& vous aurés trois brasses & demy d'eau, & fond sablonneux: mais si vous le voulez prendre au dessoubs le coing de Corfu susdict, declinant du coing a la longeur ou distance d'un demy chable, gardez vous lors de la Merleire, & aussi ne courez point dedans Fano, & sont deux petites Isles, a Ouëst de l'Isle de Corfu.

Corfu & le Cap de Velechi, leur cours est a — —	l'Est & O.	80	lieuës

Gardé vous d'approcher le coing Oriental de Corfu,car il y faict secq.

Corfu & Pacasu,a —	l'E.S.E.	20	lieuës
Pacasu & le Cap S. Sydro & Zante, —	S. quart a l'Est.	80	lieuës
Le Cap de S.Sydro & Zante,	S.E.quart a l'E.	60	lieues
Zante & Strivali, —	S.S.E.	50	lieues
Zante & Prodo,a —	l'E.quart au S.	60	lieues
Prodo & Strivali,a —	l'E.N.E.	50	lieues
Prodo & Sapience,leur cours est	S. & N.	35	lieues
Sapience & Strivali,a —	l'E.S.E.	50	lieues

Celuy qui part du port de Venise, prenant le cours a l'Est Nortest,& courant au Golphe,vers le coing de Cap de *Mugla*,ce sont 100 lieues.

Celuy qui navigant du port de *Venise*, prenant le cours a l'Est, jusques a *Castanedo*, a fait 100 lieues.

Celuy qui navigant du port de *Venise* , prenant le cours a l'Est Sudest,viendra a *S.Iean* sur Mer,& sont 100 lieues.

S.Iean sur Mer, & les Polmontores, leur cours est Sudest & Norrouëst 25 lieues.

Les Polmontores sont deux escueils, entre lesquels on peut naviger tout outre , en tenant le cours,lés le grand escueil, qui gist vers la terre,& de la terre distant a la longeur d'un demy chable: lors navigerez sans aucun empeschement.La petite Polmontore,est au dehors en Mer,environ 2 lieues,& au Sud & Sudest est une secheresse, couverte de 10 pieds d'eau. Si vous voulez naviger des Polmontores, vers *Ancone* , prenez le cours vers Sud, vous viendrez a *Fiumesino*, qui est a 12 lieuës d'*Ancone*. Si vous avez prins d'*Ancone*,le cours Nort Nortest, vous serez venu de *Sansego a Nieme*. Au Nort de *Sansego* vers *Quarner* est une secheresse,large d'une demy lieuë,& au dedãs de *Sansego* est une Isle,ditte *Nia*,& au coing de *Nia*, au Nort vers *Quarner* est un escueil , nommé *Selugola*, & entre cest escueil & *Nia*,fait il profond de 3 brassees d'eau. Si de cest escueil voulez entrer en *Nia*,vous aurez bon chemin:car *Nia* a un havre,long & large.L'autre de *Canedoli* est 2 lieues de *Nie*.Tenant *Canedoli* est une secheresse,on y peut naviger a deux costez. Au dedans *Nia*,sous le mont Chebo,est un havre,nommé *Scaligeno*,qui est bon port pour le vent de Sudest.

Le long le rivage est un autre bon port, nommé *Longo* , ou il y a Rade pour petites navires , laquelle est demi lieuë de *Scaligene*. Navigant en avant a l'Est,vous y trouvez un escueil,entre lequel & la vallee d'*Augusta*,est un bon & grand port: apres vous avez la Rade de *Monaca*. Si vous voulés estre au port,demeurez en la vallee,& laissez l'escueil a Ouëst.

Apres vous trouvez le port de *Gicale*, qui est un bon port, vous y pouvez arriver , & de l'un & de l'autre costé:on y est bien asseuré des vents,qui viennent d'en haut. Navigant plus outre,vous trouvez le Cap d'*Arsil*, & puis *Lieme*,qui est un bon port,ayant a basse marce 3 brassees d'eau, vous en pouvez sortir entre *Nieme* & l'escueil de S.*Pierre*. A demy l'escueil de S.*Pierre*, sur le costé de Nortest,gist l'Isle de *Rosella*,laquelle a le havre tenant le rivage. Si vous voulez naviger de *Nieme* a *Arbe*,prenez le cours de Sudest, & vous viendrez au coing de l'Isle de *Pago* , ou il y a un havre, au costé d'Ouëst: & de cest escueil vers le Nort,verrez vous *Arbe*. De *Nieme* a *Arbe*,sont 40 lieues, & de *Nieme* a *Selva*,sont 10 lieues.

Le signe & marque du port,est un coing rouge,qui est au costé d'Ouëst, & a une basse vallee: declinez en a la distance d'un chable,& navigerez sans empeschement. Apres *Nieme* trouverez *Premude* , en prenant le cours vers Sud Sudest,ou vous avez au costé d'Ouëst,au dessus du havre,deux escueils,qui sont nets:il y a aussi un autre escueil vers le Nortest,ou le havre est au costé de l'Est, Vers Sudest est une secheresse, laquelle s'estend au large a la longeur de 4 chables vers Sudest.

Si vous voulez naviger de *Nieme* a *Zara*, navigez jusques pres de *Pelet*, & puis prenant le cours vers Sudest, par le milieu du Canal, vous viendrez a *Zara*. De *Nieme* a *Zara* sont 60 lieues. Si vous voulez naviger de *Premuda* par dehors, prenez vostre cours le long l'Isle de *Scerda*, & puis le long l'Isle d'Este, nommee *S. Pontello*: apres vous venez a *Meleda*.

Au bout de *Meleda*, sur le costé d'Ouëst, est un bon Port: mais au milieu de l'entree au costé d'Ouëst, assavoir au dehors est une secheresse. Mais si vous venez de dehors, prenez le cours tenant le coing Oriental de *Meleda*, & vous navigerez sans empeschement. Au dedans de *Meleda* au coing vers l'Est, sont deux bons havres: dont l'un est nommé *S. Marie*, vers Sud Sudest, 4 lieues de la, sont deux plats escueils, & se nomment *Lagani*. La est aussi le Cap de les *Tempi*, & sur le costé d'Ouëst est le havre. A *Lega* est un mauvais port, & a un petit escueil. Tout le rivage de les Tempi, n'a nul havre, & s'estẽd 36 lieues. A l'un bout de le *Tempi* est un havre, dit *Proverso*: cest un port rouge: puis s'ensuyt l'Isle de *S. Marie*, laquelle a assez de havres.

Navigant plus avant, vous avez *Incoronata*, autrement ditte *Valzena*, & la aupres un autre port. Apres vous avez encore deux Isles, dittes *Vcelli*. Navigant plus outre, vous trouvez les Isles de *Lizuri*, & au dehors sont 3 escueils, & deux havres: dont l'un est nommé *S. Marie*, l'autre gist plus vers dedans en une vallee, lequel est bon au coing Oriental: il y a un escueil nommé *Rossola*, qui faict la fin.

Si vous voulez nauiger de *Venise*, & tellement naviguer hors du Golphe, sans aucunement toucher a l'*Istrie*, vous auez de noter, que de *Venise*, jusques a mont de *Chebo*, le cours est a l'Est Sudest 130 lieues.

DV Mont Chebo a les Templi de Zara, sudest — — —	54	lieues
De le Templi de Zara a Incoronata, sudest	22	lieues
De Incoronata a Milisiello, sud sudest —	55	lieues
De Milisiello a S. André de Melo, le cours est a l'Est — — —	10	lieues
De Liza a Cazza, sudest — —	20	lieues
De Cazza a Cassola, le cours est a l'Est —	10	lieues
De Cassola a Lagusta, a l'Est —	10	lieues
De Lagusta a Meleda entre les deux secheresses, a l'Est — — —	30	lieues
De Meleda a Raguze, a l'Est quart au Nort	20	lieues

Meleda contient de longeur — —	30	lieues
De Raguze a Dolcigno, sudest quart a l'Est	88	lieues
De Dolcigno a Durazzo, sont —	56	lieues
De Dolcigno a Sasno, le cours est sud —	90	lieues
De Durazzo a Sasno, a l'Est — —	70	lieues
De Durazzo a Brandicio, sudouëst q. au sud	130	lieues
De Brandicio a Sasno, a l'Est — —	74	lieues
De Cap d'Otranto a Fano, a l'Est —	50	lieues
De Sasno a Fano, sud sudest — —	35	lieues
De Fano au coing sudest de Corfu, sudest —	37	lieues
De Corfu a Cefalonie, le cours est sud & nort	80	lieues
De Cefalonie a Cap de S. Sydro de Lezanti	54	lieues

Mosie sont 2 Isles planes, nommees Strivali, & sont larges 16 lieues au Sud Sudest, & sont asseurez du vent d'Ouëst & Nortouëst: la demeurent des Caloieres ou Moines Grecs. De *Zante* a *Modon*, sont a l'Est Sudest 50 lieues.

Devant *Modon* est une autre Isle nommee *Sapience*: mais sçachez qu'a l'entree, au dedans les coings, entre *Modon* & *Sapience*, est une secheresse: nauigez a la distance d'une chable du coing de Modon, & vous nauigerez sans empeschement. Mais si vous voulez estre a *Sapience*, nauigez a la distance de deux chables du coing susdit, & nauigerez sans empeschement. Si voulez nauiger de *Sapience*, & sortir au dedans du Cap de *S. Gallo*, a *S. Vincedego*, il vous faut prendre le cours Sudest quart a l'Est. De *Modon* a Cap de *S. Gallo*, sont 12 lieues. Le Cap de *S. Gallo* & le Cap *Malio Matapan*, leur cours est a l'Est quart au Sud 60 lieues.

Courses & estendues, extraictes de la Carte Marine, commençant des le Golphe de Venise; assavoir de Sasno, tout le long de la Grece, iusques en Armenie, en Turcquie, le long les costes de Surie, iusques a Alexandrie, & d'Alexandrie iusques a Tripoli de Barbarie, ensemble l'Isle de Crete, & l'Isle de Cypres, & toutes les Isles circonvoisines.

SASNO & *Fano* leur cours est Sud quart a l'Est 35 lieues. Si vous voulez nauiger a *Fano*, prenez le cours un peu plus a l'Est.

Quand vous voulez naviger de *Sasno*, dedans le destroit de *Corfu*, prenez le cours Sudest quart au Sud, & sont jusques au destroit 35 lieues.

Si voulez par cette route nauiger a *Palerme*, ou vers les lieux situez de trauers a l'opposite, & qu'en trauersant, vous nauigez de telle roideur, que ne pourrés naviger lez les costes, lors courez hardimẽt tout tenant le coing du Golphe 2 lieues d'Italie en Mer, vous y trouuerez de 5 a 7 brasses d'eau: & le fond y est sablonneux: vous y pourrez caler voile sous le Cape: mais declinez a la longeur d'un demy chable du coing, & gardé vous bien que n'approchez la *Merlere*, ne aussi d'y entrer dedans.

COrfu & le C. de Velechi, sont a l'E. & O.	80	lieues
Le coing Oriental de Corfu & Civita, Nort Nortest — —	20	lieues
Gardez vous bien que n'approchez, a 2 lieues pres le Golphe de *Corfu*, &		
Du costé de l'Est a 4 lieues pres, car il y fait secq: navigez dedans hardiment au dessous le coing de *Corfu*, vous y serez asseuré du vent de Nortest, & bien couvert.		
Corfu & Pacasu, leur cours est a l'Est Sudest	20	lieues
Pacasu & le Cap de S. Sydro de Cephalonie, leur cours est Sud quart a l'Est —	54	lieues
Le Cap de S. Sydro & Zante, leur cours est Sudest, un peu plus a l'Est — —	54	lieues
Zante & Strivali, leur cours est Sud Sudest	40	lieues
Zante & Prodo, a l'Est — —	[illegible]	lieues

Prodo & Strivali, a l'Est Nortest —	30	lieues
Sapience & Strivali, a l'Est Sudest —	35	lieues
Si vous voulez naviger dedans Sapience, & sortir a Cap de S. Gallo & S. Vencedego, prenez le cours Sudest quart a l'Est —	20	lieues
Le Cap de S. Gallo, & le Cap de Malio Matapan, leur cours est Sudest quart a l'Est	38	lieues
Le Cap de Malio Matapan, & le Cap S. Angelo leur cours est a l'Est Nortest —	65	lieues
Le Cap de Malio Matapan & Cerigo, a l'Est Sudest — —	45	lieues
Cerigo & le C. de Malio S. Angelo, sud sudest	20	lieues
Le C. Malio S. Angelo, & Cap de Spada, leur cours est sud quart a l'E. un peu plus a l'Est	65	lieues
Le Cap de Spada & Cerigo, sudest —	40	lieues
Le Cap de Spada & Milo, Nort Nortest —	88	lieues

Le C. de Spada & C. de Paſſaro, a l'Eſt & O.	518	lieues
Le Cap de Spada & Borſan, a l'E quart au ſud	455	lieuës
Sapience & Malta, leur cours eſt a l'Eſt N.E.	396	lieuës
Le Gozzo de Crete & le C. de Cargator ſont a l'Eſt Norteſt —— ——	70	lieuës
Le Cap de Cargator, & la Chriſtiana, ſont a l'Eſt quart au Nort —— ——	54	lieues
La Chriſtiana a Alexandrie, ſudeſt quart a l'E.	340	lieues
Le Gozzo de Crete & Arce, l'Eſt & Ouëſt	675	lieues
La Chriſtiana & Baſſo en Cypres, a l'E. quart au Nort —— ——	350	lieues
La Chriſtiana & Caſſo avec Scarpanto, N. Eſt quart a l'Eſt —— ——	60	lieues
Scarpanto & Rodes, Nort Norteſt ——	50	lieues
Rodes & le Cap de S. Biſanio, a l'Eſt & Ouëſt	225	lieues
Rodes & Chaſteau Ruzio, a l'Eſt quart au N.	80	lieuës
Caſtel Ruzio, & le Cap de S. Biſanio, a l'Eſt quart au ſud —— ——	115	lieues
Le C. de S. Biſanio & Satalia, N.O. q. au Nort	140	lieues
Le C. de S. Biſanio & Candeloro, N. q. a O.	80	lieues
Le C. de S. Biſanio & Calimene, N. q. a l'Eſt	70	lieues
Le C. de S. André, & C. de Pali, N.E. q. a l'Eſt	60	lieues
Le C. de Pali, & C. de Gloriata, S. quart a l'Eſt	60	lieues
Le Cap de Gloriata & Baruto, ſud & Nort	100	lieues
Le Cap de S. André & Tortoſa, a l'Eſt Sudeſt	70	lieues
Celluy qui ſeroit 15 lieues en mer, au deſſus de Tortoſa, il navigeroit les coſtes de Cap de Pali, juſques a Acre, dont le cours eſt ſud & Nort —— ——	210	lieues
De Cap de S. André a Buruto, ſudeſt q. au ſud	120	lieues
De Famagoſte a Tripoli, a l'Eſt Sudeſt ——	115	lieues
De Famagoſte a Baruto, Sudeſt & Nortouëſt	120	lieues
De Saline a Famagoſte, avec Acre, S.E. N.O.	152	lieues
Le C. de Gavata & Acre, ſont S.E. quart a l'E.	165	lieues
Baſſo & Acre, leur cours eſt S. E. quart a l'Eſt	228	lieues
Capo Bianco & Damiette, ſont Sud & Nort	264	lieues
Capo Biãco & Alexandrie, ſont ſud ſudouëſt	264	lieues
Qui ordonne ſon cours partant d'Alexandrie a Ouëſt Nortouëſt, viendra par le meſme cours au milieu entre le Gozzo de Crete, & la terre de Barbarie, & viendra a C. de Paſſaro en Sicile, & ſont l'un de l'autre 930 lieuës d'Italie, ou 200 lieues d'Allemagne —— —— ——	200	lieues
Le C. de Coran & C. de Stilo, a O. quart au S.	280	lieues
De Cap de Stilo, a C. de Borſan N. N.E.	54	lieues
De Cap Borſano, a Cap de Paſſaro, N.N.E.	120	lieues
De Cap Borſano, a Cap de Saragoza O.S.O.	70	lieues
De Saragoza a Rezzo, N. E. quart a l'E.	60	lieues
De Cap de Paſſaro a la bouche de Faro, Nort quart a l'Eſt. —— ——	124	lieues
De Cap de Paſſaro a Malta, le cours eſt N. E. & S. O. & prendrez le cours entre Malta & Conim, qui ſont —— ——	70	lieues
De Cap de Paſſaro a Saragozza, N. N. E.	45	lieues
De Cap de Paſſaro a le Gozzo de Malta, le cours eſt —— N.E. quart au N.	85	lieues

Courſes & eſtenduës de la Mer de Grece, nommee l'Achipelago, commençant des le Cap de Malio S. Angelo, enſemble toute la Mer, ditte Archipelago, & vers dedans juſques a la Mer Maior, avec tous les rivages & Iſles, qui ſe trouvent en leſdicts Mers l'Archipelago & Mer Maior.

De Cap de Malio S. Angelo, & la Sydera le cours eſt —— S. & N.	90	lieues
Pres de cette place eſt un petit Eſcueil, & une ſechereſſe, dont le cours eſt a l'E. & O.	5	lieues
De l'Eſcueil juſques a l'Iſle, & de la ſechereſſe a l'Eſcueil.		
Sydra a une bonne Rade, & ſont diſtant l'un de l'autre a l'Eſt Norteſt, mais les Eſcueils demeurent de vous Norteſt.		
De Cap de Malio S. Angelo & Caravin, —— —— E. quart au N.	35	lieues
De Caravi a Malvezia, a l'E. quart au N.	25	lieues
De Bella Pola a Malvalia, N. E. quart a l'E.	20	lieues
De Cap Malio S. Angelo, a Polo N.N.E.	40	lieues
De ſept Foſſes a Sydra, N.E. quart a l'E.	20	lieues
De ſept Foſſes, juſques au milieu de la bouche du Port, ſont largement ——	4	lieues
De ſept Foſſes a Bella Pola S. E. & N.O.	50	lieues
De Sydra a Bella Pola —— S.S.E.	35	lieues
De Bella Pola a Falconera, le cours eſt a —— —— —— l'E. & O.	30	lieues
De Caravi a Falconera, —— N.N.E.	30	lieues
De Falconera a Poſſuma, a l'E. quart au S.	15	lieues
De Falconera a Milo, a —— l'E. quart au N.	25	lieues
Qui veut naviguer a l'Iſle, il arrivera en telle maniere, que la ſechereſſe demeure a l'Eſt vers Timolo.		
Le Cap de Malio S. Angelo, & Melo, N.E. quart a l'Eſt —— ——	60	lieues
De Milo a Cerigo de Port en Port, le cours eſt —— N.E. & S.O.	76	lieues
De Milo a Siſano & Fermenio, —— S. & N.	65	lieues
De Fermenio a la Sydra, a —— l'E. N.E.	67	lieues
Au deſſus de Cap de Silo, deux lieuës en Mer eſt une ſechereſſe, laquelle giſt de Sydra, —— —— N. E. quart a l'E.	5	lieues
De Bella Pola a S. George d'Albara l'E.N.E.	70	lieues
De S. George d'Albora a Sydra, N.E. q. a l'E.	35	lieues
De Sydra a Cap de Columne, N.E. qu. a l'E.	40	lieues
De S. George d'Albora a Cap de Columne, le cours eſt —— S. & N.	20	lieues
De S. George d'Albora a Macroniſe, N.N.E.	25	lieues
Macroniſo a deux ſechereſſes, l'une au coſté de N.E. & l'autre au coſté Septentrional.		
De S. George d'Albora a Zia, —— S.S.O.	40	lieues
De S. George d'Albora a Fermenio, a l'Eſt quart au Nort —— ——	40	lieues
De Zia a Fermenio, —— S. quart a l'E.	10	lieues
De Macroniſo a Cambia Mantello, N. q. a O.	40	lieues
De Macroniſo a Zia, le cours eſt a l'E. & O.	20	lieues
De Zia a Cambio Mantello, N. quart a O.	40	lieues
De Zia a S. André —— N.N.E.	30	lieues
De S. André a Locaſtri —— S.E. & N.O.	20	lieues
De Zia a Cataro, a —— l'E. quart au N.	20	lieues
De Zia a la Suda, a —— l'E. quart au S.	30	lieues
De Zia a Tine, a —— l'E. quart au N.	35	lieues
de Fermenio a la Suda, N. E. quart a l'E.	20	lieues
de Fermenio a Catera, —— N.E. quart a l'E.	25	lieues
de Fermenio a Tine, a —— l'E.N.E.	40	lieues
de Fermenio a S. André —— N.E. quart a l'E.	45	lieues
de Chio a S. André —— N.E. quart a l'E.	54	lieues
de S. André a Sciro, —— N.O. quart au N.	35	lieues

FIN.

AV RELIEVR.

LE Relieur, pour bien & deuëment relier ce Livre, il colera derriere au dos des Cartes du gros Papier, & lors le reliera de telle maniere, que les plies se monstrent la largeur d'un doigt, plus hautes que les autres fueilles, a fin quand on ouvre le Livre estant relié, toutes les Cartes peuvent estre couchees tout plat, ainsi qu'il appartient, & le Livre proprement & commodement mis en besoing & œuvre.

www.ingramcontent.com/pod-product-compliance
Lightning Source LLC
LaVergne TN
LVHW020353230826
846091LV00003B/1091

* 9 7 8 2 0 1 3 6 2 8 0 4 4 *